국가평생교육진흥원에서 제시한 과목별 평가영역에 맞춘 최고의 수험서!

독학사 최고의 권위서!

학위취득의 지름길!
| 한 권으로 끝내기 |
독학사

Bachelor's Degree

국내 최고의 권위서!

교육부인정교과서지정업체
은하출판사
Eunha Publishing Co.

Bachelor's Degree

독·학·사 머리말
Preface

"뜻이 있는 곳에 길이 있다."고 했다. 그러나 아무리 훌륭한 여행계획을 세웠다 하더라도 방안의 천정만 바라보고 앉아 있다면 그 계획이 무슨 소용이 있겠는가?

반면 여행의 길을 떠났다 하더라도 계획없이 이리저리 방황만 하고 돌아왔다면 몸만 고되고 허탈감만 남게 될 것이다. 여기서 우리는 계획과 실천이 동시에 중요함을 알게 된다. 여러분은 이미 마음의 각오와 계획을 세웠으리라 생각한다. 다만 이 계획을 실천할 지침서가 필요한 것이다. 현재 다른 방면의 참고서는 다양하면서도 여러분들이 필요로 하는 참고서는 자신있게 추천할 만한 것이 없는 실정이다.

본사는 한국방송통신대학이 개원되면서부터 각 학과의 부교재인 참고서를 30년 넘게 오랫동안 발행해 온 노하우를 바탕으로 학습시간이 절대적으로 부족한 독학사를 준비하시는 여러분들을 위하여 시간과 노력을 절약하고 시험준비에 완벽을 기할 수 있도록 국가평생교육진흥원에서 제시하고 있는 과목별 평가영역에 맞추어 자신있게 본 책을 출간하였다.

현재 독학학위 취득시험은 2008년 2월 '평생교육법'의 전부개정으로 한국방송통신대학이 관장하던 독학학위 취득업무가 "국가평생교육진흥원"으로 이관되었으며, 국가평생교육진흥원 홈페이지에서는 과목별 평가영역을 구체적으로 제시해 주고 있다. 따라서 독학사 시험을 대비하는 여러분들은 본 교재를 기준으로 열심히 학습에 매진하면 될 것이다.

본서의 특징은

첫째 독학학위 취득시험을 주관하는 국가평생교육진흥원의 평가영역에 맞추어 내용을 심도있게 다루고 있으며,

둘째 본문의 '내용' 및 'Key Point'에서는 기출문제를 분석하여 출제내용을 핵심적으로 기술하고 있고,

셋째 '실전예상문제' 부분에서는 그 동안 출제되었던 최근의 기출문제를 파악하여 그에 기준한 다양한 문제와 그에 해당하는 자세한 해설을 수록하고 있으며,

넷째 최소의 시간으로 최대의 효과를 거둘 수 있다는 점을 들 수 있다.

다양한 자료와 예시를 통해 더욱 구체적인 학습을 할 수 있도록 구성·편집된 본서가 여러분의 학습에 절대적인 도움이 되리라 확신하면서 앞날에 큰 영광이 함께 하길 기원한다.

교육부은하원격평생교육원 학위취득연구소

독학사 안내

독학학위제도

독학학위제는 「독학에 의한 학위취득에 관한 법률」에 의해 독학자(獨學者)에게 대학졸업자격에 해당하는 학사학위(學士學位) 취득의 기회를 줌으로써 평생교육의 이념을 구현하고 개인의 자아실현과 국가·사회의 발전에 이바지하는 것을 목적으로 하는 제도입니다.

- 고등학교 졸업이나 이와 같은 수준 이상의 학력을 가진 사람이면 누구나 응시할 수 있습니다.
- 대학교를 다니지 않아도 스스로 공부해서 학위를 취득할 수 있습니다.
- 일과 학습의 병행이 가능하여 시간과 비용을 최소화할 수 있습니다.
- 언제 어디서나 학습이 가능하며, 평생학습을 통해 자아실현을 할 수 있습니다.

독학학위제는 4개의 과정(교양, 전공기초, 전공심화, 학위취득 종합) 시험으로 이루어져 있습니다. 그러나 개인적으로 취득한 다양한 자격과 학습이력에 따라 1~3과정의 일부 과목 시험은 면제받을 수 있습니다. 4과정인 학위취득 종합시험은 반드시 응시하여야 하며, 종합시험에 합격하면 교육부장관 명의의 학사학위를 취득하게 됩니다.

응시자격

2016년부터 고등학교 졸업이나 이와 같은 수준 이상의 학력을 가진 사람이면 누구나 과정별 합격 여부와 관계없이 1~3과정(교양, 전공기초, 전공심화 과정) 인정시험에 자유롭게 응시할 수 있으며, 4과정(학위취득 종합시험)은 1~3과정 시험에 모두 합격(면제)하는 등 일정 응시자격을 충족해야만 응시할 수 있습니다.

가. 교양과정 인정시험(1과정), 전공기초과정 인정시험(2과정), 전공심화과정 인정시험(3과정)

- 고등학교 졸업자
- 「초·중등교육법 시행령」 제98조 제1항에 따라 상급학교의 입학에 있어 고등학교를 졸업한 사람과 같은 수준의 학력이 있다고 인정되는 사람
- 「평생교육법」 제31조 제2항에 따라 지정된 학력이 인정되는 학교 형태의 평생교육시설에서 고등학교 교과과정에 상응하는 교육과정을 마친 사람
- 「보호소년 등의 처우에 관한 법률」 제29조에 따른 소년원학교에서 고등학교 교육과정을 마친 사람

Bachelor's Degree

나. 학위취득 종합시험(4과정) : 전공분야별 동일전공 인정(학)과에 한함
- 교양과정 인정시험, 전공기초과정 인정시험 및 전공심화과정 인정시험에 합격한(면제받은) 사람
- 대학(「고등교육법」 제2조 제2호, 제3호 및 제5호에 따른 학교와 다른 법령에 따라 설립된 대학을 포함) 및 이에 준하는 각종 학교(학력인정학교로 지정된 학교만 해당)에서 3년 이상의 교육과정을 수료하였거나 105학점 이상을 취득한 사람
- 수업연한이 3년인 전문대학을 졸업한 사람 또는 이와 같은 수준의 자격이 있다고 인정되는 사람(졸업 예정자는 응시자격 없음)
- 「학점인정 등에 관한 법률」 제7조에 따라 105학점(전공 16학점 이상 포함) 이상을 인정받은 사람
- 외국에서 15년 이상의 학교교육 과정을 수료한 사람

응시자격 유의사항

- 학사학위 취득자는 동일한 전공의 시험에 지원할 수 없음
- 유아교육학 및 간호학 전공자가 학위취득 종합시험 합격 시, 학사학위만 수여되며 자격증(면허증)은 발급되지 않음
- 고졸 이상 학력 소지자의 경우 1~3과정 시험은 순서 상관없이 응시 가능하며, 4과정(학위취득 종합시험) 응시를 위해서는 1~3과정 전 과목(17과목)을 합격하거나 일정 응시자격을 충족해야 함
- 간호학 전공(학위취득 종합시험만 운영)
  - 4년제 대학 간호학 전공(과)에서 3년 이상 교육과정 수료 또는 105학점 이상 취득자 응시 가능
  - 3년제 전문대학 간호학과 졸업자(졸업 예정 제외) 응시 가능
    - 간호사 면허증만으로는 응시자격이 될 수 없음(면허증 제출 불필요)
- 유아교육학 및 정보통신학 전공(전공심화과정 인정시험과 학위취득 종합시험만 운영)
  - 유아교육학 및 정보통신학 전공은 1~2과정 시험을 운영하지 않으므로, 자격·학력 등으로 1~2과정 면제 요건을 충족하고 3과정 합격한 경우 또는 기타 4과정 응시자격을 충족하는 경우에만 응시 가능

과정별 시험과목

가. 교양과정 인정시험 : 5과목 합격(필수 3과목, 선택 2과목)

구 분	과 목 명
필 수	국어, 국사, 외국어(영어, 일본어, 중국어, 독일어, 프랑스어 중 1과목 선택)
선 택	사회학개론, 심리학개론, 경영학개론, 법학개론, 문화사, 컴퓨터의 이해, 문학개론, 자연과학의 이해, 교육학개론, 경제학개론, 현대사회와 윤리, 철학의 이해, 기초통계학, 일반수학, 한문 중 2과목 선택

나. 전공기초과정 인정시험 : 6과목 합격(8과목 중 택 6)

구 분	과 목 명
국어국문학	국어학개론, 국어문법론, 국문학개론, 국어사, 고전소설론, 한국현대시론, 한국현대소설론, 한국현대희곡론
영어영문학	영어학개론, 영국문학개관, 중급영어, 19세기 영미소설, 영미희곡I, 영어음성학, 영문법, 19세기 영미시
심리학	이상심리학, 사회심리학, 생물심리학, 발달심리학, 성격심리학, 동기와 정서, 심리통계, 감각 및 지각심리학
경영학	회계원리, 인적자원관리, 마케팅원론, 조직행동론, 경영정보론, 마케팅조사, 생산운영관리, 원가관리회계
법학	민법I, 헌법I, 형법I, 상법I, 법철학, 행정법I, 노동법, 국제법
행정학	지방자치론, 정치학개론, 기획론, 정책학원론, 헌법, 조사방법론, 조직행태론, 전자정부론
가정학	인간발달, 복식디자인, 영양학, 가정관리론, 의복재료, 주거학, 가정학원론, 식품 및 조리원리
컴퓨터공학	논리회로설계, C프로그래밍, 자료구조, 객체지향프로그래밍, 웹프로그래밍, 컴퓨터구조, 운영체제, 이산수학

다. 전공심화과정 인정시험 : 6과목 합격(8과목 중 택 6)

구 분	과 목 명
국어국문학	국어음운론, 학국문학사, 문학비평론, 국어정서법, 구비문학론, 국어의미론, 한국한문학, 고전시가론
영어영문학	고급영문법, 미국문학개관, 영어발달사, 고급영어, 20세기 영미소설, 영어통사론, 20세기 영미시, 영미희곡II

Bachelor's Degree

구 분	과 목 명
심리학	상담심리학, 심리검사, 산업 및 조직심리학, 학습심리학, 인지심리학, 학교심리학, 건강심리학, 중독심리학
경영학	재무관리론, 경영전략, 투자론, 경영과학, 재무회계, 경영분석, 노사관계론, 소비자행동론
법학	헌법Ⅱ, 민법Ⅱ, 형법Ⅱ, 민사소송법, 행정법Ⅱ, 지적재산권법, 형사소송법, 상법Ⅱ
행정학	행정법Ⅰ, 행정계량분석, 도시행정론, 공기업론, 정부규제론, 한국정부론, 복지정책론, 거버넌스와 NGO
유아교육학	유아교육연구 및 평가, 부모교육론, 유아교육기관운영관리, 아동복지, 유아언어교육, 유아사회교육, 유아수학·과학교육, 놀이이론과 실제
가정학	가족관계, 가정자원관리, 식생활과 건강, 의복구성, 육아, 복식문화, 주거공간디자인, 식품저장 및 가공
컴퓨터공학	운영체제, 인공지능, 소프트웨어공학, 컴퓨터네트워크, 컴파일러, 프로그래밍언어론, 컴퓨터그래픽스, 임베디드시스템, 정보보호
정보통신학	회로이론, 데이터통신, 정보통신이론, 임베디드시스템, 이동통신시스템, 정보통신기기, 정보보안, 네트워크프로그래밍

라. 학위취득 종합시험 : 6과목 합격(교양 2과목, 전공 4과목)

구 분	과 목 명
국어국문학	국어·국사·외국어 중 2과목 선택, 국어학개론, 국문학개론, 한국문학사, 문학비평론
영어영문학	국어·국사·외국어 중 2과목 선택, 영미문학개관, 영미소설, 영어학개론, 고급영어
심리학	국어·국사·외국어 중 2과목 선택, 임상 및 상담심리학, 산업조직 및 소비자심리, 발달 및 사회심리학, 인지신경과학
경영학	국어·국사·외국어 중 2과목 선택, 재무관리, 마케팅관리, 회계학, 인사조직론
법학	국어·국사·외국어 중 2과목 선택, 민법, 헌법, 형법, 상법
행정학	국어·국사·외국어 중 2과목 선택, 인사행정론, 조직행태론, 재무행정론, 정책분석평가론
유아교육학	국어·국사·외국어 중 2과목 선택, 유아교육론, 유아발달, 유아교육과정, 유아교육교수법
가정학	국어·국사·외국어 중 2과목 선택, 패션과 의생활, 소비자론, 식이요법, 주거관리
컴퓨터공학	국어·국사·외국어 중 2과목 선택, 알고리즘, 통합프로그래밍, 통합컴퓨터시스템, 데이터 베이스
정보통신학	국어·국사·외국어 중 2과목 선택, 전자회로, 정보통신시스템, 네트워크 및 보안, 멀티미디어통신
간호학	국어·국사·외국어 중 2과목 선택, 간호연구방법론, 간호과정론, 간호지도자론, 간호윤리와 법

문항 수 및 배점

과 정	일반 과목			예외 과목		
	객관식	주관식	합계	객관식	주관식	합계
1~2과정	40문항×2.5점 =100점	—	40문항 100점	25문항×4점 =100점	—	25문항 100점
3~4과정	24문항×2.5점 =60점	4문항×10점 =40점	28문항 100점	15문항×4점 =60점	5문항×8점 =40점	20문항 100점

합격 사정

가. 교양과정 인정시험, 전공기초과정 인정시험, 전공심화과정 인정시험

각 과목 100점 만점에 60점 이상 득점한 경우에 합격으로 하고, 과목합격을 인정(합격 여부만 결정)

나. 학위취득 종합시험

구 분	총점합격제	과목별합격제
합격기준	6과목 총점(600점) 중 360점(60%) 이상 득점하면 합격(과목 낙제 없음)	각 과목(교양 2, 전공 4) 100점 만점의 60점(60%) 이상 득점하면 합격
유의사항	• 6과목 모두 필수 응시 • 기존 합격과목 불인정	• 기존 합격과목 재응시 불가 • 기존 합격과목 포함하여 총 6과목을 초과하여 선택할 수 없음

C_O_N_T_E_N_T_S

제1장 가정학원론의 의의와 성격

- 01 가정학원론의 의의와 필요성 ··· 14
- 02 가정학원론의 성격 ··· 15
- 03 가정학원론의 내용과 연구법 ··· 18
  - ■ 실전예상문제 ··· 20

제2장 가정학의 정의와 목적

- 01 가정학의 정의 ·· 28
- 02 가정학의 목적 ·· 30
- 03 가정학의 명칭 ·· 31
  - ■ 실전예상문제 ··· 33

제3장 가정학의 학문적 성격

- 01 학문과 학문성 ·· 40
- 02 가정학의 학문적 성격 ··· 40
- 03 앞으로의 가정학 ··· 42
  - ■ 실전예상문제 ··· 43

제4장 가정학의 체계

- 01 학문과 체계 ··· 48
- 02 가정학 체계화의 관점 ··· 48
- 03 가정학의 체계 ·· 49
- 04 가정학의 전체성 ··· 52
  - ■ 실전예상문제 ··· 53

제5장 가정학의 연구 방법

01 가정학 연구 방법의 기초 · 64
02 우리나라 가정학 연구의 실태 · 67
03 연구의 과정과 모형 · 68
04 연구의 유형 · 69
05 표집과 측정 · 76
■ 실전예상문제 · 80

제6장 가정학의 연구 대상

01 과학과 그 연구 대상 · 100
02 가정학의 연구 대상에 대한 여러 견해 · 100
03 가정학의 대상과 가정생활 · 105
■ 실전예상문제 · 108

제7장 가정생활론

01 가족의 본질 · 120
02 가정생활의 역사와 본질 · 122
03 가정생활의 구조와 기능 · 125
04 가정생활의 현상 · 130
■ 실전예상문제 · 137

제8장 건강 가정론

01 건강 가정의 개념 및 이론 · 158
02 「건강가정기본법」 및 건강가정정책 · 162

03 건강 가정 사업 ··· 166
04 건강가정사의 정의와 역할 ·· 169
- 실전예상문제 ··· 170

제9장 가정학의 역사

01 세계 가정학의 역사 및 최신 동향 ·· 184
02 우리나라 가정학의 역사 및 최신 동향 ································ 188
- 실전예상문제 ··· 192

제10장 가정학 전공자의 진로 및 가정학의 과제

01 전문직으로서의 가정학 ··· 210
02 가정학 전공자의 직종 ·· 211
03 가정학 전공자의 사회 진출 ··· 220
04 가정학의 과제 ··· 223
- 실전예상문제 ··· 225

부록

- 최종 모의고사 ··· 241

독학사
한권으로 끝내기

Bachelor's Degree

01 가정학원론의 의의와 성격

 단원 개요

가정학원론은 가정학을 학문으로 성립시키기 위해 근본 원리를 탐구하는 학문이며 여러 과학으로 된 가정학의 구성 요소의 범위 선정, 연구 방법 등을 조정하고 체계 설정의 근거가 될 조직 원리를 연구해서 가정학의 방향 모색을 하는 임무를 가지고 있다. 가정학이란 무슨 학문인가 하는 문제를 해명할 때 가정학의 특징인 과학성, 응용성, 규범성, 실천성, 통합성 등을 이해할 필요가 있으며 가정학의 특징을 이해함으로써 이질 계열로 구성된 가정학 영역을 체계화해서 학문으로 확립시키는 것이 가정학원론의 성격이라 하겠다. 가정학을 학문으로 확립시키는 데 가정학원론은 중요하며 학문으로 발전시키는 데 나무뿌리처럼 견고한 기반이 된다.

 출제 경향 및 수험 대책

이 단원에서는 가정학원론의 정의 및 가정학원론의 성격, 가정학의 체계와 그 내용, 가정학원론이 필요한 이유, 가정학의 특성, 가정학원론의 의의, 가정학의 원리 등에 대해서 묻는 문제들이 출제될 수 있는 바, 자세하고 철저한 학습이 요구된다.

1

01 가정학원론의 의의와 필요성

1 가정학원론의 의의

① 원론의 정의
  ⊙ 원론(原論)에서 '원'이란 글자는 근본이라는 뜻을 가지고 있으며, '론'은 변론 또는 사리나 줄거리를 설명한다는 의미를 가지고 있다.
  ⓒ 원론은 영어로는 principle philosophy, fundamental theory란 말이 쓰이고 있다.
  ⓒ 원론은 마치 서 있는 나무의 기둥뿌리와 같다.
  ⓔ 원론은 근본을 탐구하고 줄거리를 해명하는 학문으로 풀이된다. 즉, 근본을 찾아보는 것은 학문의 원점이나 학문이 성립된 근거를 탐구하여 차례로 명확하게 규명하는 것을 말한다.

② 원론과 개론의 차이점
  ⊙ 원론 : 학문의 대상·연구 방법·내용 등 체계를 정하는 역할을 지니고 있고 학문을 설계하고 통괄하는 임무를 지니고 있다.
  ⓒ 개론 : 입문적인 성격을 지니며, 원론적인 부분과 함께 해당된 학문의 내용 요점을 평면적으로 얕게 포괄적으로 소개하고 입문자의 기초 지식을 높이려는 의도가 내포되어 있다.

③ 원론의 연구
  ⊙ 원론의 연구는 개개의 현상이나 사실 또는 법칙을 발견하는 일반적인 과학과는 달리 사고를 주로 한 철학적이며 논리적인 방법이 필요하다.
  ⓒ 원론은 학문의 세부 내용과 전체를 잘 조화시켜 학문이 바르게 발전할 수 있는 체계를 만들어야 한다.
  ⓒ 원론은 학문 전체를 잘 이해하고 철학적이며 논리적인 사고 능력을 갖추어서 다루어야 한다.

④ 가정학원론의 정의
  ⊙ 가정학원론(principle of home economics)이란 학문은 가정학(家政學)의 원점과 성립 근거를 규정하는 조건에 따라 줄거리를 세워 고찰하고 해명하며 가정학이 어떠한 학문인가를 밝히려는 연구 분야이다.
  ⓒ 가정학원론은 가정학의 연구 대상·방법·목적·체계 등을 통해 의의를 추구하고 가정학의 이념을 확립시키고 주변 학문과의 연계를 확고히 하며, 가정학의 한 분과로서 자리 잡고 있다.
  ⓒ 가정학원론은 가정학 전체에 관한 기본적 문제·근본원리를 고찰하고 가정학의 본질을 명확하게 하고 가정학의 독자성과 과학적 위치를 해명하는 연구 분야라고 정의를 내릴 수 있다.

추가 설명
가정학원론의 정의
- 가정학 전체에 관한 기본적 문제·근본원리를 고찰하고 가정학의 본질을 명확하게 하고 가정학의 독자성과 과학적 위치를 해명하는 연구 분야이다.
- 가정에 의한 체계화를 추구하는 데 초점을 둔다.

추가 설명
가정학의 세분화 현상
가정의 기능이 사회화됨에 따라 가정학의 범위가 넓어지고 세분화되고 있다. 가정학이 세분화되는 것은 학문의 발전이며, 전문성이 높아진 것으로 간주할 수 있다.

ⓔ 가정학원론은 가정생활의 각 분야를 사회와 연결시켜 전체 생활을 연구 영역으로 하여 각 영역 과학을 포괄해서 체계적으로 조직하려는 학문이다.

2 가정학원론의 역할과 필요성

① 가정학의 세분화 현상과 가정학원론의 역할
　ⓖ 가정학원론은 미국이나 일본에서는 가정대학 또는 대학의 가정학과에서 각 학과의 공통과목 중 하나로 필수 또는 선택 필수 과목으로 설정되고 있다.
　ⓛ 가정학이란 학문이 식품·영양학, 의류·직물학, 가정관리학, 아동학, 소비자경제학 등으로 세분화·전문화되었고 앞으로는 보다 세분화되어 발전될 가능성도 보인다.
　ⓒ 가정학이 세분화되는 것은 학문의 발전이며, 전문성이 높아진 것으로 간주할 수 있으나 가정학이라는 큰 지붕 밑에서 하나의 공통적이며 궁극적인 목표를 향해 집합된 분과이며, 과학이라는 점을 잊어서는 안될 것이다.
　ⓔ 가정학원론은 가정학을 연구하는 입문자로 하여금 학문을 정확하게 이해하고, 학문의 임무를 자신있게 해결하고, 발전시키는 능력과 애착을 심어주게 된다.

② 가정학원론의 필요성 : 가정학의 유일성과 독자성을 재조명하고 급변하는 사회 환경에 대응하고 생활의 가치를 지키는 사회적인 사명에 적극적으로 임하여야 한다. 그러기 위해서는 "가정학이 어떤 학문인가?"하는 관심과 이에 대한 이해를 정립시키기 위해 가정학을 학문적인 방법론(methodology)으로 다루는 가정학원론이 절대적으로 필요함을 인식하게 된다. 가정학을 학문으로 규정할 때 가정학의 원점과 성립 근거를 해명하고 가정학이 어떤 학문인가를 명확하게 할 필요가 있다.

> **추가 설명**
> 가정학원론이 특히 필요한 이유
> 실천 학문으로서 학문의 정체성을 밝히기 위해 필요하다.

02 가정학원론의 성격

"가정학이란 무슨 학문인가?"하는 문제를 해명할 때 먼저 가정학의 특징과 성격을 생각하게 된다. 가정학의 과학성, 응용성, 규범성, 실천성, 통합성 등을 다음과 같이 살펴보면 가정학원론의 성격을 이해하게 된다.

1 가정학의 과학성

① 원래 가정학(家政學)이 가사학(家事學)으로부터 발생하였고, 가사학은 기술을 중요하게 다루었다.
② 가정학은 기술학이며 기술과학적인 면을 다분히 가지고 있다. 이와 같은 과학으로서의 기술학으로 가정학의 방향을 자리 잡게 하면 가정학은 이론과학의 단순한 응용 분야가 아니라 이론적 인식과 더불어 모든 것을 포괄한 통합 과학으로 다루게 된다.

③ '가정(家政)'이란 목적의식의 구성체와 그 활동의 연구에 관한 학문인 가정학이 과학으로서 할 일은 객관적·과학적으로 인정을 받고 있는 행동 방책을 선택해서 결정하고 제시해 나가야 한다.

④ 리처즈(E.H. Richards) : 미국 최초 여성 화학자이자 식품 영양학자로서, 1902년 가정학을 주창했다. 또한 가정학은 과학이라고 역설하였다.

❷ 가정학의 응용성

① 가정학의 응용과학으로서의 독자성 : 가정학은 여러 가지 기초과학을 운영해서 생활에 응용하고, 생활에 활용함으로써 최대의 관심사를 가족(모든 인간)과 가정의 복지를 위해 모색하고 있다.

② 가정학을 대하는 견해에 따른 여러 가지 해석
   ㉠ 일정한 원리를 가지고 실제로 활약하는 과학이다.
   ㉡ 자연과학은 몰가치적이나 응용과학은 가치적이다. 따라서 가정학은 응용학문이다.
   ㉢ 각종 생활의 종합적 목표를 실현하기 위해서 또는 생활을 실천하기 위해 여러 과학을 운용해서 가족이 행복한 생활을 영위할 수 있도록 원리와 방법을 연구한다. 따라서 여러 과학으로부터 보조를 받아야 하므로 가정학은 응용과학이다.

③ 가정학이 응용과학이라고 불리는 의의 : 가정학은 기초과학으로서, 여러 가지 과학이며 가정학이 아닌 영역의 과학을 운용하고 생활에 적용하는 의미가 강하고 여러 과학의 원리와 방법이 각각 다르므로 문제는 더욱 복잡해진다. 따라서 같은 응용과학이라고 불려도 응용의 뜻이 다르며 자체 이론이나 가정학의 원리를 응용하는 것이 아니라 다른 원리를 빌려서 응용한다는 특수성이 있는 학문이라고 느끼게 한다.

④ 가정학 인식 방법에 의한 가정학의 응용 단계
   ㉠ 제1단계 : 가정생활의 여러 가지 사상(事象)과 요소를 사실적인 인식에 의해 해명한다.
   ㉡ 제2단계 : 제1단계의 사실 인식에서 얻은 성과를 가치 인식에 의해 가족생활에 활용할 수 있도록 응용하는 방향으로 선택하고, 정리하면서, 조직하고, 구성하며 통합해 나간다. 이 단계에서 가정학의 응용성이 잘 나타난다.

❸ 가정학의 규범성

① 규범학의 성격 : 규범학은 인간의 태도와 행동의 규범을 논하는 논리학, 윤리학, 미학 등으로서 사실에 관한 경험과학의 대조적인 학문이다. 규범학은 마땅히 있어야 하는 규범을 세우는 학문이다.

② 가정학을 규범학으로 대하는 의견
   ㉠ 가정학은 가정생활을 어떻게 운영할 것인가 하는 규범학이다. 가정학은 가정생활이 운영되는 상태와 운영 방법을 연구하는 학문이다.
   ㉡ 가정학은 단순히 학문으로서 진리 추구나 조직체계를 확립시키는 데 끝나는 것

가정학 인식 방법에 의한 응용 단계
• 사실 인식의 단계 : 여러 가지 사상과 요소를 사실적인 인식에 의하여 해명
• 가치 인식의 단계 : 사실 인식에서 얻은 성과를 가치 인식에 의해 가족생활에 활용할 수 있도록 응용

이 아니라 끊임없이 가정생활에 참모습과 영위 방식을 지시하고 향상시켜서 합리화를 위한 운영 방법과 계획을 수립한다. 따라서 가정학은 규범학이다.
  ⓒ 가정학은 '있는 곳'의 사실을 파악하여 진리를 추구하는 과학이 아니라 가정생활이 '이래야 하는' 참모습을 목표로 하고 그 목표를 달성하기 위해 방법을 추구하는 학문이다.
  ② 가정학은 규범과학이다.
③ 가정학을 규범과학으로 보는 두 가지 견해
  ⊙ 외적 규범 : 나라를 국가 또는 방가(邦家)라고 쓴다. 따라서 가정학의 과표는 가정뿐만 아니라 지역사회와 국가, 세계로 펼쳐 나가고 있다고 볼 수 있다.
  ⓒ 내적 규범 : 가정학의 규범은 외부로부터 주어지는 것이 아니라 가정(家政) 자체 내에서 일어나는 것이다. 가정학은 현실의 가정을 규명함으로써 목적을 뚜렷하게 하고 그것을 기준으로 해서 가치판단을 한다.

> **추가 설명**
> **가정학을 규범과학으로 보는 견해**
> • 외적 규범 : 가정학의 과표는 가정뿐만 아니라 지역사회와 국가, 세계로 펼쳐 나가고 있다.
> • 내적 규범 : 가정(家政) 자체 내에서 일어나는 것이다.

4 가정학의 실천성

① 가정학은 여러 가지 기초과학이 나타내는 원리를 받아들여서 현실의 생활 양상을 꾀하는 구체적이며 실천적인 학문이기 때문에 생활 속으로 실용화한다는 점을 특히 중시하고 현실 생활과 관계가 먼 여러 가지 기초과학 및 이론과학에 대하여 가정학은 실천과학이라고 할 수 있다.
② 가정학을 실천과학으로 생각하는 이유는 가정학의 구체화와 실용화라는 성격 때문이다.
③ 가정학의 실천에는 충동적인 실천, 습관적인 실천, 항상 이성(理性)의 뒷받침 속의 실천 등이 있으며, 과학으로서의 실천은 이성의 뒷받침이 있는 실천이라야 한다.

5 가정학의 통합성

① 통합의 원리
  ⊙ 연구 대상의 통일 : 종래 가정학의 통일을 어렵게 만든 원인의 하나는 대상이 애매한 데 있다. 따라서 가정(家政)을 핵심으로 한 생활 시스템을 가정학의 연구 대상으로 한다.
  ⓒ 연구 방법의 통일 : 가정학 연구 방법에 있어서는 사실 인식에서 가치 인식을 거쳐 가정에 의한 통일화로 가도록 일관된 연구 방법이 중요하다.
  ⓒ 연구 목적의 통일 : 가정학의 여러 연구는 가치 인식의 과정에서 가정 목적에 통일되지만 가정학의 목적은 '가정'이란 연구 대상의 목적에 연결되어 있다. 그러므로 가정 목적에 의해 가정학을 구성하는 각 영역 과학의 연구를 가치판단하고 가정 목적을 향해 통합할 수 있다.
② 리처즈(Richards)에 의한 가정학의 통일성과 관련된 가정학의 정의 : 가장 포괄적인 의미의 가정학은 한편에서는 직접 관련된 물질적 환경이고 다른 한편에서는 사회적

> **추가 설명**
> **가정학원론의 성격**
> 과학성, 응용성, 규범성, 실천성, 통합성 등의 성격을 가진다.

존재로서의 인간 본질에 관한 법칙, 조건 원리 및 이념의 연구이며, 특히 이 두 가지 요인 사이의 관계(상호작용)를 보는 연구이다.

03 가정학원론의 내용과 연구법

1 가정학원론의 내용

① 가정학의 체계와 내용 : 가정학을 학문으로 성립시키려면 연구 대상, 연구 목적, 연구 방법의 세 가지를 포괄해서 논해야 한다. 그러나 한편에서는 가정학의 연구 대상인 가정이 포괄적인 체계임에도 불구하고 분석 과학적으로 독주한 경향을 나타내고 있다.

② 가정과 생활 체계
  ㉠ 가정학의 연구 대상은 가정이며, 가족과 개인과 더 나아가 지역사회의 생활이다.
  ㉡ 생활의 연구 대상은 환경에 의해 매개된 사람의 행위와 심리 및 상호 관계이며, 생활을 가족 개인에게 그리고 이와 접한 관계가 있는 지역사회에 초점을 맞춘 것이 가정학이라고 생각할 수 있다.

③ 생활의 전체성 : 생활은 전체라는 관점에서 개개의 가족과 개인의 생활과 다인(多人)의 가족과 개인은 물론 기업, 지역사회, 국가, 세계라는 가족·개인을 둘러싼 환경과 상호 관련시켜서 다루어야 한다. 즉, 생활환경에 적응하고 생활환경을 개선하는 가정학이 되어야 한다는 것이다.

④ 문화의 학문이 된 가정학 : 문명이 만든 물질을 생활의 장에 어떻게 받아들이느냐 하는, 말하자면 문명을 문화화시키는 일이 생활을 연구하는 데 중요하다. 이와 같은 의미에서 가정학은 문화의 학문이 된다.

⑤ 가정학과 철학의 관계
  ㉠ 과학철학과의 관련성 : 가정학이 어떤 학문인가를 논하고 가정학원론의 핵심에 접근하려면 철학 중 과학의 개념이나 분류에 관한 기초적인 지식을 제공하는 과학철학을 연구해 두어야 한다.
  ㉡ 문화철학과의 관련성 : 목적의식 구성체로서 가정학 활동은 예측성과 의사성에 기인하나 의사성 및 의사결정은 가치에 의한다. 이는 가치의 인식에 관련하는 것이 문화철학이기 때문이다.

⑥ 가정학과 가치에 관한 연구 : 가정학은 가치 문제에 무관심할 수 없으며 가치가 가정학의 중심적인 과제와 내용이 될 때 가정학은 물질 방법에 관련된 과학과 사람이 살아가는 방법, 사람의 존재 근원까지도 다루는 학문이 된다.

2 가정학원론의 연구

① 가정학원론의 연구 현황

추가 설명

인간생태학으로서의 가정학
미국의 일부 대학에서는 가정학의 명칭을 인간생태학(human ecology)으로 바꾸어 가정을 가족의 생명유지시스템으로 생각해서 보다 큰 생태계 속에서의 환경과의 상호 관계를 살펴보도록 노력하고 있다.

추가 설명

가정학의 체계와 내용
- 학문이 하나의 체계로서 성립하려면 그 학문의 구성 요소와 그 학문과의 관계가 갖추어져야 한다.
- 가정학을 학문으로 성립시키려면 연구 대상, 연구 목적, 연구 방법을 포괄해서 논해야 한다.

㉠ 가정학원론의 현 위치 : 가정학이 탄생한 지 70년이 넘었으나 학문으로 체계화하는 과정에서 어려움이 많았으며 현재도 가정학의 원리를 탐구하고 정립하는 격동기에 직면하고 있다.
㉡ 연구 현황에 대한 개관
- 처음부터 각 영역의 기초과학에 분산되어 연구에 전념한 경우(가정학원론 부재 상태) : 주로 자연과학 계열로부터 가정학으로 합류한 사람들에게 많다. 그러나 이와 같은 경향이 격화될 때 가정학은 분해될 위험성이 있다.
- 사회과학과 자연과학 등의 이질 계열의 여러 과학으로부터 통일 원리를 찾아내려는 경우 : 이질적인 여러 과학을 짜맞추어 보려 해도 통일 원리는 쉽게 나오기 어렵다.
- 여러 과학을 대상별로 접근하지 않고 개개의 가정(家政) 주체와 객체(주로 환경)에서 통일 원리를 찾아내 보려는 경우 : 이 경우에는 자칫 잘못하면 주관적인 개인 신념이나 인생관에 빠지기 쉽고 사회적 객관성이 소멸되고 마는 일이 많다.

② 가정학원론의 임무 : 가정학원론은 가정학의 구성 요소의 범위, 선정, 연구 방법 등의 조정 탑의 위치에서 체계 설정의 근거가 된 조직 원리를 연구해서 가정학의 방향 모색을 하는 임무를 지니고 있다.

실전예상문제

1. 원론에 대한 설명으로 옳지 않은 것은?

① 원론은 마치 서 있는 나무의 기둥뿌리와 같다.
② 원(原)이란 글자는 근본이란 뜻을 가지고 있으며, 론(論)은 변론 또는 사리나 줄거리를 설명한다는 의미를 가지고 있다.
③ 학문 전체의 내용을 설명·기술하는 역할을 지니고 있어서 입문적인 성격을 지니고 있다.
④ 학문 성립을 위한 근본 원리를 탐구하는 임무가 있다.

> **해설** 개론은 입문적 성격을 지니며 학문의 내용 요점을 평면적으로 얕게 포괄적으로 소개하고 입문자의 기초 지식을 높이려는 의도가 내포되어 있다.

2. 가정학원론의 의의에 대한 설명으로 가장 옳은 것은?

① 가정학에서 다루는 내용을 개괄적으로 설명한 것이다.
② 가정학 전공자의 진로를 설명한 것이다.
③ 가정학 전공자의 자격을 밝히는 것이다.
④ 가정학이라는 학문의 성립 근거를 밝히는 것이다.

> **해설** 가정학원론 : 가정학의 원점과 성립 근거를 규정하는 조건에 따라 줄거리를 세워 고찰하고 해명하며 가정학이 어떠한 학문인가를 밝히려는 연구 분야이다.

3. 가정학원론에 대한 설명으로 옳지 않은 것은?

① 가정학의 연구 대상·방법·목적·체계 등을 통해 의의를 추구하고자 한다.
② 가정학의 원점과 성립 근거를 규정하는 조건에 따라 줄거리를 세워 고찰, 해명하고자 한다.
③ 가정학의 이념을 확립하고 주변 학문과의 연계를 확고히 하는 것을 목적으로 한다.
④ 가정학을 더욱 깊이 이해하고자 하는 것으로서 일반 사회의 한 분과이다.

> **해설** 가정학원론은 가정학의 독자성과 과학적 위치를 해명하는 연구 분야이며, 가정학의 한 분과로서 자리 잡고 있다.

4. 가정학원론의 내용으로서 가장 합당한 것은?

① 가족 관계
② 식생활 문제
③ 가정관리자의 자질
④ 가정학의 연구 대상

해설 가정학원론은 가정학의 연구 대상·방법·목적·체계 등을 통해 의의를 추구하고 가정학의 이념을 확립시키고 가정학을 더욱 깊이 이해하는 것을 목적으로 하고 있다.

5 가정(家政)에 의한 체계화를 추구하는 데 초점을 두고 있는 교과목은 무엇인가?

① 가족관계학 ② 가정학원론
③ 가정학개론 ④ 가정관리학

해설 가정학원론은 가정생활의 각 분야를 사회와 연결시켜 전체 생활을 연구 영역으로 하여 각 영역 과학을 포괄해서 체계적으로 조직하려는 학문이다.

6 가정학원론의 필요성으로 가장 옳은 것은?

① 가정학의 우수성을 알리기 위하여 ② 가정학 연구 방법을 학습하기 위하여
③ 가정학 전공자의 진로 모색을 위하여 ④ 가정학의 학문적 성격을 밝히기 위하여

해설 가정학원론이라는 학문은 가정학의 원점과 성립 근거를 고찰하고 해명하며, 가정학이 어떤 학문인가를 밝히려는 분야이다.

7 가정학원론이 특히 필요한 이유로 가장 옳은 것은?

① 가정학이 다른 학문보다 우수하다는 것을 나타내기 위하여
② 실천 학문으로서 학문의 정체성을 밝히기 위하여
③ 이론 학문으로서 학문의 대상·연구 방법·내용 등이 뚜렷하므로
④ 모든 학문은 원론이 필요하므로

해설 가정학의 유일성과 독자성을 재조명하고 급변하는 사회 환경에 대응하여 생활의 가치를 지키는 사회적인 사명에 적극적으로 임하기 위해 가정학을 학문적인 방법론으로 다루는 가정학원론이 절대적으로 필요하다. 특히 실천 학문으로서 학문의 정체성을 밝히기 위해 가정학원론이 필요하다.

8 가정학원론의 필요성을 단적으로 잘 표현하고 있는 것은?

① 사회 변화의 적응에 순응하기 위해
② 자연과학·사회과학·인문과학의 뒷받침을 강화하기 위해
③ 절대적인 학문으로 인정받기 위해
④ 가정학에 대한 관심과 이해를 정립시키기 위해

정답 1.❸ 2.❹ 3.❹ 4.❹ 5.❷ 6.❹ 7.❷ 8.❹

해설 가정학의 유일성과 독자성을 재조명하고 급변하는 사회 환경에 대응하고 생활의 가치를 지키는 사회적인 사명에 적극적으로 임하여야 한다. 그러기 위해서는 "가정학이 어떤 학문인가?"하는 관심과 이에 대한 이해를 정립시키기 위해 가정학을 학문적인 방법론으로 다루는 가정학원론이 절대적으로 필요함을 인식하게 된다.

9 가정학에 대한 설명으로 옳지 않은 것은?

① 기술을 중요시한다.
② 기초 학문 위에 지어진 응용과학으로 독자성을 지닌다.
③ 가사학으로부터 발생하였다.
④ 목적의식의 구성체와 그 활동을 연구 대상으로 한다.

해설 ①은 가사학의 역할이다.

10 가정학의 성격이라 볼 수 없는 것은?

① 분석과학이다.   ② 실천과학이다.   ③ 규범과학이다.   ④ 응용과학이다.

해설 가정학의 성격 : 과학성, 응용성, 규범성, 실천성, 통합성

11 가정학의 성격끼리 나열된 것은?

① 실천성, 개별성, 과학성
② 규범성, 실천성, 개별성
③ 응용성, 규범성, 통합성
④ 과학성, 응용성, 개별성

해설 문제 10번 해설 참조

12 가정학의 특성에 대한 설명으로 옳은 것은?

① 여성을 위한 학문이다.
② 연구 대상은 가정생활을 하는 데 필요한 물질적 요소이다.
③ 관련 학문에서 가정생활에 관한 이론을 모은 것이다.
④ 이론과 함께 실천을 중시한다.

해설 가정학의 성격으로는 ⅰ) 과학성, ⅱ) 응용성, ⅲ) 규범성, ⅳ) 실천성, ⅴ) 통합성을 들 수 있다.

13 가정학의 특징이 아닌 것끼리 묶인 것은?

① 응용성 — 규범성
② 과학성 — 실천성

③ 창조성 — 가치성　　　　　　　　　　④ 실천성 — 통합성

해설 가정학의 특징(성격) : 과학성, 응용성, 실천성, 규범성, 통합성

14 가정학을 규범학으로 보는 견해로 옳지 않은 것은?
① 가정생활이 '이래야 하는' 참모습을 목표로 하고 그 목표를 달성하기 위해 방법을 추구하는 과학이다.
② 가정학은 가정생활에 참모습과 영위 방식을 지시하고 향상시켜 합리화를 위한 운영 방법과 계획을 수립한다.
③ 가정학은 일정한 원리를 실제로 활용하는 과학이다.
④ 가정학은 가정생활이 운영되는 상태와 방법을 연구하는 학문이다.

해설 가정학의 응용성은 여러 가지 기초과학을 운영해서 생활에 응용하고, 생활에 활용함으로써 최대의 관심사를 가족(모든 인간)과 가정의 복지를 위해 모색하는 것이다.

15 가정학을 실천과학으로 보는 이유로 옳은 것은?
① 가정학의 이론성　　　　　　　　　　② 가정학의 통합성
③ 가정학의 체계성　　　　　　　　　　④ 가정학의 실용성

해설 가정학은 여러 가지 기초과학이 나타내는 원리를 받아들여서 현실의 생활 양상을 꾀하는 구체적이며 실천적인 학문이기 때문에 생활 속으로 실용화한다는 점을 특히 중시하고 현실 생활과 관계가 먼 여러 가지 기초과학 및 이론과학에 대하여 가정학은 실천과학이라고 할 수 있다.

16 가정학에 있어 과학으로서의 실천성이 되는데 요구되는 실천의 방법은?
① 습관적인 실천　　　　　　　　　　　② 이성의 뒷받침 속의 실천
③ 규칙적인 실천　　　　　　　　　　　④ 충동적인 실천

해설 가정학의 실천에는 충동적인 실천, 습관적인 실천, 항상 이성의 뒷받침 속의 실천 등이 있으며 과학으로서의 실천은 이성(理性)의 뒷받침이 있는 실천이라야 한다.

17 가정학의 바람직한 연구 대상에 해당되는 것은?
① 가정과 국가의 관계　　　　　　　　　② 현대인에게 있어 가정이 가지는 비중
③ 사회 내에서의 가정의 위치　　　　　　④ 가정을 핵심으로 한 생활 시스템

정답 9.❶　10.❶　11.❸　12.❹　13.❸　14.❸　15.❹　16.❷　17.❹

해설 종래 가정학의 종합통일을 어렵게 만든 원인의 하나는 대상이 애매한 데 있다. 따라서 가정을 핵심으로 하는 생활 시스템을 가정학의 연구대상으로 한다.

18 가정학의 특성인 통합성의 원리를 연구 방법 면에서 설명한 것으로 옳은 것은?

① 인간 생태학적 관점에서 가정을 둘러싼 환경을 연구한다.
② 가정을 핵심으로 한 생활 시스템을 연구한다.
③ 사실 인식에서 가치 인식을 거쳐 가정에 의한 통일화를 지향한다.
④ 가정생활을 연구 대상으로 한다.

해설 가정학 연구 방법에 있어서는 사실 인식에서 가치 인식을 거쳐 가정에 의한 통일로 가도록 일관된 연구 방법이 중요하다.

19 각 영역 과학을 하나의 가정학으로 체계화하기 위해서는 통일성이 필요한데, 이 통합의 원리에 해당하지 않는 것은?

① 연구 방법의 통일
② 연구 대상의 통일
③ 연구 목적의 통일
④ 연구자의 통일

해설 통합의 원리는 연구 대상, 연구 방법, 연구 목적에서 찾을 수 있다.

20 가정학원론의 내용으로서 가장 알맞은 것은?

① 육아   ② 식품과 영양학   ③ 가정생활의 관리   ④ 가정학의 목적

해설 가정학을 학문으로 성립시키려면 연구 대상, 연구 목적, 연구 방법의 세 가지를 포괄해서 논해야 한다.

21 리처즈는 가정학의 통일성과 관련된 가정학의 정의에서 무엇의 상호작용을 연구의 중심에 두고 있는가?

① 물질적 환경과 사회적 존재로서의 인간 본질에 관한 법칙, 조건 원리 및 이념
② 사실 인식 방법에서 가치 인식을 거쳐가는 연구 방법의 통일
③ 목적과 가치
④ 가정학의 이론과 이에 따른 실천

해설 리처즈(E.H. Richards)에 의한 가정학의 통일성과 관련된 가정학의 정의 : 가장 포괄적인 의미의 가정학은 한편에서는 직접 관련된 물질적 환경이고 다른 한편에서는 사회적 존재로서의 인간 본질에 관한 법칙, 조건 원리 및 이념의 연구이며, 특히 이 두 가지 요인 사이의 관계(상호작용)를 보는 연구이다.

22 가정학을 정의할 때 중요한 용어 세 가지를 묶은 것은?

① 식품영양학, 의류학, 가정관리학
② 인간, 물질적 환경, 상호작용
③ 의생활, 식생활, 주생활
④ 아동, 청소년, 주생활

해설 문제 21번 해설 참조

23 미국에서는 가정을 가족의 생명유지시스템으로 파악하였는데, 이는 가정학을 무엇과 연관시킨 것인가?

① 체육학 ② 영양학 ③ 생태학 ④ 보건학

해설 미국의 일부 대학에서는 가정학의 명칭을 인간생태학으로 바꾸었다.

24 가정학이 문화의 학문이 되기 위해서 해야 할 일은 무엇인가?

① 고성능 세제의 개발로 세탁의 효율성이 과학화되는 일
② 전기 조리 기기 등의 신제품을 개발하여 요리를 과학화하는 일
③ 문명이 만든 물질을 생활의 장에 활용하여 문명을 문화화시키는 일
④ 물질의 상호작용에 관해 연구하는 일

해설 문화의 학문이 된 가정학 : 문명이 만든 물질을 생활의 장에 어떻게 받아들이느냐 하는, 말하자면 문명을 문화화시키는 일이 생활을 연구하는 데 중요하다. 이와 같은 의미에서 가정학은 문화의 학문이 된다.
※ ①, ②, ④는 문명의 학문에 해당한다.

25 철학과 가정학의 관련성으로 적합한 것끼리 묶인 것은?

① 과학철학 — 문화철학
② 이념철학 — 문명철학
③ 종교철학 — 사회철학
④ 사회철학 — 과학철학

해설 가정학과 철학의 관계
• 과학철학과 가정학의 관련성 : 가정학이 어떤 학문인가를 논하고 가정학원론의 핵심에 접근하려면 철학 중 과학철학을 연구해 두어야 한다.
• 문화철학과 가정학의 관련성 : 목적의식 구성체로서 가정학 활동은 예측성과 의사성에 기인하나 의사성 및 의사결정은 가치에 의한다. 이는 가치의 인식에 관련하는 것이 문화철학이기 때문이다.

정답 18.③ 19.④ 20.④ 21.① 22.② 23.③ 24.③ 25.①

MEMO

02 가정학의 정의와 목적

단원 개요

모든 영역의 학문이 학문으로 성립되고 객관적으로 인정되려면 확고한 정의(definition)가 있어야 한다. 어떤 특정 영역의 학문을 이해하려고 할 때 그 학문을 일목요연하게 간단히 그리고 예리하게 내용과 윤곽을 체계적으로 요약해서 설명하는 정의가 필요하다. 가정학의 정의는 견해가 많다. 그러나 미국 레이크 플래시드 회의의 정의, 일본가정학회의 정의, 국제가정학회의 선언을 살펴보면 공통점을 찾아볼 수 있다. 가정학의 목적은 가족의 행복과 가정생활의 향상이다. 가정학의 명칭에 대해서는 처음부터 의견이 많았으며, 지금도 논의가 추진되고 있으나 완전히 만족할 만한 명칭이란 찾아내기 어렵다.

출제 경향 및 수험 대책

이 단원에서는 가정학을 종합 학문으로 보는 견해, 생활 과학으로 보는 견해, 가정학의 정의, 가정학의 연구 목적 등에 대해서 묻는 문제들이 출제될 수 있는 바, 자세하고 철저한 학습이 요구된다.

2

01 가정학의 정의

1 가정학에 대한 여러 가지 견해

① 가정학을 종합 학문으로 보는 견해
  ㉠ 가정학(家政學)은 여러 가지 학과가 집합된 교과과정이라는 면을 가지고 있으므로 학문의 성립성이 약하지만, 일부에서는 가정학은 자연·사회·인문의 여러 학과를 내포하고 있으므로 종합 과학이라고 말한다.
  ㉡ 유기적인 관련이 없이 단순히 부분을 구성하는 각 영역 과학을 모으면 하나의 독립된 학문이 될 수 없다. 즉, 유기적인 것에는 부분의 종합뿐만 아니라 그 이상의 것을 가지고 있다고 볼 수 있다. 부분을 구성하는 각 과학을 모아 놓기만 한다면 전체로서의 가정학이 될 수 없고 가정학을 종합 과학이라고 말할 수는 없을 것이다.

② 가정학을 가정경영학으로 보는 견해
  ㉠ 가정학의 연구 대상이 가정이라고 주장하며, 가정학은 가정경영학(家政經營學)을 의미하고 식품학·영양학·의류학·직물학·주거학·아동학의 옆에 동렬(同列)된 여러 과학의 위치에 놓이게 된다. 이렇게 되면 협의의 가정학 이외의 동렬의 여러 과학은 가정학이 아닌 것이 되므로 가정학의 참다운 체제는 성립될 수 없고 붕괴된다.
  ㉡ 일부에서는 가정경영학을 중심으로 해서 다른 여러 과학을 포함시켜 가정학을 체계화하려고 노력하고 있으나 가정학의 문제를 더욱 혼란시켜 문제 해결을 할 수 없다.

③ 가정학을 학문 체계로 보는 견해
  ㉠ 가정학은 각 영역 과학을 포괄적으로 총괄해서 하나의 학문 체계로 조직하려는 것이다.
  ㉡ 가정학은 내포된 각 영역 과학을 하나의 조직으로 묶는 학문 체계가 되며 이 견해는 가장 바람직한 방향을 모색할 수 있을 것이다.

④ 가정학을 소비 과학으로 보는 견해
  ㉠ 가정학을 소비 과학으로 보는 견해는 경제학이나 상품을 자연과학적으로 보는 측면에서 가정학을 연구하는 경우에 제시되고 있다. 이는 가정학이 소비나 생활 소비재 및 상품을 독자적 대상으로 보는 과학으로 다룬다는 것이다.
  ㉡ 가정생활은 소비생활뿐만 아니라 정신생활과 기타 생활이 포함되고 있으므로 전체로서의 가정생활을 생각하는 가정학으로는 이 견해가 적절하지 않다.

⑤ 가정학을 생활 과학으로 보는 견해
  ㉠ 최근 급격한 사회 변화와 여성 역할 및 가족 구성 변화 등 여러 가지 요인을 생각해서 가정학을 생활과학으로 바꾸려는 견해가 일부에서 제시되기 시작했다.

추가 설명

가정학에 대한 견해와 그에 대한 비판

- 가정학은 생활 과학이다 : 인간 생활의 모든 면을 대상으로 하는 하나의 체계는 곤란하다.
- 가정학은 소비 과학이다 : 가정생활은 소비생활뿐만 아니라 정신생활과 생산생활이 포함된다.
- 가정학은 종합 학문이다 : 부분을 구성하는 각 과학을 모아놓기만 한다면 전체로서의 가정학이 될 수 없다.
- 가정학은 가정경영학이다 : 가정학이 가정경영학으로 축소될 우려가 있다.

ⓒ 이 견해는 인간 생활의 모든 면을 대상으로 하기 때문에 학문적 체계화에 있어서 많은 문제에 직면하고 있다.
⑥ 기타 견해 : 미국 일부에서는 가정학을 생태학적인 측면에서 보고 있다. 인간을 환경과 관련시켜 하나의 생태학적인 계체(系體)에서 보는 것이며 생물학적인 면이 농후하다.

2 가정학 정의의 배경

가정학은 무엇을 대상으로 하고, 어떤 목적을 가지고 어떤 방법으로 연구하는가 하는 세 가지 기본 요소를 말한다.

① 미국 가정학의 정의
　　㉠ 미국 뉴욕주의 레이크 플래시드 회의(Lake Placid Conferences) 및 이에 계속된 미국가정학회(American Home Economics Association)의 성립에 의해 근대 가정학이 발족된 것으로 본다.
　　㉡ 1908년에 스위스의 프라이트르그에서는 제1회 국제가정학회가 개최된 역사상의 일이 있으나 가정학의 학문적 발족은 미국이라 해도 이론(異論)이 없을 것이다.
　　㉢ 1902년 제4회 레이크 플래시드 회의에서 명시된 가정학의 정의[리처즈(E.H. Richards)] : 가정학(home economics)은 가장 포괄적인 의미에서 한편에서는, 인간과 직접 관계가 있는 물적 환경에 관하여 연구하고, 다른 한쪽에서는 사회적 존재로서의 인간 본성에 관하여 그 법칙의 제조건·원리 및 이상에 대해서 연구한다. 특히 이 둘의 상호 관계에 대해 규명하는 데에 가정학의 사명이 있다.
　　㉣ 리처즈(E.H. Richards) : 1910년에 「우경학(優境學)」이란 저서를 발간하여, 가정학은 생활환경 개선에 의해 가족의 향상을 촉진하는 과학인 우경학이라 하였다.
　　㉤ 크리크모어(A.M. Creekmore) : 가정학이란 전인적(全人的) 존재의 인간과 가까운 환경과의 사이에서 일어나는 상호작용에 관해 연구하는 것이다.
　　㉥ 1974년 미국가정학회가 내놓은 가정학 새 지침의 목표
　　　• 미래 사고 능력의 개발　　　• 공공 정책의 관심
　　　• 변화에 대한 창조적 대응　　• 자원 배분의 최적화
　　　• 연구·교육과 실천의 유효적인 관계

② 국제가정학회의 가정학
　　㉠ 파리에 본부를 둔 국제가정학회(International Federation of Home Economics)는 1970~1972년 사이에 위원회를 만들어서 세계 공통의 정의를 연구·검토하였다.
　　㉡ 각 나라의 가정학회에서 제출된 각 견해는 여건과 언어상의 문제에 있어서 표현의 일치점을 찾아내기가 어려워지자 1972년 제12회 IFHE(헬싱키 개최)에서 '가정학 정의에 관한 선언'을 발표하고 각 나라는 이를 토대로 하거나 참고로 해서 자국에 적합한 정의를 작성해 나가기로 결정하였다.

> **추가 설명**
> 미국가정학회의 결성
> 미국가정학회(AHEA)는 1909년 1월 1일에 결성되었다.

> **추가 설명**
> 1902년 레이크 플래시드 회의에서 명시된 가정학의 정의
> • 인간과 환경과의 관계를 중시하고 있다.
> • 가정학은 인간, 인간과 직접 관계있는 물적 환경 및 인간과 환경과의 상호 관계에 대하여 규명한다.

> **추가 설명**
> 가정학의 정의에서 중요한 요소
> • 인간을 연구 대상으로 한다.
> • 인간과 물질의 상호작용을 연구한다.
> • 생태학적 관점이 중시된다.

ⓒ 국제가정학회(IFHE)에서 발표한 '가정학 정의에 관한 선언' : 가정학은 최선의 가능한 조건 속에서 모든 가족원의 신체적·사회경제적·미적·문화적·정서적·지적 욕구를 충족시키기 위해 조화롭게 조직된 가정생활 및 지역사회와의 관계를 탐구하는 학문이다.

③ 일본가정학회의 정의 : 일본에서의 가정학은 미국 가정학의 영향을 많이 받고 있다. 일본은 1970년에 일본가정학회의 가정학원론 연구위원회가 다음과 같은 정의를 내세웠다.

ⓐ 가정학의 의의 : 가정학은 가정생활을 중심으로 하고 이와 긴밀한 관계에 있는 사회사상(社會事想)으로 연장하여 사람과 환경의 상호작용에 대해 인적·물질적인 양면에서 연구하고, 가정생활 향상과 더불어 인간 개발을 꾀해서 인류의 행복 증진에 공헌하는 실증적·실천적 과학이다.

ⓑ 가정학에 관한 의견
- 가정생활은 인간 생활의 기반인 점을 보아 이를 중심으로 해서 개인·가족 및 지역의 생활에 대해 연구를 하나, 최근 가정의 기능이 점점 사회화되는 경향이 있으므로 가정학의 연구를 이와 긴밀한 관계가 있는 사회사상으로 연장할 뿐만 아니라 사람과 환경의 상호작용에 대해서도 연구한다.
- 가정학은 자연·사회·인문 등의 여러 과학을 기반으로 하고 가정생활에 관한 여러 법칙을 명백하게 해서 실생활에 활용할 수 있는 연구를 한다.

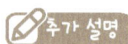

가정학의 정의
- 가정학은 가정생활을 연구 대상으로 하는 학문이며, 가정과 긴밀하게 관계되고 있는 환경의 관련성을 인적·물적 양면으로 연구하는 학문이다.
- 가정학은 사회 변천에 따라 가정 생활이 변화에 적응할 수 있도록 여러 지식을 체계화하여 적용하는 종합과학·응용과학·실천과학의 성격을 갖는다.

02 가정학의 목적

1 가정학의 연구 목적

가정학 연구의 목적은 가족원 개개인의 성장·발달과 가족의 복리를 증진시키고 이를 위하여 환경으로서의 가정생활의 개선을 통한 삶의 질을 향상시키려는 데 있다.

① 일반 목적 : 일반 목적의 '인류의 복지 증진'은 모든 학문의 궁극 목적이며, '가족의 행복 증진'은 기본적인 요소이며 단위가 된다.

② 구체적 목표
ⓐ 인간 개발 : 개개인이 가지고 있는 신체적·정신적·사회적 가능성을 개발하고 신장시켜서 사람답고 보람있게 삶을 이어가는 것을 의미하며, 자기실현이나 인간 가치의 창조라는 말로 표현할 수 있다.
ⓑ 가정생활의 향상 : 가정 기능의 원만한 수행 실천이라고 말할 수 있으며 가정의 실천 목적이다.

가정학의 연구 목적
- 일반 목적 : 인류의 복지 증진과 가족의 행복 증진
- 구체적 목표 : 가정생활의 향상과 인간 개발

2 가정학의 목적과 생활의 질

① 현대의 가정생활 : 현대의 가정생활은 가정 기능을 원만하게 수행하기에는 너무나 많은 저해 요인이 있어 가정의 실천 목적을 실현시키기 어려운 상태에 놓여 있다. 말하자면 건강, 안전, 쾌적, 평등, 창조 등을 위한 목적을 달성시키기 위해 인간답게 살아가는 데 있어야 하는 여러 가지 요소인 생활 가치가 침해되는 사태가 많이 일어나고 있다.

② 생활의 질
  ㉠ 가정학에 있어서 가정생활의 향상이나, 풍요로운 생활 등은 무엇을 의미하느냐가 문제가 된다. 한 마디로 말하면 질(質 : quality)이다.
  ㉡ 사람에게 참다운 '풍요로운 생활'이란 무엇인가? 생활의 질을 근본적으로 생각하는 것부터 출발할 필요가 있다.

03 가정학의 명칭

1 우리나라 가정학의 발족

① 우리나라의 학교교육을 통한 여성 교육은 미국 선교사에 의해 이화(梨化)에서 시작했다. 8·15 해방 전의 우리나라의 여자 전문교육은 이화여전, 숙명여전, 경성사범 등 3개교에 불과하였으며 36년간의 일제강점기하에서는 일본의 교육을 따를 수밖에 없었다.

② 우리나라 여자 전문 교육시설의 가정학은 일본에 동화된 상태였으며, 고등여학교에서도 일본과 마찬가지로 가사과란 교과명이 사용되었다. 가사는 교과목의 명칭이며 교육으로서는 가정, 가사의 개념을 함께 지니고 있었다.

③ 8·15 해방 후 4년제 대학이 개설되자 가정학으로 발족하게 되었다. 1960년 말에 이르러 가정학과가 가정대학으로 승격하게 되자 가정학이 과학(학문)으로 발전하게 되었다.

2 가정학 명칭의 역사적 배경과 동향

① 홈 이코노믹스(home economics)란 명칭의 역사적 배경 : 뉴욕주의 레이크 플래시드 구락부(Lake Placid Club)는 미국의 가정학 지도자들 11명이 최초로 회합을 가진 장소이며, 1899년 9월에 리처즈(E.H. Richards)를 의장으로 뽑아 제1회 L.P.C.를 개최하였다.
  ㉠ 제1회 L.P.C.(1899년) : 홈 이코노믹스(home economics)란 명칭에 의견 일치를 보았다.
  ㉡ 제2회 L.P.C.(1900년) : 듀이(A.G. Dewey)는 학문 분류에서 홈 이코노믹스(home

> **추가 설명**
> 우리나라 최초의 여성 고등 교육기관
> 이화학당은 1886년 스크랜튼 부인에 의해 설립되어 여성 교육을 시작하였다.

> **추가 설명**
> 해방 전의 우리나라 여자 전문 교육기관
> 이화여전, 숙명여전, 경성사범

economics)를 사회학 아래 소비경제학에 소속시켰다.
		ⓒ 제3회 L.P.C.(1901년) : 교원 양성 문제에 관해 토의되었고, 가정 경영의 문제 의식이 부각되었다.
		ⓓ 제4회 L.P.C.(1902년) : 물적 환경뿐만 아니라 인적 특성에 대한 포괄적인 홈 이코노믹스(home economics)의 정의가 검토되었다. 개명하자는 의견이 있었으나 계속 사용하기로 결정하였다.
	② 가정학 명칭의 동향
		㉠ 새로운 가정학 명칭을 구상할 때의 두 가지 방법
			• 기존 가정학의 명칭에 새로운 명칭이 붙는 경우
			• 기존 가정학의 명칭과는 전혀 이질적인 새 명칭으로 바꾸는 경우
		㉡ 새로운 명칭
			• 인간생태학(human ecology)
			• 인간발달(human development)
			• 인간발달·가족연구(human development and family studies)
			• 인간자원개발(human resource development)
			• 가족·소비자자원(family and consumer resource)
			• 가족·소비자과학(family and consumer science)
			• 가족·소비자연구(family and consumer studies)
			• 소비자관계과학(consumer related science)
			• 소비자경제학(consumer economics)
			• 가정·지역사회서비스(home and community service)
			• 가정학·가정생활(home economics and family living)
		㉢ 가정학의 개명 작업은 신중을 기할 필요가 있다. 명칭이 바뀌는 자체가 중요하기보다 가정학 학문의 목적, 본질과 내용, 연구 대상, 연구 방법, 연구 방향 등을 충분히 나타낼 수 있고 동일성의 명칭이 시대의 요구에 알맞게 생각되어야 한다.

리처즈의 홈 이코노믹스(home economics)

'홈(home)'은 양육·자신을 희생할 줄 아는 인격 형성, 환경 대처 능력 개발 등 인간 발달의 장을 의미하며, '이코노믹스(economics)'는 금전뿐만 아니라 시간과 노동에 관한 경제성을 포함한 가정(家政)의 영위라고 했다.

실전예상문제

1 가정학에 대한 다양한 견해 중 〈보기〉와 같이 비판 받고 있는 견해는?

> **보기** 유기적인 관련이 없이 단순히 부분을 구성하는 각 영역 과학을 모으면 하나의 독립된 학문이 될 수 없다.

① 가정학을 생활 과학으로 보는 견해
② 가정학을 종합 학문으로 보는 견해
③ 가정학을 가정경영학으로 보는 견해
④ 가정학을 학문 체계로 보는 견해

해설 가정학에 대한 다양한 견해 중 유기적인 관련이 없이 단순히 부분을 구성하는 각 영역 과학을 모으면 하나의 독립된 학문이 될 수 없다는 점에서 비판 받고 있는 견해는 가정학을 종합 학문으로 보는 견해이다.

2 가정학을 보는 견해가 아닌 것은?

① 생활 과학으로 보는 견해
② 소비 과학으로 보는 견해
③ 종합 과학으로 보는 견해
④ 사회 과학으로 보는 견해

해설 가정학원론의 체계가 인문과학, 사회과학, 자연과학의 학적 연구 성과를 도입하여 이루어지긴 했지만, 그 자체는 아니다.

3 가정학의 연구 대상이 가정(家政)이라고 주장하는 견해에 대한 비판으로 옳은 것은?

① 가족이 무시될 경향이 있다.
② 환경에 대한 문제가 무시된다.
③ 가정학이 가정경영학으로 축소될 우려가 있다.
④ 직업 개발이 매우 어렵게 된다.

해설 가정학을 가정경영학으로 보는 견해 : 가정학이 가정경영학을 의미하고 식품학·영양학·주거학·의류학·직물학·아동학의 옆에 동렬된 여러 과학의 위치에 놓이게 된다. 이렇게 되면 협의의 가정학 이외의 동렬(同列)의 여러 과학은 가정학이 아닌 것이 되므로 가정학의 참다운 체제는 성립될 수 없고 붕괴된다.

4 가정학을 종합 학문으로 볼 때의 문제점으로 옳은 것은?

① 가정학은 여성의 과학이다.
② 가정생활은 소비생활뿐만 아니라 생산활동도 포함된다.
③ 인간 생활의 모든 면을 대상으로 하는 학문이 있을 수 없다.
④ 유기적인 관련이 없이 단순히 부분을 구성하는 각 과학을 모으면 하나의 독립된 학문이 될 수 없다.

정답 1.❷ 2.❹ 3.❸ 4.❹

해설 유기적인 것에는 부분의 종합뿐만 아니라 그 이상의 것을 가지고 있다고 볼 수 있다. 부분을 구성하는 각 과학을 모아 놓기만 한다면 전체로서의 가정학이 될 수 없고 가정학을 종합 과학이라고 말할 수는 없을 것이다.

5 가정학을 소비 과학으로 보는 견해에 대한 비판으로 옳은 것은?
① 가정학의 범위가 지나치게 넓어진다.
② 가정생활은 다양한 영역의 생활이 포함되어 있다.
③ 소비는 생산의 부수적인 의미밖에 없다.
④ 인간 생활의 모든 것을 대상으로 하는 과학의 체계는 곤란하다.

해설 가정학을 소비 과학으로 보는 견해 : 가정생활은 소비생활뿐만 아니라 정신생활과 기타 생활이 포함되어 있으므로 전체로서의 가정생활을 생각하는 가정학으로는 이 견해가 적절하지 않다.

6 가정학에 대한 견해와 그에 대한 비판이 바르게 연결된 것은?
① 가정학은 생활 과학이다 — 인간 생활의 모든 면을 대상으로 하는 하나의 체계는 곤란하다.
② 가정학은 가정경영학이다 — 가정생활은 소비생활뿐만 아니라 정신생활과 생산생활이 포함된다.
③ 가정학은 소비 과학이다 — 부분을 구성하는 각 과학을 모아놓기만 한다면 전체로서의 가정학이 될 수 없다.
④ 가정학은 종합 학문이다 — 가정학에 내포된 각 영역과학을 가정경영학을 중심으로 묶은 학문 체계는 불가능하다.

해설 가정학을 생활 과학으로 보는 견해 : 인간 생활의 모든 면을 대상으로 하기 때문에 학문적 체계화에 있어서 많은 문제에 직면하고 있다.

7 인간 생활의 모든 면을 대상으로 하는 하나의 과학 체계는 곤란하다는 비판을 받고 있는 가정에 대한 견해는?
① 가정학을 종합 학문으로 보는 견해
② 가정학을 가정경영학으로 보는 견해
③ 가정학을 소비 과학으로 보는 견해
④ 가정학을 생활 과학으로 보는 견해

해설 가정학을 생활 과학으로 보는 견해는 인간 생활의 모든 생활을 대상으로 하기 때문에 학문적 체계화에 곤란함을 느끼고 있다.

8 '가정학은 인간, 인간과 직접 관계있는 물적 환경 및 인간과 환경과의 (   )에 대하여 규명한다.'라는 가정학에 대한 정의에서 (   ) 속에 알맞은 것은?
① 법칙   ② 상호 관계   ③ 원리   ④ 이상

해설 '가정학은 인간, 인간과 직접 관계 있는 물적 환경 및 인간과 환경과의 상호 관계에 대하여 규명한다.'는 가정학에 대한 정의는 1902년의 제4회 레이크 플래시드 회의에서 명시된 미국 가정학의 선구자인 리처즈(E.H. Richards) 등이 제시한 것이다.

9 1902년 레이크 플래시드 회의에서 명시된 가정학의 정의와 관련된 내용으로 알맞은 것은?

① 인간과 환경과의 관계를 중시하고 있다.
② 최근 제기되고 있는 생태학적 개념과는 관계가 없다.
③ 물질보다는 인간을 연구 대상으로 한다.
④ 위생학이 기초과학으로서 가장 중요하다.

해설 1902년 제4회 레이크 플래시드 회의에서 명시된 가정학의 정의를 보면, 가정학은 가장 포괄적인 의미에서 한편에서는 인간과 직접 관계가 있는 물적 환경에 관하여 연구하고, 다른 한쪽에서는 사회적 존재로서의 인간 본성에 관하여 그 법칙, 제조건, 원리 및 이상에 대해서 연구한다. 특히 이 둘의 상호 관계에 대해 규명하는 데에 가정학의 사명이 있다.

10 미국가정학회의 결성 연대는 언제인가?

① 1862년　　② 1899년　　③ 1909년　　④ 1910년

해설 미국가정학회(AHEA)는 1909년 1월 1일에 결성되었다.

11 다음의 〈보기〉와 가장 관계가 깊은 학문은?

> 보기　가장 포괄적인 의미에서 한편에서는 인간과 직접 관계가 있는 물적 환경에 관하여 연구하고, 다른 한편에서는 사회적 존재로서의 인간 본성에 관하여 그 법칙의 제조건, 원리 및 이상을 연구하고, 특히 이 둘의 상호 관계에 관하여 규명하는 데에 그 사명을 둔다.

① 인간학　　② 가정학　　③ 생활학　　④ 철학

해설 〈보기〉는 미국 가정학의 선구자 리처즈(E.H. Richards)의 가정학에 대한 정의이다.

12 '가정학은 가장 포괄적인 의미에서 한편에서는 인간과 직접 관계가 있는 (㉠)에 관하여 연구하고, 다른 한편에서는 사회적 존재로서의 (㉡)에 관하여 그 법칙의 제조건, 원리 및 이상을 연구한다. 특히 이 둘의 (㉢)에 관하여 규정하는 데에 가정학의 사명이 있다.'에서 ( ) 속에 가장 적합한 용어를 차례대로 나타낸 것은?

정답　5.❷　6.❶　7.❹　8.❷　9.❶　10.❸　11.❷　12.❹

① 개인, 가정, 사회 ② 식생활, 의생활, 주생활
③ 인간 본성, 물적 환경, 상호작용 ④ 물적 환경, 인간 본성, 상호 관계

해설 문제 9번 해설 참조

13 레이크 플래시드 회의에서 채택된 가정학의 정의에서 가장 중요한 개념에 해당하는 것은?

① 의식주 생활의 연구 ② 규범 철학
③ 인간과 물질의 상호작용 ④ 실용 과학

해설 문제 9번 해설 참조

14 1902년 레이크 플래시드 회의에서 가정학을 최초로 정의했을 때 중요한 개념끼리 묶은 것은?

① 인간, 사회, 환경 ② 인간, 환경, 관계
③ 개인, 가족, 가정 ④ 개인, 가족, 사회

해설 문제 9번 해설 참조

15 가정학의 정의에서 중요한 요소에 해당되지 않는 것은?

① 생태학적 관점이 중시된다.
② 규범을 중시하므로 과학이라기보다 철학에 속한다.
③ 인간과 물질의 상호작용을 연구한다.
④ 인간을 연구 대상으로 한다.

해설 가정학은 인간과 직접 관계있는 물적 환경 및 인간과 환경과의 상호관계에 대하여 규명한다. 가정학에서는 또한 생태학적 관점이 중시된다.

16 1910년 리처즈는 가정학은 생활환경 개선에 의해 가족의 향상을 촉진하는 과학이라 했다. 이에 대한 명칭은?

① 소비자관계학 ② 인간생태학
③ 우경학 ④ 인간발달 · 가족연구

해설 우경학(Euthenics) : 가정학은 생활환경 개선에 의해 가족의 향상을 촉진하는 과학이다. 이를 우경학이라 한다.

17 '가정학이란 전인적 존재의 인간과 가까운 환경과의 사이에서 일어나는 상호작용에 관해 연구하는 것'이라고 정의한 학자는?

① 스미스(A. Smith)
② 크리크모어(A.M. Creekmore)
③ 리처즈(E.H. Richards)
④ 쿨리(A.M. Cooley)

> [해설] 크리크모어(A.M. Creekmore)의 가정학에 대한 정의 : 가정학이란 전인적 존재의 인간과 가까운 환경과의 사이에서 일어나는 상호작용에 관해 연구하는 것이다.

18 다음 중 IFHE란 무엇인가?

① 미국가정학회
② 아시아지구 가정학회
③ 국제가정학회
④ 한국가정학회

> [해설] 국제가정학회(IFHE) : 1908년 스페인에서 창설되었다. 90개의 회원국이 있으며 4년마다 세계회의를 개최한다.

19 일본 가정학의 발전에 영향을 미친 나라는?

① 캐나다 ② 한국 ③ 프랑스 ④ 미국

> [해설] 일본에서의 가정학은 미국 가정학의 영향을 많이 받고 있다.

20 가정학의 구체적인 목표로 가장 옳은 것은?

① 사회의 민주화
② 인류의 행복 증진
③ 가정생활의 향상
④ 자녀의 양육

> [해설] 가정학의 연구 목적
> • 일반목적 : 가족의 행복 증진과 인류의 복지 증진   • 구체적인 목표 : 가정생활의 향상과 인간 개발

21 가정학의 연구 목적이라고 볼 수 없는 것은?

① 상품의 생산
② 인류의 복지 증진
③ 인간 개발
④ 가정생활의 향상

> [해설] 가정학의 연구 목적에 있어서 일반 목적은 가족의 행복 증진과 인류의 복지 증진이며 구체적 목표는 가정생활의 향상과 인간 개발이라고 말할 수 있다.

정답 13.❸ 14.❷ 15.❷ 16.❸ 17.❷ 18.❸ 19.❹ 20.❸ 21.❶

22 가정학의 목적으로 가장 옳은 것은?

① 가정 정책의 확립　　　　② 인류의 복지 증진
③ 인간관계의 개선　　　　　④ 의생활의 개선

해설 문제 21번 해설 참조

23 우리나라 최초의 여성 고등 교육기관은 무엇인가?

① 숙명여전　　② 진명여고　　③ 경기여고　　④ 이화학당

해설 이화학당은 1886년 스크랜튼 부인에 의해 설립되어 여성 교육을 시작하였다.

24 해방 전의 우리나라의 여자 전문 교육기관은 무엇인가?

① 정신여학교, 이화여전, 숙명여전　　② 이화여전, 숙명여전, 경성사범
③ 한성사범, 숙명여전　　　　　　　 ④ 경성사범, 한성사범

해설 해방 전의 우리나라 여자 전문 교육기관 : 이화여전, 숙명여전, 경성사범

25 '홈 이코노믹스(home economics)'란 명칭의 역사적 배경은?

① 폴 밀러의 제의　　　　② 제1회 L.P.C.
③ 칼톤 회의　　　　　　 ④ 제4회 L.P.C.

해설 제1회 L.P.C.(1899년)에서는 가정학의 발전을 위해 역사적인 업적을 남겼다. 이 회의에서 가정학을 '홈 이코노믹스(home economics)'란 명칭에 의견 일치를 보았다.

26 제1회 L.P.C. 회의의 업적은?

① 가정학을 소비경제학 부문에 소속시켰다.
② 가정교육 교원 양성이 제안되었다.
③ '홈 이코노믹스(home economics)'란 명칭에 의견 일치를 보았다.
④ 가정 경영의 문제 의식이 부각되었다.

해설 문제 25번 해설 참조

정답 22.②　23.④　24.②　25.②　26.③

03 가정학의 학문적 성격

 단원 개요

학문(learning)은 한없이 전개되어 가는 가능성을 가지고 있다. 그러나 학문은 어디까지나 사람의 영위이며 사람에 의해 추진된다. 사람이 의식적으로 무엇인가를 하려고 할 때에는 반드시 어떤 태도, 자세, 마음가짐으로 임해야 한다는 준비가 있다. 확고한 마음가짐으로 학문을 추구할 때 학문의 본질에 직면하고 여기서 여러 가지 연구 방법, 대상, 목적을 찾아낼 수 있다. 가정학의 학문적 성격을 알아보기에 앞서 학문과 학문성이 무엇인가를 살펴본다. 그리하여 학문에 대한 이해가 되면 학문성을 이해하게 되고 가정과 가정성을 알게 된다. 가정학의 학문성이 가정성이다. 가정학은 종합과학·실천과학·응용과학이란 독자적인 성격을 지니고 있다.

 출제 경향 및 수험 대책

이 단원에서는 가정학의 학문적 특성과 '가정성'의 개념, 가정학의 학문적 성격 중 가정학의 독자성과 가정성, 실천과학과 가정학과의 관계, 가정학과 인간생태학과의 관계 등에 대해서 묻는 문제들이 출제될 수 있는 바, 자세하고 철저한 학습이 요구된다.

3

01 학문과 학문성

1 학문에 대한 이해

① 학문의 정의 : 방법론에 입각한 연구 대상·방법·목적 등을 성립 조건으로 하는 체계적인 지식이다.

② 학문 지식의 성립 : 가능성에서 가능성으로 펼쳐지는 인간 생활의 현실 과제 속에서 독자적인 입장으로 선택된 여러 가지 이론의 정합성을 추구하는 과정에서 육성되므로 단편적이 아니고 전체적으로 생각해 내려는 통합적 고찰에 의해 보다 객관적인 확증을 얻게 된다.

> **추가 설명**
> 학문성의 정의
> 학문을 만드는 정신을 말하며, 사람이 무엇을 알고 무엇을 모르는가를 이해하는 것이다.

2 학문성

① 학문성의 특징
  ㉠ 학문을 만드는 정신을 학문성이라 하며, 학문성은 사람이 무엇을 알고 무엇을 모르는가를 이해하는 것이다.
  ㉡ 학문성의 뜻은 과거처럼 좁고 분화된 개인 연구뿐만 아니라 적극적으로 과제를 서로 제공해서 검토를 하는 종합적 공동 연구까지 확대하지 않으면 안 된다.
  ㉢ 개별 연구와 공동 연구의 전체적 총화와 조화가 이루어져 학문성을 확정한다.

② 확산의 원리와 통합의 원리 : 학문은 기본적으로 확산의 원리와 통합의 원리가 지배적이며, 확산의 원리는 학문의 외연성 지향을 의미하며, 통합의 원리는 내부로 과제를 집중시키는 구심적인 주체성을 강조한다.

> **추가 설명**
> 학문의 기본 원리
> 학문은 기본적으로 확산의 원리와 통합의 원리가 지배적이다.

3 학문과 대학

① 대학은 지식욕에서 발생한 창조적인 인식 활동의 대표적이며 조직적인 기관이며, 다면적인 연구를 통해 인간 생활의 현실 문제에 공헌할 수 있도록 학문을 전문화·공동화시키면서 실질 가치를 높여가고 있다.

② 현재의 복잡한 사회 정세의 와중에서는 학문과 대학의 상호 관계에 있어서 이념과 실제가 잘 맞지 않아 본질적으로 수많은 모순과 문제점이 야기되고 있으나 끊임없이 노력해서 현대의 지적 요청에 응하기 위해 전진하고 있다.

02 가정학의 학문적 성격

1 가정학의 가정성(家政性)

① 일본의 가정학자 마쓰시마(松島)는 가정학의 독자성 및 유일성을 규명할 때 가장 적절한 말을 '가정성(家政性)'이라 하였다.

② 가정성의 개념 : 가사 종사자가 가정생활의 독자적 기능에 관해 깊숙한 내부나 넓은 외부에 대해 사람다운 생활을 유지·발전시키기 위해 노력하는 가정의 주축이 되는 것이다. 가정성은 일상의 가정생활을 보다 잘 유지·발전시키는 생명력이며 생활력이다.

2 가정학의 성격과 학문성

① 가정학의 성격 : 가정학의 성격을 현대 과학론에 결부시켜 가정학의 위치 및 오늘의 가정학을 살펴보면 다음과 같다.

㉠ 과학론 : 과학은 경험을 통하여 특수 대상에 대응한 방법으로, 이 특수 영역에 있어서의 객관적이고 보편적인 것을 발견하여 객체적 대상에 관한 인식을 체계화한 것이다. 근대과학은 과학을 자연과학과 비자연과학으로 분류하고, 비자연과학에 해당되는 과학을 사회과학과 인문과학으로 보고 있다.

㉡ 자연과학, 사회과학, 경험과학과 가정학
- 자연과학 : 자연현상을 대상으로 하고 그 법칙을 탐구하는 과학이다.
- 사회과학 : 사회현상을 탐구하는 과학으로서 사회학, 경제학, 정치학, 법학, 역사학, 민속학 등이 이에 속한다.
- 경험과학 : 경험적인 사실을 대상으로 한 과학이며, 대상별로 분류하면 자연과학과 정신과학으로 나눠지고, 방법론적으로는 자연과학과 역사과학으로 분류한다.
- 가정학 : 자연, 사회, 인문의 3과학 분야에 걸친 종합적인 성격을 가지고 있고 어느 한 가지의 과학에만 속하지 않는다.

㉢ 이론과학, 실천과학과 가정학 : 과학은 이론과학(순수과학)과 실천과학(응용과학)으로 크게 분류된다.
- 이론과학 : 원인과 결과, 사상(事象)과 사상(思想) 사이의 관계를 그대로 파악하고 법칙을 정립한다.
- 실천과학 : 어떤 사상(事象)을 목적, 목표화해서 그것을 실현시키기 위해 실생활에 응용하는 것을 직접 목적으로 하므로 목적의식적이며 가치 판단적이다.
- 가정학 : 과학 분류상 실천과학의 성격을 가지고 있다.

㉣ 과학, 철학과 가정학 : 현대 철학은 철학을 논리 철학(존재론과 인식론)과 실천 철학(가치론)으로 구분한다. 가정학도 이와 같은 과학으로 발전 기반을 충분히 가지고 있다.

㉤ 행동과학, 인간생태학과 가정학
- 행동과학 : 행동을 전체적으로 다루어 논리 실증적으로 연구하는 과학의 총칭이며, 가정학은 자연환경 속의 인간 행동의 입장에서 가정학을 사회과학으로 이해하려고 한다.

> **추가 설명**
> 가정학의 학문적 특성(성격)
> - 가정학은 자연, 사회, 인문의 3과학 분야에 걸친 종합과학적인 성격을 가지고 있고 어느 한 가지의 과학에만 속하지 않는다.
> - 가정학은 연구 목적을 가족의 행복 증진에 둠으로 과학 분류상 이론과학이 아닌 실천과학의 성격을 갖는다.

- **인간생태학** : 미국의 가정학계는 인간과 환경의 상호 관계에서 가정(家庭)은 가족을 위해 생명 유지 체계(life support system)로 체계화되고 있으며 따라서 현대 가정학은 이 제안과 같이 인간생태학적 진화 과정을 이해하고 의도적인 적응 능력의 개발을 강화해야 한다고 강조하고 있다. 인간생태학은 현대사회의 요청에 맞게 하기 위하여 사명, 책임을 중심으로 체계화한 것이다.

② 가정학의 학문성

㉠ 인간의 생존이 계속되는 한, 현실의 생활 세계에는 인간성-학문성-가정성의 상대적 연대 체계에 반영된 법칙이 내재하면서 상호의 유대를 높여 광범위하게 영향을 주고받고 있다. 이 법칙은 개별적인 것부터 일반적인 것으로 한 걸음씩 확대, 심화되어 가므로 학문의 독자성을 인식하여 스스로의 과제와 관련되고 동일성인 것을 추출해야 한다. 이 동일성을 종합한 독자의 원리가 상대적으로 인식되지 않으면 종합적 학문 체계에 의미를 충분히 발휘할 수 없다. 학문이 인간을 변화시키고 인간이 학문을 변화시킨다. 연구를 촉진하는 동안 가정(家政)의 가치를 알게 될 것이다.

㉡ 가정사 · 가정학사 등의 연구는 과거를 통해 현재의 상황을 비교하고 발전의 계기로 삼을 수 있다.

㉢ 가정학은 가정생활을 실현하는 수단이나 기술만이 아니라 가족관계, 인간의 정신, 신체적 성장 및 발달, 생활 자원의 활용, 생활 환경의 조성, 경제생활 등을 종합적으로 연구하여 실생활에 적응할 수 있도록 하는 종합과학이며 실천과학의 성격을 띠고 있다.

> **추가 설명**
> 가정학을 인간생태학이라 개칭할 때 가장 강조한 점
> 교육 목표로서 사회에 대한 사명 달성을 우선으로 했다.

03 앞으로의 가정학

① 가정학은 사회에서 배척되고 있다. 따라서 격동의 와중에서 적응 능력을 개발해야 한다. 현대사회의 진보에 적응하는 원리를 탐구해서 가정학의 전체를 다뤄야 한다.

② 명칭을 바꿔 탈가정학이 되는 노선을 선택하는 것이 아니라 더 만족스러운 이름이 나오더라도 가정학의 해소를 의미할 수 없을 것이며 오히려 저류에 깔려 있는 이념이 시종일관 정착되어 가정성이 사회에 접촉하면서 새로운 방향과 흐름을 타게 될 것이다.

③ 앞으로의 가정학은 대상을 가정인(家庭人)의 가사적 기술이나 폐쇄적인 가정생활의 현상 문제를 취급할 뿐만 아니라 생활에 대해 종합적인 시야를 가지고 가정 의식을 기반으로 해서 잠재적인 가정성을 연구 범위에 신장시켜 가면서 추진해야 할 것이다.

④ **앞으로의 가정학의 과제** : 가정생활이 인간과 환경과의 상호작용에서 이루어진다는 시각에서 인간생태학적으로 연구할 필요가 있다.

실전예상문제

1 용어의 정의가 바르게 연결되지 않은 것은?

① 가정성 ― 일상의 가정생활을 보다 좋게 유지·발전시키기 위한 생명력
② 학문 ― 경험적인 논거가 확실한 지식
③ 응용과학 ― 과학의 원리를 실제 면에 응용하는 것을 직접 목적으로 하는 과학
④ 귀납법 ― 특수한 것으로부터 그것들에 공통되는 보편적 법칙을 찾아내는 방법

해설 학문 : 방법론에 입각한 연구대상·방법·목적 등을 성립 조건으로 하는 체계적인 지식

2 학문의 기본적 원리에 해당하는 것은?

① 설명의 원리와 조립의 원리
② 확산의 원리와 통합의 원리
③ 확산의 원리와 조립의 원리
④ 설명의 원리와 통합의 원리

해설 학문의 기본적 원리
 • 확산의 원리 : 학문의 외연성 지향
 • 통합의 원리 : 내부로 과제를 집중시키는 구심적인 주체성 강조

3 마쓰시마는 가정학의 독자성 및 유일성을 구명할 가장 적절한 말을 무엇이라 하였는가?

① 통합성
② 학문성
③ 실천성
④ 가정성

해설 가정성(家政性) : 가사 종사자가 가정생활의 독자적 기능에 관해 깊숙한 내부나 넓은 외부에 대해 사람다운 생활을 유지, 발전시키기 위해 노력하는 가정의 주축이 되는 것이다.

4 '가정성'이란 말을 사용한 학자는 누구인가?

① 하라다(原田一)
② 미야가와(宮川滿)와 미야시다(宮下美智子)
③ 마쓰시마(松島)
④ 크리크모어(Creekmore)

해설 일본의 가정학자인 마쓰시마는 가정학의 독자성 및 유일성을 규명할 때 가장 적절한 말을 '가정성'이라 하였다.

5 가정성의 개념으로 옳은 것은?

정답 1.② 2.② 3.④ 4.③ 5.④

① 가정학자들이 가족생활을 보는 견해
② 가정 외부에서 가정에 작용하는 힘
③ 가족원이 자기 가족의 주요한 특성이라고 보는 견해
④ 일상의 가정생활을 보다 좋게 유지·발전시키기 위한 생명력

해설 가정성의 개념
- 가사 종사자가 가정생활의 독자적 기능에 관해 깊숙한 내부나 넓은 외부에 대한 사람다운 생활을 유지·발전 시키기 위해 노력하는 가정의 주축이 되는 것이다.
- 일상의 가정생활을 보다 잘 유지·발전시키는 생명력이며 생활력이다.

6 마쓰시마는 가정학의 독자성을 잘 나타내는 용어로 가정성을 들고 있는데, 그 의미로 적합한 것은?
① 가정학의 통합성을 나타내는 용어
② 가정생활을 보다 잘 유지·발전시키기 위해 요구되는 성격 특성
③ 가정생활을 보다 잘 유지·발전시키는 생명력과 생활력
④ 가정학 전공자의 독특한 특성

해설 문제 5번 해설 참조

7 가정학의 학문적 특성(성격)이 가장 잘 드러난 것은?
① 사회과학이면서 응용과학이다.
② 종합과학이면서 실천과학이다.
③ 사회과학이면서 이론과학이다.
④ 자연과학이면서 기술과학이다.

해설 가정학의 학문적 특성(성격) : 가정학은 자연, 사회, 인문의 3과학 분야에 걸친 종합 과학적인 성격을 가지고 있고 어느 한 가지의 과학에만 속하지 않는다. 또한 가정학은 연구 목적을 가족의 행복 증진에 둠으로 과학 분류 상 이론과학이 아닌 실천과학의 성격을 갖는다.

8 과학과 관련된 용어의 정의가 바르게 연결되지 않은 것은?
① 행동과학 — 인간의 행동을 연구하는 과학으로, 심리학을 다르게 부르는 용어
② 이론과학 — 원인과 결과를 그대로 파악하고 법칙을 정립하는 과학
③ 자연과학 — 자연현상을 대상으로 그 법칙을 탐구하는 과학
④ 과학 — 경험을 통하여 특수 대상에 대응한 방법으로, 이 특수 영역에 있어서의 객관적이고 보편적인 것을 발견하여 객체적 대상에 관한 인식을 체계화한 것

해설 행동과학 : 행동을 전체적으로 다루어 논리 실증적으로 연구하는 과학의 총칭

9 가정학은 인간생태학적인 면을 강조하여 인간생태학으로 개칭되기도 했다. 가정학을 인간생태학이라 개칭할 때 가장 강조한 점은?

① 인간의 심리적 연구를 강조하였다.
② 생태학은 환경을 중시하므로 주거학에 가장 큰 비중을 두었다.
③ 교육 목표로서 사회에 대한 사명 달성을 우선으로 했다.
④ 가정학과는 완전히 다른 학문이라는 점을 강조하였다.

해설 인간생태학은 현대사회의 요청에 맞게 하기 위하여 사명, 책임을 중심으로 체계화한 것이다.

10 '가정학은 가정생활을 실현하는 수단이나 기술만이 아니라 가족 관계, 인간의 정신, 신체적 성장 및 발달, 생활 자원의 활용, 생활 환경의 조성, 경제 생활 등을 종합적으로 연구하여 실생활에 적응할 수 있도록 하는 (　)이며 (　)의 성격을 띠고 있다.'에서 (　) 안에 들어갈 말들이 바르게 묶인 것은?

① 행동과학 — 이론과학
② 응용과학 — 이론과학
③ 종합과학 — 실천과학
④ 이론과학 — 실천과학

해설 가정학은 종합학문, 실천학문, 응용학문으로서 학문성 및 독자적인 가정성(家政性)에 입각해서 체계화를 다시 조정할 필요가 있다.

11 가정사 · 가정학사 등 역사적 연구가 갖는 의의로서 가장 중요한 것은?

① 현재의 상황을 역사적 연구에 의하여 비판하고 개혁의 실마리를 찾을 수 있다.
② 전통을 이해할 수 있다.
③ 다른 지역이나 사회를 이해할 수 있다.
④ 한 시기의 풍속 · 습관 · 의류 · 기물 등을 알 수 있다.

해설 가정사 · 가정학사 등의 연구는 과거를 통해 현재의 상황을 비교하고 발전의 계기로 삼을 수 있다.

12 앞으로의 가정학의 과제에 대한 설명으로 옳은 것은?

① 가정생활이 인간과 환경과의 상호작용에서 이루어진다는 시각에서 인간생태학적으로 연구할 필요가 있다.
② 가정학은 발생 초기부터 이론보다 기능이 중시되었으므로 그 특성을 계속 강화하여 기능 향상을 주된 임무로 삼아야 한다.
③ 가정학에서 응용 분야는 이미 많이 발달했으므로 앞으로는 이론 구축에만 전력해야 한다.

정답 6.❸ 7.❷ 8.❶ 9.❸ 10.❸ 11.❶ 12.❶

④ 가정학의 학문적 발달을 위해서는 각 전문 분야를 종합하는 시각보다 더욱 세분하여 분석하는 시각만이 필요하다.

> **해설** 앞으로의 가정학의 과제 : 가정생활이 인간과 환경과의 상호작용에서 이루어진다는 시각에서 인간생태학적으로 연구할 필요가 있다.

04 가정학의 체계

 단원 개요

가정학의 경우 실천과학이라는 학문적 특성뿐만 아니라 실용주의가 발달한 미국에서 성립·발전해 온 학문이라는 역사적 배경으로 인하여 가정학의 체계화를 위한 노력이 많지 않았음은 사실이다. 그렇다 하더라도 가정학도 하나의 학문인 까닭에 그 노력이 전무했다고 할 수는 없다. 이 단원에서는 우선 체계의 의의 및 가정학의 체계화를 보는 관점을 살펴본 후, 가정학의 체계에 대한 대표적인 몇 가지 견해를 비교 검토함으로써 가정학의 성격을 이해하도록 하고, 끝으로 가정학의 전체성을 살펴보기로 한다.

 출제 경향 및 수험 대책

이 단원에서는 학문의 체계화 요건, 가정학 체계화의 관점, 가정학의 체계 중 하라다의 견해, 미야가와와 미야시다의 견해, 크리크모어의 견해 및 인간생태학적 견해, 가정학 체계의 전체성 등에 대해서 묻는 문제들이 출제될 수 있는 바, 자세하고 철저한 학습이 요구된다.

4

01 학문과 체계

1 체계의 정의
① 일반적인 의미에서의 체계 : 그것을 구성하는 각 부분을 계통적으로 통일한 전체, 또는 일정한 원리에 의하여 조직된 지식의 통일된 전체를 말한다.
② 학문의 체계 : 연구의 목적·대상·방법에 의하여 조직된 지식의 통일된 전체 또는 사실과 법칙에 의하여 질서가 잡힌 이론 구성의 조직이라고 할 수 있다.

2 우리나라 가정학의 체계
① 우리나라에서는 가정학이 발달되어 온 과정에서 각 전공 영역별 연구가 심화되어 가는 경향을 나타내고 있다.
② 가정학원론에 관한 연구는 아직 활발하지 못하여 가정학의 체계에 초점을 맞춘 연구는 거의 보이지 않고 있는 상태로서 앞으로 이에 관한 심도 있는 연구가 기대된다.

3 학문의 체계를 논의할 때 고려되어야 할 사항
학문의 체계를 논의할 때 중요한 것은 체계와 교육과정을 구별하는 일이다. 즉, 가정학의 학문적 체계와 가정대학이나 가정학과의 조직 및 교과과정은 구별되어야 한다. 학문적 체계가 지금까지의 연구의 전통·축적과 무관하게 조직되지 아니하고, 대학의 조직이나 교과과정이 학문적 체계를 고려한 바탕 위에서 짜여져야 한다는 점에서 양자는 상호 관련이 있지만, 양자는 원칙적으로 구별되는 이질의 것이다.

4 학문의 체계화 요건
① 그 학문이 가장 잘 연구될 수 있는 것이어야 한다. 즉, 그 학문의 연구 대상이 가장 유효하게, 또 명확하게 표현될 수 있는 것이어야 한다.
② 학문의 일반적인 정의나 생각하는 방법에 모순이 없어야 한다.
③ 학문의 구성 요소와 전체의 관계가 명확하게 표현되어야 한다.
④ 다른 학문과 어떻게 관련되어 있는지가 명시되어 있어야 한다.

> **추가 설명**
> 가정학의 체계가 일찍 이루어지지 못한 이유
> 실생활에서 빚어지는 문제 해결을 위해 재봉, 수예, 요리 등 가사 기술 개발에 치중해 왔기 때문이다.

> **추가 설명**
> 가정학 체계의 특징
> • 가정학의 체계는 본래 다원적인 성격을 지니고 있다.
> • 가정학 체계는 완비되어 있는 것이 아니라 현재에도 계속 진행 중이다.

02 가정학 체계화의 관점

① 단일 영역 : 가정학이라는 하나의 체계 내에서 여러 분야를 모두 다루는 것으로 전공이 아직 미분화된 상태로서 가정학의 초창기에 취해진 형태이며, 현재에도 가정학과에서는 이러한 형태로 교과목이 구성되어 있기도 하다.
② 서로 별개의 전문분야들의 집합 : 학문들의 전문화 추세에 따라 가정학을 여러 독립

적인 전문 분야가 모인 집합체로 본다. 즉, 가정학이라는 공통된 기준이 없이 각 분야의 전문적 발전만을 추구하는 것이다. 따라서 가정학으로서의 정체성을 읽고 여러 분야 간의 공동 연구가 더욱 소홀해지게 된다.
③ 하나의 통합된 영역 : 가정학은 하나의 통합된 영역으로서 성장해 가야 한다는 것이다.

03 가정학의 체계

1 하라다(原田一)의 견해

하라다는 그의 저서 『가정학입문』(1985)에서 가정학의 체계를 다음과 같이 설명하고 있다.

① 고유 영역 · 경계 영역 · 연장 영역
  ㉠ 고유 영역
   • 옛날부터 가정학의 영역이었고, 다른 과학에서는 거의 연구되지 않은 영역을 말한다.
   • 가정 경영이 가장 대표적인 영역이지만 조리, 의복 구성, 주거 관리, 육아, 가족 관계와 같은 영역도 다른 과학에서 관련시킬 수는 있지만, 그것을 전문으로 연구하는 과학은 가정학뿐이다.
  ㉡ 경계 영역(교체 영역)
   • 어떤 하나의 과학과 다른 과학이 서로 겹쳐지는 부분에서 쌍방의 과학이 연구하는 영역을 말한다.
   • '영양'은 가정학과 의학의 경계 영역이고, '피복 재료'는 가정학과 섬유공학의 경계 영역이며, '가정교육'은 가정학과 교육학의 경계 영역이다.
   • 경계 영역은 가정학의 고유 영역을 연구하는 기초가 되는 점에서 '기초 영역'이라고 할 수도 있다.
  ㉢ 연장 영역(응용 영역)
   • 가정학에서 연구하는 것은 전통적인 가정생활에만 속하지 않고, '가정에 준하는 생활'이나 '가정생활에서 파생된 직업'에도 통용되는 것이 많다.
   • 사회의 산업화에 따라 전통적으로 가정에서 이루어지던 활동들이 사회로 이전해 감에 따라 연장 영역의 중요성이 점차 높아지고 있다.

② 가정학의 분과
  ㉠ 하나의 과학을 더욱 작게 전문 영역으로 나눌 때, 그것을 분과라고 한다.
  ㉡ 하라다(原田一)는 가정학을 크게 식물학, 피복학, 주거학, 아동학, 가족관계학, 가정경영학, 가정학원론 등의 7분과로 나누고 있다.

> **추가 설명**
> 하라다의 견해에 따른 가정학의 영역
> • 고유 영역 : 옛날부터 가정학의 영역이었고, 다른 과학에서는 거의 연구되지 않은 영역을 말한다. 예 가정 경영, 조리, 의복 구성, 주거 관리, 육아, 가족 관계
> • 경계 영역(교체 영역) : 어떤 하나의 과학과 다른 과학이 서로 겹쳐지는 부분에서 쌍방의 과학이 연구하는 영역을 말한다. 예 영양, 피복 재료, 가정교육
> • 연장 영역(응용 영역) : 전통적인 가정생활에만 속하지 않고, 가정에 준하는 생활이나 가정생활에서 파생된 직업에 통용되는 것이다. 예 가족 상담론, 집단 보육, 공동주거론, 단체 급식, 대량 재봉론

③ 가정학의 체계
  ㉠ 인간은 가족을 형성하여 가정생활을 영위하고 있으므로, 가정생활의 인간적 요소, 즉 가정생활의 '주체'는 가족이다. 가족은 음식물, 피복, 주거와 같은 물적 요소를 수단으로 하여 가정생활을 영위하고 있다. 여기에서 이 인적 요소와 물적 요소를 결부시켜 가정생활을 영위하는 것이 '가정 경영(家庭經營)'이다.
  ㉡ '경영 방법'을 연구하는 학문이 '가정경영학(가정관리학)'이므로, 가정 경영은 가정생활의 주체이고 인적 요소인 가족·아동을 연구하는 '가족학', '아동학'과 가정생활의 수단인 물적 요소를 연구하는 '식품학', '피복학', '주거학'을 결부시켜 가정학 중심에 위치하는 것이라고 할 수 있다.
  ㉢ '가정학원론'은 가정학 전체를 조직하고 또한 가정생활에 목표를 부여하는 것을 연구하는 분야이다.

2 미야가와(宮川滿)와 미야시다(宮下美智子)의 견해

 종래 가정학을 체계화하는 방법으로서, 구조적인 면에서의 것과 기능적인 면에서의 것이 있다고 양분하고, 한 가지 측면만 파악한 것은 비판하였다. 이들은 기능 면과 구조 면을 관련시켜 양면에서 통일적으로 체계화시키는 것은 기능 면과 구조 면을 관련시켜 양면에서 통일적으로 체계화시키는 것이 바람직하다고 보고 시스템론(체계론)에 의하여 가정학을 조직하였다. 이들은 가정학 체계의 구성 요소를 실천적 가정학, 영역 과학 및 보조 과학으로 설명하였다.

① 실천적 가정학
  ㉠ 연구 대상의 면에서 고찰 : 가정학의 대상은 가정(家政)을 중핵으로 하는 생활 시스템과 이를 중심으로 한 각 영역이 파악된다. 이렇게 파악된 각 영역이 실천을 중심으로 하는 가정학의 주된 내용이고 곧 실천적 가정학으로서의 위치를 차지하게 된다.
  ㉡ 가정학의 연구 방법
    • 제1단계 : 사실 인식을 전개하는 단계
    • 제2단계 : 목적 달성을 위하여 가치 인식을 전개하는 단계로서, 실천적 가정학은 이 단계인 가치 인식에 초점을 맞추고 있다.
    • 제3단계 : 가정에 의한 체계화·통일화를 추구화하는 과정

② 영역 과학
  ㉠ 영역 과학은 각 영역의 여러 요소들을 대상으로 하여 사실 인식을 추구하는 과학이다. 이들 영역 과학은 실천적 가정학에 사실 인식을 제공한다는 형태로 뒷받침되고 있다. 이 사실 인식이 없는 실천적 가정학은 객관적 과학성을 확보하지 못하므로, 가정학으로서 영역 과학이 필요하다.
  ㉡ 영역 과학의 사실 인식에는 법칙 추구적인 사실 인식과 의미 이해적인 사실 인식

추가 설명

가정학의 분과(하라다)
- 고유 영역 : 조리학, 급식론, 의복구성학, 주거관리학, 가족관계학, 가정경영학
- 경계 영역 : 식품학, 영양학, 피복재료학, 피복위생학, 주택건축학, 주거경제학, 아동심리학, 가족심리학, 가족사회학, 가정경제학, 식량경제학, 아동복지학
- 연장 영역 : 단체급식론, 특수영양론, 대량 봉재론, 공동주거론, 집단보육학, 유아교육학, 특수아동론, 가족상담론, 노인학, 시설경영론

추가 설명

가정학의 체계
- 가정생활의 인적 요소를 연구하는 영역 : 아동학(육아, 아동심리학), 가족학(가족관계학, 가족사회학 등)
- 가정생활의 물적 요소를 연구하는 영역 : 식품학, 피복학, 주거학 등

추가 설명

가정학원론
가정학을 전체로서 그 기본 문제에 관하여 연구하며 가정사, 가정학사, 비교가정학, 가정철학 등을 각각 독립된 내용으로 할 수 있다.

이 있는데, 실천적 가정학은 영역 과학에 대하여 문제 의식을 제공함과 동시에 영역 과학의 의미 이해를 돕는다.

③ 보조 과학
  ㉠ 영역 과학은 그 연구 대상인 각 요소에 관하여 사실 인식을 갖게 할 경우 과학, 물리학 등의 보조 과학, 관계 과학의 방법·지식을 원용하게 된다.
  ㉡ 가정(家政)을 중핵으로 한 생활 체계의 각 요소를 규명한다는 점에서 볼 때 보조 과학에는 각 영역 과학에 필요한 방법·지식만 포함시킨다는 한계를 설정해야 한다. 보조 과학에 포함되는 정도는 문제에 따라 다르지만 어쨌든 보조 과학이 가정학을 직접 구성하는 것은 아니다.

3 크리크모어(A.M. Creekmore)의 견해

① 크리크모어는 가정학의 전문 영역을 인적 요소, 근접 환경, 이 둘 간의 상호작용으로 대별하고 각 영역마다 물리·생물학적, 사회심리·문화적, 미적 요인이 있으며, 이는 동시에 각 영역마다 기초 학문으로서 자연과학, 사회과학 및 예술이 필요함을 나타낸다고 본다.
② 크리크모어는 각 전문 영역에 전문적 훈련을 가하여 교육, 사회봉사, 기업에서의 활동, 연구라는 전문직에 진출하게 한다고 본다.

> **추가 설명**
> 크리크모어가 제시한 가정학 내용
> • 인적 요소 : 아동기, 성년기, 노년기
> • 근접 환경 : 의류와 직물
> • 상호작용 : 영양과 인간, 의복과 인간, 식품과 인간

4 인간생태학적 견해(미국의 가정학행정가협회)

① 1970년 미국의 가정학행정가협회에서는 생태학적 접근을 통해 가정학이 세 가지 중요한 주력 활동에 기초를 둘 것을 제안하였다.
  ㉠ 인간과 환경의 물리적·생리학적 관점
  ㉡ 인간의 사회심리학적 요구와 발달
  ㉢ 인간과 그 속에서 인간이 발달하고 생활하는 기술적 환경과의 관계
② 가정학 연구 활동에 요청되는 5가지 목표
  ㉠ 인간의 심리적·사회적 발달에 기여하는 조건의 향상
  ㉡ 인간의 생리적 건강과 발달에 기여하는 조건의 향상
  ㉢ 인간의 근접 환경의 물리적 구성 요소의 향상
  ㉣ 소비자의 능력과 가족 자원 사용의 향상
  ㉤ 가족생활을 향상시키는 지역사회 서비스의 질과 유효성의 향상
③ 인간생태학적인 면에서 가정학의 체계
  ㉠ 지역사회 서비스 교육(community service education)
  ㉡ 소비자경제학과 공공정책(consumer economics and public policy)
  ㉢ 디자인과 환경분석(design and environmental analysis)
  ㉣ 인간발달과 가족연구(human development and family studies)
  ㉤ 인간의 영양과 식품(human untrition and food)

> **추가 설명**
> 가정학과 인간생태학
> 인간생태학은 인간과 환경과의 상호작용을 규명한다는 점에서 가정학의 목적과 방법을 같이하고 있다.

④ 가정학과 인간생태학적 체계
　㉠ 인간생태학적 관점에서의 가정학 체계는 종래의 의·식·주·아동 등 대상(전문) 영역별 분류를 피하고, 생태학적인 면에서 가정학의 목적·방법을 고려한 체계이다.
　㉡ 전문 영역별로 나누는 것보다는 현대사회의 요청에 맞게 하기 위하여 사명·임무를 명확하게 파악하여 가정학의 혁신을 도모한 것이다.
　㉢ 이 발상은 생물물리적·사회심리적·실천기술적 에코시스템(ecosystem)을 모델로 한 것이다.

> **추가 설명**
> **가정학회의 조직**
> 미국가정학회(AHEA)는 회원을 직업별·전공 영역별로 나누고 있고, 전공 영역을 다음의 9개 영역으로 분류하고 있다.
> • 예술·디자인
> • 가정경제·가정관리
> • 가족관계·아동발달
> • 식품·영양
> • 주거·가구·기구
> • 의류·식품
> • 가정과 교육
> • 급식관리
> • 가정학 커뮤니케이션

04 가정학의 전체성

1 앞으로의 가정학 체계

① 어느 분야이든 인적 요소를 공통으로 다루고, 이와 관련하여 물적인 요소를 탐구하는 관점이 바람직하다.
② 가정학 전체의 통합성을 고려하여 인간발달, 가정학원론, 연구방법론과 같은 과목을 어느 분야이든 교육하고, 공동 연구를 해야 한다.
③ 가정학의 체계는 전문화의 요구에 부응하여 한 영역 내에서도 여러 분야로 나누어, 학생들이 자신의 진로에 맞는 교과목을 집중적으로 학습할 기회를 열어 주어야 한다.

2 가정학의 전체성

① 가정학이 가정학 본래의 기능을 다하기 위해서는 자신의 전공만 공부하고 그 외의 분과에 관해서 전혀 모르는 것은 좋지 않다.
② 가정학 연구를 위해서는 어느 분과를 전공하든 전체적인 관점을 가지고 가정생활 전체를 파악함과 동시에 전공 부분을 정밀하게 보는 자세가 특히 필요하다.

실전예상문제

1 연구의 목적·대상·방법에 의하여 조직된 통일적 전체 또는 사실과 법칙에 의하여 질서가 잡힌 이론 구성의 조직으로서 한 학문의 성립 및 연구를 위한 필수적인 것을 무엇이라 하는가?

① 인식 방법　　② 연구 방법　　③ 학문의 체계　　④ 학문성

해설 학문의 체계 : 연구의 목적·대상·방법에 의하여 조직된 통일적 전체 또는 사실과 법칙에 의하여 질서가 잡힌 이론 구성의 조직이라고 할 수 있다.

2 가정학의 체계가 일찍 이루어지지 못한 이유로 옳은 것은?

① 가정학이 동양에서 시작되었기 때문이다.
② 여러 가지 기초과학의 집합으로서 하나의 독립적인 학문이 아니기 때문이다.
③ 실생활에서 빚어지는 문제 해결을 위한 기술 개발에 치중해 왔기 때문이다.
④ 학자들이 가정학의 체계화가 필요없다고 생각했기 때문이다.

해설 실생활에서 빚어지는 문제 해결을 위해 재봉, 수예, 요리 등 가사 기술 개발에 치중해 왔기 때문에 가정학의 체계화가 늦어져 왔다.

3 학문의 체계를 논의할 때 고려되어야 할 점은?

① 체계와 교육과정을 구별한다.
② 학문의 영역별 분류를 명확히 한다.
③ 대학의 조직이나 교과과정을 고려한다.
④ 가정학의 전공 영역을 분명히 한다.

해설 학문의 체계를 논의할 때 중요한 것 : 체계와 교육과정을 구별하는 일이다. 즉, 가정학의 학문적 체계와 가정대학이나 가정학과의 조직 및 교과과정은 구별되어야 한다. 학문적 체계가 지금까지의 연구의 전통·축적과 무관하게 조직되지 아니하고, 대학의 조직이나 교과과정이 학문적 체계를 고려한 바탕 위에서 짜여져야 한다는 점에서 양자는 상호 관련이 있지만, 양자는 원칙적으로 구별되는 이질의 것이다.

4 학문의 체계에서 갖추어야 할 요건에 해당하는 것은?

① 학문의 구성 요소와 교과과정의 관계를 밝혀야 한다.
② 학문의 분석 기법을 밝혀야 한다.
③ 학문의 발달 과정을 밝혀야 한다.
④ 학문의 구성 요소와 전체의 관계를 밝혀야 한다.

정답 1.❸　2.❸　3.❶　4.❹

해설 학문의 체계로서 갖추어야 할 요건
- 그 학문이 가장 잘 연구될 수 있는 것이어야 한다.
- 학문의 일반적인 정의나 생각하는 방법에 모순이 없어야 한다.
- 학문의 구성 요소와 전체의 관계가 명확하게 표현되어야 한다.
- 다른 학문과 어떻게 관련되어 있는지가 명시되어야 한다.

5 학문의 체계에서 갖추어야 할 조건으로 옳은 것은?
① 학문의 구성 요소를 전체와의 관계 속에서 나타내어야 한다.
② 학문의 독자성을 연구 방법의 독자성으로 나타내어야 한다.
③ 다른 학문과 전혀 관계가 없음을 증명해야 한다.
④ 학문을 위한 교과과정을 나타내어야 한다.

해설 문제 4번 해설 참조

6 가정학이라는 하나의 체계 내에서 여러 분야를 모두 다루는 가정학 체계화의 관점으로 옳은 것은?
① 서로 별개의 전문분야들의 집합
② 하나의 통합된 영역
③ 복합 영역
④ 단일 영역

해설 가정학 체계화의 관점 중 단일영역 : 가정학이라는 하나의 체계 내에서 여러 분야를 모두 다루는 것으로 전공이 아직 미분화된 상태이다.

7 가정학의 영역을 고유 영역, 경계 영역, 연장 영역으로 나눌 때, 고유 영역에 해당하는 것끼리 나열된 것은?
① 단체 급식, 가족 관계
② 주거 관리, 육아
③ 영양, 집단 보육
④ 가정 경영, 피복 재료

해설 고유 영역 : 옛날부터 가정학의 영역이었고, 다른 과학에서는 거의 연구되지 않은 영역을 말한다. 가정 경영이 가장 대표적인 영역이지만, 조리·의복 구성·주거 관리·육아·가족 관계와 같은 영역도 다른 과학이 연구할 수는 있지만, 그것을 전문으로 연구하는 과학은 가정학뿐이다.

8 하라다(原田一)의 견해로 볼 때 가정학의 연장 영역에 속하는 것은?
① 피복 재료학
② 식품학
③ 아동심리학
④ 공동주거론

해설 하라다(原田一)의 가정학 체계
- 고유 영역 : 가정 경영, 조리, 의복 구성, 주거 관리, 육아, 가족 관계 등
- 경계 영역 : 영양, 피복 재료, 가정교육 등
- 연장 영역 : 가족 상담론, 집단 보육, 대량재봉론, 공동주거론, 단체 급식 등

9 어떤 하나의 과학과 다른 과학이 서로 겹쳐지는 부분에서 쌍방의 과학이 연구하는 영역을 무엇이라 하는가?

① 고유 영역　　② 경계 영역　　③ 연장 영역　　④ 응용 영역

해설 경계 영역(교체 영역) : 어떤 하나의 과학과 다른 과학이 서로 겹쳐지는 부분에서 쌍방의 과학이 연구하는 영역을 말한다.

10 가정학의 고유 영역에 속하는 것만으로 나열된 것은?

① 조리, 피복 재료, 영양, 가정교육
② 집단 보육, 단체 급식, 영양, 가족 상담론
③ 집단 보육, 피복 재료, 영양, 가족 관계
④ 조리, 의복 구성, 육아, 가족 관계

해설 문제 8번 해설 참조

11 가정학의 영역을 고유 영역, 경계 영역, 연장 영역으로 나눌 때, 경계 영역에 해당하는 교과목은?

① 가족사회학　　② 단체급식론　　③ 가족관계학　　④ 가정경영학

해설 가정학의 분과(하라다)
- 고유 영역 : 조리학, 급식론, 의복구성학, 주거관리학, 가족관계학, 가정경영학
- 경계 영역 : 식품학, 영양학, 피복재료학, 피복위생학, 주택건축학, 주거경제학, 아동심리학, 가족심리학, 가족사회학, 가정경제학, 식량경제학, 아동복지학
- 연장 영역 : 단체급식론, 특수영양론, 대량 봉재론, 공동주거론, 집단보육학, 유아교육학, 특수아동론, 가족상담론, 노인학, 시설경영론

12 가정학의 경계 영역이라 볼 수 없는 것은?

① 식품학　　② 식량경제학　　③ 가족사회학　　④ 특수영양론

해설 가정학의 경계 영역 : 어떤 하나의 과학이 다른 과학과 서로 겹쳐지는 부분에서 쌍방의 과학이 연구하는 영역으로, 식품학, 식량경제학, 피복재료학, 아동복지학, 가족사회학 등이 있다.

정답 5.① 6.④ 7.② 8.④ 9.② 10.④ 11.① 12.④

13 가정학의 연장 영역에 속하는 것은?

① 단체급식론　　② 조리학　　③ 가족관계학　　④ 피복재료학

해설 문제 11번 해설 참조

14 하라다는 가정학의 영역을 고유 영역, 경계 영역, 연장 영역으로 나누었다. 이중 산업화가 진행됨에 따라 특히 중시되는 영역은?

① 경계 영역　　　　　　　② 고유 영역
③ 연장 영역　　　　　　　④ 전체 영역 모두

해설 연장 영역은 가정학을 응용한 영역으로도 생각할 수 있으므로 응용 영역이라고도 할 수 있다.

15 하라다는 가정학을 크게 7분과로 나누고 있다. 7분과에 속하지 않는 것은?

① 가정경영학　　② 아동학　　③ 피복학　　④ 가정관리학

해설 하라다의 가정학 분류(7분과) : 식품학, 피복학, 주거학, 아동학, 가족관계학, 가정경영학, 가정학원론

16 가정학의 영역 중 인적 요소를 주로 다루는 교과목끼리 나열된 것은?

① 의복구성학, 주거학　　　② 식품학, 영양학
③ 육아, 가족관계학　　　　④ 주거학, 가정경제학

해설 가정학의 체계
- 인적 요소의 연구 : 아동학(육아, 아동심리학 등), 가족학(가족관계학, 가족사회학 등)
- 물적 요소의 연구 : 식품학, 피복학, 주거학 등

17 연구의 초점을 가정생활의 물적 요소에 두고 있는 분야는?

① 가족사회학　　② 식품학　　③ 가족관계학　　④ 아동학

해설 문제 16번 해설 참조

18 가정학을 전체로서 그 기본 문제에 관하여 연구하는 것은?

① 가정경영학　　　　　　　② 가정학원론
③ 주거학　　　　　　　　　④ 피복학

해설 가정학원론 : 가정학을 전체로서 그 기본 문제에 관하여 연구하며, 가정사, 가정학사, 비교가정학, 가정철학을 각각 독립된 내용으로 할 수 있다.

19 다음 중 가정학원론에 포함되는 내용이 아닌 것은?
① 가정관리학　　　② 가정철학　　　③ 비교가정학　　　④ 가정학사

해설 문제 18번 해설 참조

20 인적 요소와 물적 요소의 관계를 주로 다루는 가정학의 영역은?
① 육아　　　② 가정경영학　　　③ 가족관계학　　　④ 단체급식론

해설 인간은 가족을 형성하여 가정생활을 영위하고 있으므로 가정생활의 인간적 요소, 즉 가정생활의 주체는 가족이다. 가족은 음식물, 피복, 주거와 같은 물적 요소를 수단으로 하여 가정생활을 영위하고 있다. 여기에서 이 인적 요소와 물적 요소를 결부시켜 가정생활을 영위하는 것이 '가정 경영'이며, 이 경영 방법을 연구하는 학문이 '가정경영학(가정관리학)'이다.

21 가정학의 영역 중 인적 요소를 주로 다루는 교과목은?
① 주거학　　　② 식품학　　　③ 육아　　　④ 의류학

해설 경영 방법을 연구하는 학문이 '가정경영학'이므로 가정 경영은 가정생활의 주체이고 인적 요소인 가족·아동을 연구하는 가족학, 아동학과 가정생활의 수단인 물적 요소를 연구하는 식품학, 피복학, 주거학을 결부시켜 가정학 중심에 위치하는 것이다.

22 가정학의 체계를 기능 면과 구조 면을 관련시켜 양면에서 통일적으로 체계화시키는 것이 바람직하다고 보고 시스템론에 의해 가정학을 조직한 학자는?
① 미야가와(宮川滿)와 미야시다(宮下美智子)　　② 크리크모어(Creekmore)
③ 하라다(原田一)　　④ 리처즈(Richards)

해설 미야가와와 미야시다 : 종래 가정학을 체계화하는 방법으로서, 구조적인 면에서의 것과 기능적인 면에서의 것이 있다고 양분하고, 한 가지 측면만 파악한 것은 비판하였다. 이들은 기능 면과 구조 면을 관련시켜 양면에서 통일적으로 체계화시키는 것이 바람직하다고 보고 시스템론(체계론)에 의하여 가정학을 조직하였다. 이들은 가정학 체계의 구성 요소를 실천적 가정학, 영역 과학 및 보조 과학으로 설명하였다.

정답 13.❶ 14.❸ 15.❹ 16.❸ 17.❷ 18.❷ 19.❶ 20.❷ 21.❸ 22.❶

23 가정학의 연구 방법을 세 단계로 나눌 때, 가장 높은 단계에 속하는 활동은 무엇인가?

① 가정에 의한 체계화
② 새로운 생활 기술 창조
③ 가치 인식
④ 사실 인식

해설 미야가와와 미야시다의 가정학 연구 방법 단계 : 제1단계 영역 과학(사실 인식) - 제2단계 실천적 가정학(가치 인식) - 제3단계 가정학원론(가정에 대한 체계화 · 동일화)

24 미야가와(宮川滿)와 미야시다(宮下美智子)가 제시한 가정학의 체계에서 생활 시스템의 각 영역의 중심이 되는 것은?

① 경계 영역
② 실천적 가정학
③ 영역 과학
④ 보조 과학

해설 실천적 가정학을 연구 대상의 면에서 고찰하면, 가정학의 대상은 가정(家政)을 중핵으로 하는 생활 시스템과 이를 중심으로 한 각 영역이 파악된다. 이렇게 파악된 각 영역이 실천을 중심으로 하는 가정학의 주된 내용이고, 곧 실천적 가정학으로서의 위치를 차지하게 된다.

25 가정학 시스템론에서 실천적 가정학이 초점을 맞추는 단계는?

① 법칙 추구의 단계
② 의미 해석의 단계
③ 사실 인식의 단계
④ 가치 인식의 단계

해설 가정학의 연구 방법
- 제1단계 : 사실 인식을 전개하는 단계
- 제2단계 : 가치 인식을 전개하는 단계로, 실천적 가정학은 이 단계에 초점을 맞춘다.
- 제3단계 : 가정에 의한 체계화 · 통일화를 추구하는 과정

26 미야가와와 미야시다의 가정학 연구 방법이 바르게 된 것은?

① 사실 인식 — 가치 인식 — 체계화 · 통일화
② 가치 인식 — 사실 인식 — 체계화 · 통일화
③ 체계화 · 통일화 — 가치 인식 — 사실 인식
④ 사실 인식 — 체계화 · 통일화 — 가치 인식

해설 미야가와와 미야시다의 가정학 연구 방법 : 사실 인식 → 목적 달성을 위한 가치 인식 → 가정에 의한 체계화 · 통일화를 추구

27 가정학의 구성 요소와 연구 방법이 바르게 연결된 것은?

① 실천적 가정학 — 사실 인식
② 실천적 가정학 — 가치 인식
③ 영역 과학 — 가치 인식
④ 영역 과학 — 가정(家政)에 의한 체계화

해설 실천적 가정학은 가치 인식에 초점을 맞추어 연구 방법을 꾀하고 있다.

28 가정학의 체계에서 가정학의 구성 요소를 실천적 가정학, 영역 과학, 보조 과학으로 나눌 때 영역 과학에서 일반적으로 적용되는 연구 방법은?

① 가정(家政)에 의한 체계화 ② 실천 인식
③ 사실 인식 ④ 가치 인식

해설 영역 과학은 각 영역의 여러 요소들을 대상으로 하여 사실 인식을 추구하는 과학이다. 영역 과학은 실천적 가정학에 사실 인식을 제공한다는 형태로 뒷받침되고 있다. 이 사실 인식이 없는 실천적 가정학은 객관적 과학성을 확보하지 못하므로, 가정학으로서 영역 과학이 필요하다.

29 미야가와와 미야시다의 견해를 따를 때, 가정(家政)에 의한 체계화와 통일화를 추구하는 교과 영역은?

① 가정관리학 ② 가정학 ③ 주거학 ④ 가족관계학

해설 미야가와와 미야시다는 기능 면과 구조 면을 관련시켜 양면에서 통일적으로 체계화시키는 것이 바람직하다고 보고 시스템론에 의하여 가정학을 조직하였다.

30 가정학의 연구 방법에서 제1단계는 사실 인식을 전개하는 단계, 제2단계는 가치 인식을 전개하는 단계라면 제3단계는 무엇인가?

① 이론과 실증을 종합하는 단계이다.
② 종합에 의한 가설을 검증하는 단계이다.
③ 가정에 의한 체계화, 통일화를 추구하는 단계이다.
④ 분석에 의한 이론을 구축하는 단계이다.

해설 가정학의 연구 방법에서 제3단계는 가정에 의한 체계화·통일화를 추구하는 과정이다. 실천적 가정학은 제2단계인 가치 인식에 초점을 맞추고 있다.

31 가정학의 체계에서 사실 인식을 추구하는 분야는?

① 기초 과학 ② 보조 과학 ③ 영역 과학 ④ 실천적 가정학

해설 문제 28번 해설 참조

정답 23.❶ 24.❷ 25.❹ 26.❶ 27.❷ 28.❸ 29.❷ 30.❸ 31.❸

32 크리크모어(Creekmore)가 제시한 가정학의 내용 중 근접 환경에 속하는 것은?

① 식품과 인간
② 영양과 인간
③ 의류와 직물
④ 노년기

해설 크리크모어가 제시한 가정학 내용
- 인적 요소 : 아동기, 성년기, 노년기
- 근접 환경 : 의류와 직물
- 상호작용 : 영양과 인간, 의복과 인간, 식품과 인간

33 크리크모어의 가정학의 전문 영역에 속하지 않는 내용은?

① 인적 요소
② 근접 환경
③ 가치 인식
④ 인적 요소와 근접 환경의 상호작용

해설 크리크모어(A.M. Creekmore)는 가정학의 전문 영역을 인적 요소와 근접 환경, 이 둘의 상호작용으로 대별하고, 각 영역마다 물리·생리학적, 사회심리·문화적, 미적 요소가 있으며 이는 동시에 각 영역마다 기초 학문으로서 자연과학, 사회과학 및 예술이 필요함을 나타낸다고 본다.

34 가정학의 전문 영역을 인적 요소와 근접 환경, 이 둘의 상호작용으로 대별하고 각 영역마다 기초 학문으로서 자연과학, 사회과학 및 예술이 필요하다고 본 학자는?

① 리처즈
② 크리크모어
③ 하라다
④ 미야가와와 미야시다

해설 문제 33번 해설 참조

35 가정학과 인간생태학에 관한 설명으로 옳은 것은?

① 둘 다 인간과 그의 일상생활 환경과의 상호작용을 규명한다는 점에서 기본사고가 같다.
② 인간생태학은 가정학의 기본 철학과 전혀 다른 근거에서 시작된 새로운 학문이다.
③ 가정학과 인간생태학은 별개의 학문 명칭으로서 서로 무관하다.
④ 동일한 영어 용어를 우리말로 바르게 번역한 것이다.

해설 인간생태학은 인간과 환경과의 상호작용을 규명한다는 점에서 가정학의 목적과 방법을 같이 하고 있다.

36 인간생태학적 견해에서 가정학의 연구 목표로 설정된 것이 아닌 것은?

① 의·식·주·아동 등 대상 영역별 분류에 기초한 개별 연구에 주력

② 인간의 심리적·사회적 발달에 기여하는 조건의 향상
③ 소비자의 능력과 가족 자원 사용의 향상
④ 인간의 근접 환경의 물리적 구성 요소의 향상

해설 인간생태학적 견해에서 가정학의 연구 목표로 설정한 것은 ②, ③, ④ 이외에도 인간의 생리적 건강과 발달에 기여하는 조건의 향상, 가족생활을 향상시키는 지역사회 서비스의 질과 유효성의 향상 등이 있다.

37 종래의 의·식·주·아동 등 대상 영역별 분류를 피하고 생태학적 측면에서 가정학의 목적 방법을 고려한 체계는?

① 생활시스템
② 크리크모어(Creekmore)의 견해
③ 인간생태학적 관점
④ 하라다의 견해

해설 인간생태학적 관점에서의 가정학 체계는 종래의 의·식·주·아동 등 대상(전문) 영역별로 분류하지 않고 생태학적인 면에서 가정학의 목적·방법을 고려한 체계이다. 전문 영역별로 나누는 것보다 현대사회의 요청에 맞게 하기 위하여 사명·임무를 명확하게 파악하여 가정학의 혁신을 도모한 것이다.

38 가정학을 체계화할 때 전문 영역별로 분류하지 않고 생태학적인 면에서 가정학의 목적·방법을 고려한 것은?

① 전통적 체계
② 인간생태학적 체계
③ 환경 중심 체계
④ 인간 중심 체계

해설 문제 37번 해설 참조

정답 32.❸ 33.❸ 34.❷ 35.❶ 36.❶ 37.❸ 38.❷

MEMO

05 가정학의 연구 방법

 단원 개요

이 단원에서는 우선 가정학 연구 방법의 기초로서 과학에 관한 세 가지 관점 및 과학의 목적을 고찰한 후, 우리나라 가정학 연구의 실태를 파악하기로 한다. 다음으로 실제적인 가정학 연구의 과정과 모형에 관하여 검토한 후 연구의 유형을 문헌 연구법, 실험, 조사 연구법과 현지 연구법으로 나누어 고찰하고, 끝으로 표집과 측정을 살펴보기로 한다.

 출제 경향 및 수험 대책

이 단원에서는 과학에 관한 관점(표준 과학의 관점, 해석 과학적 관점, 비판 과학적 관점), 과학의 목적과 가정학의 연구 방법, 가정학 연구의 과정과 모형, 연구의 유형(문헌 연구법, 실험, 조사 연구법, 현지 연구법), 표집과 측정, 표집의 종류와 기본 용어, 측정 수준(명목, 서열, 등간, 비율) 등에 대해서 묻는 문제들이 출제될 수 있는 바, 자세하고 철저한 학습이 요구된다.

5

01 가정학 연구 방법의 기초

1 방법론과 연구 방법

① 방법론(methodology)
  ㉠ 방법론이란 어떤 학문의 성격에 관한 철학관 혹은 인식론적 바탕 위에 지식을 얻는 근거, 지식의 주장이 타당함을 밝히는 절차 같은 것을 주제로 하는 메타이론적, 논리적 접근을 일컫는다.
  ㉡ 방법론은 철학의 고유 영역에 속하는 것이지만, 가정학원론에서도 그것을 쟁점의 대상으로 삼는다.

② 연구 방법(research method) : 연구 방법이란 그 학문 분야의 관심사, 주제를 중심으로 이론을 전개하는 논리적 절차, 그런 이론이나 가설들을 만들고 그것들을 실제적, 경험적 자료들에 입각하여 검증·확인하는 절차, 그런 자료들을 규정하고 실제로 찾아내며 수집하는 기법, 입수한 자료들을 분석·처리하는 기법, 분석된 자료를 해석하는 논리, 그런 결과를 제시하는 방법과 방식 같은 것을 일컫는다.

2 과학에 관한 관점

과학을 보는 관점은 각기의 입장이 전제하는 존재론적 실재관, 인식론적 근거 및 가치론적 지향에 따라 크게 표준 과학적 관점, 해석 과학적 관점, 비판 과학적 관점으로 분류할 수 있다.

① 표준 과학적 관점
  ㉠ 표준 과학적 관점의 개념
    • 이는 분석적·경험적 관점이라고도 하는데, 기본적으로 모든 과학은 그 대상이 자연현상이든 사회현상이든 상관없이 자연과학의 바탕이 되는 자연관에 입각해서 실증적인 접근을 취하는 하나의 방법임을 강조하는 입장이다.
    • 과학이란 어떤 정해진 목적에 대한 수단에 관한 지식만 제공할 뿐 목표를 형성하는 데는 도움을 주지 못하는 것이라고 보는 관점이다.
    • 사회라는 것도 자연의 한 부분으로 간주하고, 그 사회라고 하는 측면의 자연이 관찰자에게 드러내 보여 주는 법칙·규칙성·통일성 같은 것을 찾아내고자 하는 노력을 사회과학이라고 보는 입장이다.
  ㉡ 표준 과학적 관점에서의 가정학 : 표준 과학적 관점에서 보면 가정학은 기술과학(technical science)이나 응용과학(applied science)이라고 할 수 있다.
  ㉢ 표준 과학적 관점에 대한 비판
    • 지적 오류 및 규범적 오류를 범한다.
    • 이론이 실천적 추론에 필요한 것임을 무시한다.

추가 설명

표준 과학적 관점
- 과학적 설명의 구실은 변수들 사이의 인과적 관계를 정립하는 것이다.
- 관찰의 정확성을 높이기 위해 조작적 정의 같은 것이 주로 활용된다.
- 세계에 대한 경험적 이론의 정립을 추구하는 인식론적 입장을 취한다.
- 가치와 사실의 분리가 원칙이며, 인간의 경험적 관찰에 의해서 이론의 타당성 여부를 확인하는 것이다.

- 과학의 개념화를 지나치게 이상화한다.
- 다양한 대체적인 수단들 사이에서의 판단에도 아무런 도움을 주지 못한다.

② 해석 과학적 관점
  ㉠ 해석 과학적 관점의 특징
   - 해석 과학적 관점에서 해석이란 말의 뜻은 명확하게 정의되었다기보다 인간의 주관적 의식을 중요시하는 방법론적 입장이라는 뜻으로 사용된다.
   - 이 관점이 표준 과학적(분석적·경험적) 관점과 대조되는 기본 요소는 그 존재론적 실재관(세계관)이다. 인간의 사회는 단순히 자연현상처럼 인간의 의식 바깥에 그것과 동떨어져, 그 나름의 독립된 실체로 존재하는 객관적 실재일 수만은 없다는 점을 강조하기 때문이다.

  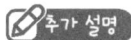
  해석 과학적 관점
  인간의 주관적 의식을 중요시하는 방법론적 입장을 뜻하며 참여 관찰이 대표적 기법이다.

  ㉡ 해석 과학적 관점에서의 가정학
   - 해석 과학적 관점에서 본다면 가정학은 그 개념을 분석하려고 노력할 것이며, 다른 학문이 수행한 가정학의 개념 분석을 도출하려고 노력할 것이다. 이러한 분석은 실천가의 일이나 연구자의 일 또는 전문 교육의 수행과 같은 모든 면의 전문적 활동을 행하는 데 명료성을 증가시키게 될 것이다.
   - 해석학적 관점에서 일상생활은 추상적이거나 이론적이지 않다는 것을 알게 되는 데 도움이 되지 않을 수 있다. 즉, 구체적인 생활에서 부딪치는 문제는 '세계를 변화시키는 데 어떤 행동을 취할 것인가'라든가 또는 '어떤 수정된 행동을 취해야 하는가'라는 질문에 관한 실천적 문제이다.

  ㉢ 해석 과학적 관점에 대한 비판
   - 해석학적 과학자는 실천적 문제에 관련된 실제적·인간적 선입견의 본질을 이해하는 데는 도움을 주지만, 실제 문제를 해결하는 데 사용할 충분한 지식은 제공하지 못한다.
   - 이론가는 중립적인 이론을 추구하며 실천적 관심은 무시한다.
   - 해석 과학에 있어서도 과학적 지식과 행동 간의 괴리는 감소되지 않고 있다. 즉, 과학이 인간의 생활을 안내할 합리적인 기초를 제공하고 따라서 인간 존재를 향상시키고자 하는 희망은 여전히 충족되지 않은 채 남아 있다.
   - 해석 과학의 결과는 기술적(技術的)이다. 그것은 인간 행동의 밑바탕이 되는 실재를 이해하게 하는 데 도움이 되지만, 인간의 행복과 정의를 위하여 합리적인 배경에서 그 실재가 변화될 필요가 있을 때 그것을 평가하는 기초도, 그것을 변화시키기 위한 수단도 제시하지 못한다. 해석 과학은 정해진 가치 기준을 갖지 않는다.

해석 과학적 관점의 가정학이 지니는 장점
- 가족이나 문화의 상호 작용 체계를 형성하거나 변화시키는 데 도움이 된다.
- 실제의 문제 해결에 있어 변화의 원인 및 실패의 원인을 탐구·이해할 수 있다.
- 전문가가 실제 문제 해결에 임하는 데 있어서 도움을 준다.

③ 비판 과학적 관점
  ㉠ 비판 과학적 관점은 표준 과학적 관점 및 해석 과학적 관점을 통합한 포괄적인 지식으로부터 도출되었다. 이는 주로 프랑크푸르트학파들이 주장한 것으로 주된

초점은 이론과 실천의 관계로 좁혀지며 사회라는 실재를 총체적인 역사적 구조라는 변증법적 안목에서 파악한다.
ⓒ 비판 과학은 서구 문명의 타락과 그 타락에서의 과학의 역할에 대한 관심에서부터 과학에 대한 관점의 하나로서 형성되었다.
ⓒ 권력에 바탕을 둔 인간의 해방적 관심을 다루는 것이 바로 비판적으로 지향된 과학의 일이다. 이러한 과정에서 활용하는 구체적 방법이 담론적 방법이다.

> **추가 설명**
>
> 과학에 관한 관점의 이론적 형태
> • 표준 과학의 이론적 형태 : 경험적(설명적 일반화의 연역적 설명)
> • 해석 과학의 이론적 형태 : 분석적·경험적(주관의 해석)
> • 비판 과학의 이론적 형태 : 규범적

| 표 5-1 | 세 가지 과학에 관한 관점의 비교

과학적 관점	이론의 형태	탐구 양식(mode)				가치 지향 (가치에 대한 견해)	활동 체계	
		목표	관심의 범주	설명의 성격	타당화 방법		활동의 종류	활동의 규칙
표준 과학(분석적·경험적 과학)	경험적 : 설명적 일반화의 연역적 설명	설명, 예측 통제	관찰 가능한 (사회적 또는 자연적) 현상	인과적·기능적	통제된 관찰 (예 실험)	도구적 가치를 제외한 모든 가치는 합리적 형성과 사용이 불가능, 단지 정서적인 반작용임 : 과학은 가치중립적임.	기술적 또는 도구적	기술적 (X를 성취하기 위하여 Y를 행함.)
해석 과학	분석적·경험적 : 주관의 해석	상징적 상호작용의 의미 이해	언어적·비언어적 상징과 행동의 숨겨진 의미, 즉 지적 의미뿐만 아니라 규범적 의미	의사소통적인 상징과 행동의 기초가 되는 논거	간주관적으로 공유된 의미의 분석(예 개념 분석)	가치는 개인이나 문화에 따라 상대적인 것으로 봄 : 간주관적으로 공유될 수도 있음.	의미를 가진 언어·행동·기타 상징을 통한 의사소통적 상호작용	언어의 논리와 규칙 : 사회적 가치와 규범
비판 과학	규범적	계몽, 의사소통 능력의 확립, 내부의 충동과 불필요한 사회적 통제로부터의 해방	교란되고 왜곡된 의사소통, 충동적 행동과 조작된 도구적 활동	숨겨져 있거나 근거가 되는 사회생활 면과 그것을 반영하는 면을 회고	실천적 담론	가치는 무엇을 해야 하는가에 관한 실천적 담론에서 합리적으로 형성되고 검토될 수 있는 것으로 봄.	해방적 : 사회 변동 치료, 인간화	언어적·기술적 규칙뿐만 아니라 진실·자유·정의 등 가치

3 과학적 연구의 목적

일반적으로 과학적 연구의 목적은 기술(記述)과 이해의 목적, 설명의 목적, 예측의 목적, 통제의 목적을 가지고 있다.
① 현상의 정확한 기술과 이해 : 대상이 되는 현상을 정확하게 기술하고 이해하기 위해

서는 정확한 관찰과 조사가 필요하다.
② 현상이 일어나는 이유를 설명 : 어떤 현상이 왜 일어나는지를 설명하려면 실험을 해야 한다. 그것이 현지 실험이든 실험실 실험이든, 어떤 현상과 그 현상을 발생시킨 조건 간의 인과관계를 설정할 수 있어야 한다. 기술적 방법으로는 이런 인과관계를 측정하기가 어렵다.
③ 앞으로 어떻게 될 것인가를 예측 : 어떤 자연현상이나 사회현상을 예측한다는 것은 그 현상이 일어날 수 있는 조건을 정확히 알고 있다는 것을 의미한다.
④ 어떻게 통제할 것인가 : 현상의 발생 원인이나 선행 조건에 대해 잘 알고 예측할 수 있다면 그 현상을 일으키게 하는 조건을 제거하거나 제시함으로써 통제가 가능하다.

4 가정학의 연구 방법
미야가와와 미야시다가 제시한 가정학의 연구 방법은 인식 방법에 의하여 결정된다.
① 1단계 : 사실 인식　　　　　② 2단계 : 가치 인식
③ 3단계 : 통일 개념의 인식

> **추가 설명**
> **과학적 연구의 목적**
> 기술과 이해, 설명, 예측, 통제를 들 수 있다.

> **추가 설명**
> **가정학의 인식 방법**
> 1단계는 사실 인식, 2단계는 가치 인식, 최종적으로 통일 개념을 나타내나 이들이 각기 융합하여 하나로 될 때 가정학 연구 방법의 독자성이 있다.

02 우리나라 가정학 연구의 실태

1 게재 논문 편수
① 학회별 총 논문 게재 편수는 식생활 분야가 제일 많았고, 그 다음으로 의생활 분야, 아동학·가족관계 분야, 주생활·가정관리 분야, 가정과·교육 분야 순이며, 가정과·교육 분야는 미미했다.
② 아동학·가족관계 분야에 134편(11.6%), 가정과·교육 분야에 31편(2.7%)으로 총 1,159편으로 식생활 분야가 제일 논문 편수가 많다.

2 연구 방법과 자료 처리
① 10년 동안 게재된 논문에서는 조사 연구 방법과 실험 연구 방법을 제일 많이 사용하였다.
② 식생활 분야에서는 실험 연구 방법이 압도적이고 다음이 조사 연구 방법이며, 의생활 분야에서는 조사 연구 방법과 실험 연구 방법이 거의 비슷했고 역사적 방법이 그 다음으로 많았다. 주생활, 가정관리, 아동학, 가족관계 분야에서는 조사 연구 방법이 반 이상이었고 그 다음으로 도서관 조사 방법이 있었으며, 실험 연구는 많지 않았다.

3 공동 연구
① 대한가정학회지에 의하면 개인 연구가 대부분이고, 공동 연구는 전체 연구의 약 1/9

> **추가 설명**
> **한국 가정학 연구의 기록**
> 1959년에서부터 찾아볼 수 있다. 대한가정학회가 1947년에 창립된 후 12년이 지난 1959년에 「대한가정학회지」 창간호가 나오게 되어 비로소 가정학 연구가 상호 교류되기 시작하였다.

수준이었다. 공동 연구에 참여한 인원은 2인이 가장 많았다.
② 공동 연구의 필요성이 많이 지적되고 있으나 실제로 수행된 경우는 적었으며, 특히 인접 학문이나 다른 학문과의 학제 간 공동 연구는 극히 적었다.

4 연구 기간 및 연구비 수혜
① 연구 기간은 대개 1년 미만이었다.
② 연구비 수혜를 분석하면 교육부 학술연구조성비 수혜가 제일 많았고, 산학협동재단이나 기업체에서의 연구비 수혜, 교내 연구소에서의 수혜의 순으로 나타났다.

03 연구의 과정과 모형

1 연구의 과정

① **작업가설의 설정** : 연구의 과정을 이론 체계에서 시작할 때 우리는 기존의 이론을 바탕으로 이론적인 연역을 통해 새로운 가설, 즉 작업가설을 설정하게 된다.

② **관찰**
  ㉠ 일단 작업가설이 설정되면 이를 검정하기 위해 현실 세계에 뛰어들어 관찰하게 되는데 이때 실험·참여 관찰·내용 분석·조사 연구 등의 방법 가운데 어느 것을 선택하여 사용한다.
  ㉡ 작업가설들을 검정하기 위해서 측정 도구를 만들고 표본을 추출하여 이를 관찰하게 된다. 일단 자료가 수집되면, 이를 정리하고 체계화하여야 한다.

③ **경험적 일반화** : 개별적으로 관찰된 현상은 통계적으로 요약되고 특히 표본에 의한 것일 경우에는 모수(母數)를 추정함으로써 경험적 일반화(empirical generalization)를 추구하게 되는데, 이 과정에서 관찰한 자료들이 설정한 가설에 부합되는가 여부를 검정하고 이를 통해 이론을 확인하거나 수정 또는 거부할 것을 결정하게 된다.

④ **이론**
  ㉠ 경험적으로 일반화시킨 후 이를 바탕으로 개념을 구성 또는 재구성하고 이들을 기존의 이론으로 통합시키게 되는데 일련의 경험적인 일반화 과정을 거쳐 찾아낸 명제들은 기존의 이론과 과학적 지식을 더욱 풍부하게 해 줄 수 있는 것이다.
  ㉡ 수정 또는 재구성된 이론으로부터 다시 논리적인 연역을 통해 새로운 가설을 도출할 수 있고 이러한 과정은 반복된다.

2 연구의 모형

① **연역적 방법**
  ㉠ 연역적 방법은 일반적 사실이나 원리를 전제로 하여 개별적인 특수한 사실이나

> **추가 설명**
> **과학적 연구의 과정**
> 과학적 연구의 과정은 '작업가설 설정 → 관찰 → 경험적 일반화 → 이론'의 순이다.

> **추가 설명**
> **실천 가정학의 연구 방법**
> 과학의 원리·법칙을 가정생활에 적용하는 것, 즉 연역적 방법이 주체를 이룬다.

원리를 결론으로 이끌어 내는 추리 방법이다. 다시 말해 이론으로부터 가설을 설정하고 내용을 현실 세계에서 관찰한 다음, 관찰에서 얻은 자료가 어느 정도 가설에 부합되는가를 판단하여 가설의 채택 여부를 결정짓는 방법이다.

ⓒ 포퍼(Popper) : 이론은 직관에 의해서만 얻어질 수 있다고 주장한다. 경험과학에서 귀납적 접근을 강조하고 있는 일반적 추세에 반하여 귀납의 원칙이 논리적 불일치를 초래할 수 있다고 본다. 따라서 귀납적 논리에 반대하고 연역적 방법의 타당성을 강조하고 있다.

ⓒ 과학적 연구를 위해서는 우선 이론 또는 모형을 설정하고 여기에서 명제를 도출해 내며, 이를 검증하기 위해서 연구 계획을 수립한 후 경험적 자료를 가지고 이의 채택 또는 기각을 결정하여야 한다.

② 귀납적 방법

㉠ 귀납적 방법은 개별적인 특수한 사실이나 원리를 전제로 하여 일반적인 사실이나 원리로서의 결론을 이끌어 내는 연구 방법이다. 다시 말해 우선 관찰을 통해 자료를 수집하고 이를 정리, 분석하여 일반적인 유형을 찾아내고 이것으로부터 잠정적인 결론에 도달하는 것이다.

ⓒ 머튼(R.K. Merton) : "경험적 연구는 단순히 이론을 검증하기 위한 수동적인 역할만을 하는 것이 아니라 이론을 이끌어 가기도 하고 수정 또는 재구성하기도 하며, 이를 보다 명료하게 하는 능동적인 역할을 수행하고 있다."고 주장한다.

ⓒ 먼저 사회현상을 관찰하여 그 속성을 기술하고, 이를 여러 가지 상황 속에서 살펴보아야 한다. 자료 분석을 통해 체계적인 유형이 내재하는지를 찾아본 다음, 만약 어떠한 유형이 나타난다면 이를 바탕으로 이론을 구성할 수 있다고 보는 것이다.

> **추가 설명**
> 귀납적 방법
> - 관찰을 통해 자료를 수집하고 이를 정리·분석하여 일반화 이론을 찾는다.
> - 탐색적 연구에서 주로 사용된다.
> - 자료 분석을 통해 내재된 체계적인 유형을 바탕으로 이론을 구성한다.

04 연구의 유형

1 문헌 연구법

(1) 문헌연구법의 의의와 장단점

① 문헌 연구의 의의

㉠ 문헌 연구(documentary methods)란 문헌 고찰이라는 절차와 구별되는 자료 수집과 분석의 한 방법으로서, 연구자가 탐구해 보고 싶은 현상에 대한 정보를 담고 있는 문서 자료의 수집과 분석의 방법을 말한다.

ⓒ 성격상 기존의 문헌이 보여 주는 것은 과거의 일이고, 또는 사학자가 이 방법을 빈번히 이용했기 때문에 이런 연구법을 역사적 연구 또는 역사적 방법이라고도 한다.

> **추가 설명**
> 문헌 연구의 특징
> - 연구자가 탐구해 보고 싶은 현상에 대한 정보를 담고 있는 문서 자료의 수집과 분석의 방법이다.
> - 2차적 분석이라고도 한다.
> - 역사적 연구 또는 역사적 방법이라고도 한다.

ⓒ 연구자와 관찰자가 직접 수집한 자료를 분석하지 않고 이미 있는 자료를 분석하므로 2차적 분석(secondary analysis)이라 일컫기도 한다.

② 문헌 연구법의 장점

㉠ 직접 면접이나 관찰이 불가능한 경우 사용 가능 : 연구 대상자를 직접 만나 면접이나 관찰을 할 수 없을 때 관련 문서 자료가 필수적인 중요한 정보원이 된다. 이럴 경우 문헌 연구가 거의 유일한 연구 방법이 되는 셈이다.

㉡ 무반응성(nonreactivity)의 장점 : 특별히 연구 자료를 제공하고자 하는 목적으로 작성한 문서가 아닌 경우에는 연구자의 개입에 대한 정보 제공자의 반작용이 없으므로, 이로 인한 문제를 불식할 수 있다.

㉢ 장기간의 종단 연구 가능 : 자료만 있다면 문헌 연구는 장기적 종단 분석을 가능하게 하는 이점을 지닌다.

㉣ 대규모의 표본 연구 가능 : 표본 크기에 있어서 실험이나 현지 연구에 비하여 조사연구처럼 대규모의 표본을 상대로 연구할 수 있다.

㉤ 제보의 자발성의 보장 : 본인이 자발성을 충분히 발휘할 수 있어서 정보의 자연스러움을 보장하게 된다.

㉥ 고백의 가능성이 큼 : 면접을 받는다거나, 질문서를 기입한다거나 또는 관찰하는 사람이 있음을 아는 상황이라면, 마음속의 모든 것을 솔직하게 고백하기가 쉽지 않다. 그러나 문서로 남긴다면 비교적 용이할 것이다.

㉦ 비용이 덜 듦 : 특별한 희귀 문서, 국보급 문헌 같은 것을 직접 입수한다면 비용이 엄청나게 들지만 여러 자료를 보관한 곳에 가서 볼 수만 있다면 비용을 크게 절약할 수 있다.

㉧ 양질의 자료 : 다른 방법에 의해 얻은 자료보다 양질의 자료를 얻을 수 있다.

③ 문헌 연구법의 단점

㉠ 작자에 의한 편의(偏倚)의 가능성이 큼 : 인물의 전기, 개인의 일기 등에는 개인의 과장·자기 합리화 같은 것이 개입하기 쉽고, 공식 문서는 '공식적' 입장이라는 편의가 끼어들기 쉽다.

㉡ 선별적 보존의 문제 : 종이에 쓴 글이든, 출판물이든, 또는 다른 영상 자료라 해도 어떤 것들은 잘 보존되는데, 다른 것들은 존속하지 못하는 것이 많다.

㉢ 불완전성의 문제 : 선별적 보존의 문제로 인해 자료가 불완전하기도 하고, 또 남아 있는 문헌이라 해도 연구자가 필요로 하는 정보를 제대로 다 갖추고 있다는 보장이 거의 없다. 개인의 사사로운 문서에는 연구자와 같은 객관자가 아무리 봐도 잘 이해 못할 은어나 특이한 경험 같은 것을 담아서 불완전할 수가 있다.

㉣ 입수 가능성의 문제 : 어떤 방면의 정보는 애당초 기록도 하지 않았거나, 기록했더라도 존속하지 않아서 입수하지 못하는 수가 많다.

㉤ 표집 편의(標集偏倚)의 문제 : 문서 자료는 처음부터 유식한 사람들이 남기는 것

추가 설명

문헌 연구의 장점
- 직접 면접이나 관찰이 불가능한 경우 사용 가능
- 무반응성
- 장기간의 종단 연구 가능
- 대규모 표본 연구 가능
- 제보의 자발성 보장
- 고백의 가능성이 큼
- 비용 지출이 적음
- 양질의 자료 확보 가능성

추가 설명

문헌 연구의 단점
- 작자에 의한 편의 가능성
- 선별적 보존 가능성
- 불완전성
- 정보의 입수 불가능성
- 표집 편의 가능성
- 비언어적 행동에 대한 자료 확보의 어려움
- 표집 형식의 결여로 비교가 힘듦
- 부호화의 난점

이라는 점에서 표본에 편의가 있다.
- ⓗ 요즘은 각종의 전자 매체용 영상 자료가 있지만, 그렇다고 해도 문헌 자료의 대부분은 역시 언어적 행동의 소산이다. 일상적으로 행하는 비언어적 행동에 대한 자료를 얻기가 매우 힘들다.
- ⓐ 표집 형식의 결여로 인하여 비교를 하자면 자료를 조정할 필요가 있다. 각종 문서 자료란 외형적인 모양뿐 아니라 표현 양식·문장 형식 등에서 각양각색인 것이 특징이다. 따라서 비교하기가 참으로 어렵다.
- ⓞ 부호화(符號化)의 난점 : 문헌 자료는 근본적으로 부호화를 새로 해야 하는 부담이 있다. 어려움을 해소하는 하나의 방편으로 개발한 기법에 내용 분석법(content analysis)이 있지만, 이 방법이라고 완벽할 수 없다.

(2) 문헌 자료의 종류

① 원초적 문헌과 2차적 문헌
  - ㉠ 원초적 문헌 : 자신이 몸소 경험한 것을 직접 남긴 자서전, 체험담, 수기 같은 것
  - ㉡ 2차적 문헌 : 중요한 체험을 한 사람이 기록을 못할 경우 제3자가 그 내용을 들어서 기록으로 작성한 것
② 개인 문서 : 개인이 사사로운 목적으로 기록한 것
③ 공식 문서 : 공공기관에서 공적 목적으로 기록한 것
④ 통계자료
  - ㉠ 타당도의 문제 : 기존 통계자료의 개념 규정이나 변수의 범주를 자신의 연구 목적 문제에 맞게 조정해야 한다.
  - ㉡ 신뢰도의 문제 : 원자료 수집자가 믿을 만한 정당한 절차를 밟았는지 확인해야 한다.
⑤ 원자료의 재분석 : 재분석이 가능하면 그만큼 시간·비용이 절약된다.

2 실험

(1) 실험의 의의

① 실험의 정의 : 실험은 다른 것들을 일단 통제한 후 하나의 변수가 다른 변수에 어떠한 영향을 미치는가를 알아보고자 하는 방법이다. 실험에서 사용되는 자극이 대개는 독립변수가 되며 자극에 대한 반응이나 결과가 종속변수가 된다.
② 고전적인 실험의 의미에 포함되어 있는 요소
  - ㉠ 독립변수(independent variable)와 종속변수(dependent variable)의 설정 : 실험에서 사용되는 자극이 대부분 독립변수가 되며, 자극에 대한 반응이나 결과가 종속변수가 된다.
  - ㉡ 실험 집단(experimental group)과 통제 집단(control group)의 구분

> **추가 설명**
>
> **통계자료 이용 시 유의할 점**
> - 타당도와 관련하여, 기존의 통계자료란 그것을 이용하려는 연구자의 연구 목적을 위하여 수집하는 것이 아니라는 것을 주목할 필요가 있다.
> - 신뢰도에 있어, 특히 원자료를 수집·집성한 사람이 과연 믿을 만한 정당한 절차를 밟았는지를 확인해 볼 필요가 있다.

- 실험 집단 : 실험의 대상이 되는 집단이다.
- 통제 집단 : 모든 조건은 실험 집단과 동일하고 다만 실험 자극을 주지 않는 집단이다. 실험에서 실험 자극에 대한 변화를 파악해 낼 수 있는 것은 통제 집단이 있기 때문이다.

ⓒ 사전 검사(pre-testing)와 사후 검사(post-testing)
- 사전 검사 : 실험 자극을 주기 이전에 실험 대상의 상태를 측정하는 것을 말한다.
- 사후 검사 : 실험 자극 이후에 실험 대상의 상태를 측정하는 것을 말한다.

(2) 인과관계

실험은 다른 어떤 연구 방법보다 인과관계를 파악하는 데 유용한 방법이다. 그런데 인과관계를 인정하려면 공변이, 시간적 순서, 비허위성이라는 세 가지 조건을 갖추어야 한다.

① 공변이
  ㉠ 두 변수 간에 인과관계가 있으려면 독립변수와 종속변수 간에 공변이(covariation)가 있어야 한다.
  ㉡ 공변이는 여러 가지 형태를 띠는데 정적(正的, +), 부적(負的, -)인 선형 관계(linear relation)나 혹은 몇 가지의 비선형적 관계 등이 있다.

② 시간적 순서
  ㉠ 인과성을 나타내기 위해서는 특정 독립변수의 변화가 종속변수의 변화보다 시간적으로 앞서야 한다.
  ㉡ 이 시간적 순서는 인과관계에서 필수적인 비대칭성을 제시하는 데 도움을 준다.

③ 비허위성
  ㉠ 두 변수가 공변이를 나타내고 시간적인 순서가 확인될 수 있다고 하더라도 인과관계가 존재한다고 할 수 있으려면 제3의 조건이 충족되어야 한다.
  ㉡ 종속변수와 특정 독립변수 간의 관련성이 다른 공통적인 요인에 의해 나타나는 것이 아니어야 한다.

(3) 실험의 종류

① 현지 실험
  ㉠ 현지 실험은 현실적인 사회 상황 속에서 주의 깊게 실험 조건을 통제하여 하나 이상의 독립변수를 조작함으로써 그 효과를 보고자 하는 방법이다.
  ㉡ 현지 실험은 실재적·자연적 상황에서 변수를 조작하여 그 결과에 대한 인과관계를 규명하려는 것이기 때문에 인위적으로 조작된 실험실에서의 실험이나 단순한 자료의 수집을 통해 사실의 발견 또는 변수 간의 상관관계를 보려는 현지 조사와 다르다.
  ㉢ 실생활의 상황을 연구의 대상으로 삼기 때문에 그 상황은 복잡하고 서로 엉켜 있

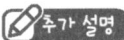

추가 설명

인과관계를 인정하기 위해 갖추어야 할 조건
- 공변이 : 한 변수의 체계적 변화·차이가 다른 변수의 변화·차이를 동시에 수반해야 한다.
- 시간적 순서 : 독립변수의 변화가 종속변수의 변화보다 시간적으로 앞서야 한다.
- 비허위성 : 종속변수·독립변수 간의 관련성이 다른 공통적인 요인에 의해 나타나는 것이 아니어야 한다.

는 때가 많은데, 이것을 잘 분석해 줄 수 있다.
    ② 현지 실험의 장점
       - 독립변수의 조작과 실험 대상의 무작위적 선출 구성이 가능하다.
       - 독립변수의 영향이 실험실 실험의 경우보다 더 강하다. 왜냐하면 자연 상황의 실재성이 작용하고 있기 때문이다.
       - 실재성을 지니고 있기 때문에 연구의 외적 타당성이 높아 다른 경우에도 일반화시킬 수 있는 가능성이 높아진다.
       - 복잡한 일상생활·사회화 과정·변화·영향 등을 연구하기에 적합하다.
       - 가설의 검증을 통해 문제 해결에 기여하므로 실제의 세계에 연결되는 연구의 성격을 띤다.
    ⑩ 현지 실험의 단점
       - 실험실 실험과는 달리 실험 상황을 엄격히 통제하지 못한다.
       - 독립변수의 조작도 실험실 실험만큼 다양하지 못하여 때로 불가능한 경우도 있다.
       - 연구 자체의 정확도가 실험실 실험보다 낮다.
       - 연구자의 편견이 개입될 가능성이 높다.
② 실험실 실험
    ⊙ 실험실 실험은 실험자가 원하는 조건을 갖춘 상황을 정확하게 조성해 내어 변수를 조작하고 다른 변수를 통제하면서 변수 간의 효과를 관찰하는 방법이다.
    ⓒ 실험실 실험의 장점
       - 종속변수에 영향을 주는 외부 변수가 개입하지 못하도록 완전히 통제할 수 있다.
       - 연구 대상에 대한 무작위 표본추출이 용이하며, 특히 하나 이상의 독립변수를 마음대로 조작할 수 있다.
       - 실험 상황을 엄격히 통제하기 때문에 연구가 정밀할 뿐만 아니라 반복하기도 쉽다.
    ⓒ 실험실 실험의 단점
       - 항상 일정한 실험만을 위해 조작된 상황이기 때문에 독립변수에 대한 실험적 조작의 영향력이 일반적으로 약하다.
       - 지나친 인위성 때문에 자연적이고 실재적인 현실에 일반화시키는 데 한계가 있으며, 연구자가 반작용을 일으킬 수 있다.
       - 내적 타당성은 있으나 외적 타당성이 결여되기 쉽다.

3 조사 연구법

(1) 조사 연구의 의의
① 조사 연구는 가정학의 연구에서 매우 중요한 위치를 차지하고 있으며, 특히 가정관

추가 설명
실험의 종류
- 현지 실험 : 현실적인 사회 상황 속에서 주의 깊게 실험 조건을 통제하여 하나 이상의 독립변수를 조작함으로써 그 효과를 보고자 하는 방법이다.
- 실험실 실험 : 실험자가 원하는 조건을 갖춘 상황을 정확하게 조성해 내어 변수를 조작하고 다른 변수를 통제하면서 변수 간의 효과를 관찰하는 방법이다.

추가 설명
실험실 실험의 장점
- 완전한 통제를 할 수 있다.
- 연구 대상에 대한 무작위 표본추출이 용이하다.
- 하나 이상의 독립변수를 마음대로 조작할 수 있다.
- 연구가 정밀할 뿐만 아니라 반복하기도 쉽다.

리·가정경제·가족관계 등 사회과학 분야의 연구에서 차지하는 비중은 더욱 크다.

② 조사 연구는 사회과학에서 널리 사용되고 있는 방법 중의 하나로, 사회현상의 여러 측면에 대한 의문을 해결하고 그 결과 사회에 대한 이해를 높여 줄 수 있는 자료들을 수집하는 데 많이 이용되어 왔다. 예 주부의 가사 노동 만족도와 그 영향 요인에 관한 연구

(2) 조사 연구의 유형

① 연구 목적에 따른 유형
- ㉠ 탐색을 위한 조사 연구
- ㉡ 기술을 위한 조사 연구
- ㉢ 인과관계의 설명을 위한 조사 연구
- ㉣ 가설 검증을 위한 조사 연구
- ㉤ 평가를 위한 조사 연구
- ㉥ 예측을 위한 조사 연구
- ㉦ 지수 개발을 위한 조사 연구

② 조사 방법에 따른 유형 : 조사 연구의 유형 분류에서 가장 많이 사용되는 분류 기준은 역시 조사 방법에 의한 것이라고 하겠는데, 조사 방법에 따른 대표적인 유형은 다음과 같다.
- ㉠ 면접법 : 직접 조사 대상을 면담하는 유형이다.
- ㉡ 질문지법 : 집단 조사법(group survey), 우편 질문지법(mail or mailed questionnaire), 개인적 자기 기입법(personal self-administration)

조사 연구의 수행 과정
목적에 따른 연구 계획 및 연구 설계 → 표집 → 질문지 작성 → 실제 자료 조사 및 자료 수집 → 회수된 자료 분석 → 연구 보고서 작성 순이다.

(3) 조사 연구의 수행 과정

조사 연구 과정은 다른 연구 방법과 유사하게 여섯 단계로 구성된다.
① 목적에 따른 연구 계획 및 연구 설계
② 표집(標集)
③ 질문지 작성
④ 실제 자료 조사 및 자료 수집
⑤ 회수된 자료 분석
⑥ 연구 보고서의 작성

가정학 연구의 유형
- 문헌 연구법
- 실험
- 조사 연구법
- 현지 연구법

(4) 조사 연구의 장단점

① 조사 연구법의 장점
- ㉠ 대규모 집단의 특성을 기술하는 데 유용하다.
- ㉡ 측정된 변수 간의 관계를 체계적으로 설명할 수 있다.

② 조사 연구법의 단점
- ㉠ 조사는 응답자의 협동에 의존하게 되는데 조사 과정이 지나치게 지루하거나 덜 중요하게 보이면 응답률이 감소하게 되고 응답 결과가 불성실하고 신뢰할 수 없게 된다.
- ㉡ 응답자가 잘 알고 있지 못한 정보는 조사를 통해서 얻어질 수가 없다.
- ㉢ 응답자가 비밀이라고 생각하는 내용을 질문 받거나 응답자의 정직성을 조사하는 질문을 받으면 응답자는 정확한 응답을 회피하게 된다.
- ㉣ 응답자는 자신의 견해를 과장하거나 사회의 평가에 따라 응답할 수 있다.

4 현지 연구법

(1) 현지 연구법의 의의와 장단점

① 현지 연구법의 의의
  ㉠ 현지 연구법이라는 말에서 핵심이 되는 부분은 '현지'이다. 현지란 '실재적인 삶의 상황' 혹은 자연스러운 일상적인 삶의 현장에서 행위자들이 하는 행동과 활동이 일어나고 있는 그대로 관찰하고 분석한다는 뜻을 담고 있다.
  ㉡ 자연스러운 삶의 현장에서 행위자들이 수행하는 실제 활동을 있는 그대로 관찰하고 분석하는 연구 방법이다.

② 현지 연구법의 장점
  ㉠ 사회적 과정의 역할을 장기적으로 관찰할 수 있고 자연스러운 사회적 상황에서의 인간 행위를 심층적으로 이해할 수 있다.
  ㉡ 방법론적으로 유연성 · 신축성 · 개방성을 갖는다.
  ㉢ 일반적으로 대규모 조사 연구나 복잡한 실험 연구에 비해 비용이 덜 든다.
  ㉣ 연구법상의 수정과 개선이 가능하다.

③ 현지 연구법의 단점
  ㉠ 연구자가 반작용을 일으킬 수 있다.
  ㉡ 연구자 자신이 현지 상황에서 피조사자들과 형성하는 관계로 말미암아 그 나름의 편의가 개입하게 된다.
  ㉢ 인간의 지각에는 선입관과 기타 요인으로 인한 선별적 인지 작용이 있다는 점에서 개방적인 관찰의 한계를 느낀다.
  ㉣ 대개 현지 연구란 단독으로 실시하는 것이고 상당히 주관성이 강하기 때문에 신뢰도의 측정이 불가능하다.
  ㉤ 현지 연구의 대상이 한 사례 또는 극소수의 사례에 국한되기 때문에 대표성(代表性)의 문제가 있다.
  ㉥ 현지 연구는 엄격한 가설 검증이라든가 인과적 이론 체계의 정립 및 검증을 하는 기능보다는 가설의 형성과 이론 생성을 위한 탐색적 연구의 성격이 강하다.
  ㉦ 현지 연구가 비용이 덜 들지는 모르나 장기간의 시간을 요하며 현지에서의 생계를 보장한다는 점에서 간접 비용은 더 들 수도 있다.
  ㉧ 현지 연구법은 질적 연구법이기 때문에 심층 연구 · 과정 연구가 가능한 대신 정확성에 문제가 있다.

(2) 현지 연구의 절차

① 현지 연구의 준비
  ㉠ 연구 주제와 문제 설정
    • 어떤 분야에서 어떠한 영역의 주제를 다룰 것인가를 결정한다.

추가 설명
현지 연구법의 장점
- 인간 행위를 심층적으로 이해할 수 있다.
- 방법론적으로 유연성 · 신축성 · 개방성을 갖는다.
- 대규모 조사 연구나 복잡한 실험 연구에 비해 비용이 덜 든다.
- 연구법상의 수정과 개선이 가능하다.

추가 설명
현지 연구법의 단점
- 연구자가 반작용을 일으킬 수 있다.
- 편의가 개입하게 된다.
- 개방적인 관찰의 한계를 느낀다.
- 신뢰도 측정이 불가능하다.
- 대표성의 문제가 있다.
- 가설의 형성과 이론 생성을 위한 탐색적 연구의 성격이 강하다.
- 간접 비용이 더 들 수 있다.
- 정확성에 문제가 있다.

- 주어진 주제와 관련하여 어떤 쟁점을 연구할 것인가를 연구 문제의 형식으로 규정한다.
- 연구 문제를 한층 더 정교화하고 체계화해서 가설을 정립한다거나 이론적인 틀과 연결시켜 보는 것도 가능하다.
- 사전에 해당 분야에서 해당 주제와 관련 있는 이론서나 연구 결과들을 섭렵하여 가설을 형성한다든가 연구 절차상의 유의 사항 등에 대한 소양을 갖추는 것도 좋다.

ⓒ 연구 대상의 선정 : 연구자가 어떤 장, 또는 환경적 상황을 '현지'로 규정하는가에 따라 그가 수집할 수 있는 자료의 성격이 달라질 수 있고, 그 장소와 상황의 선택은 이론이나 연구 목적의 영향을 받을 것이다.

② 현지 연구의 착수 : 연구의 준비와 실시 과정 사이에 착수 과정을 따로 두는 것은 자료 수집에 들어가기 전에 우선 현지 상황에 접근하여 그 속에 들어가서 친근한 관계를 수립하는 일이 중요하다는 입장에서이다. 이 과정에서 중요한 일은 다음과 같은 내용을 포함한다.

ⓐ 예비 지식의 습득   ⓑ 접근과 입장 허가 획득
ⓒ 연구자의 역할 확립   ⓓ 친근한 신뢰 관계(rapport)의 수립
ⓔ 각종 기초 자료의 수집

③ 현지 작업의 실시
ⓐ 현지 작업을 실시하는 과정에는 어떠한 기법을 사용하든 현지 작업을 조직화하고 개방성을 유지하도록 하며, 표본추출은 일반 표집 원리를 적용하되 여러모로 융통성 있는 전략으로 적응해 나가는 과정에서 현지 여건에 맞추어서 수행하도록 한다.
ⓑ 융통성 있게 하더라도 이론이나 연구 목적을 잘 반영하는 일이 중요하다.

> **추가 설명**
> **현지 연구의 착수에 있어서 중요한 내용**
> • 예비 지식의 습득
> • 접근과 입장 허가 획득
> • 연구자의 역할 확립
> • 친근한 신뢰 관계의 수립
> • 각종 기초 자료의 수집

> **추가 설명**
> **현지 작업의 핵심이 되는 자료 수집 기법**
> 주종을 이루는 것이 참여 관찰이고, 그 다음으로 중요한 것이 심층 면접이며, 세 번째 기법이 생활사 연구법이다.

05 표집과 측정

1 표집

(1) 표집과 표본조사의 의의

① 표집(sampling) : 조사하고자 하는 대상 전체(모집단)에서 그 일부(표본)를 추출하는 과정으로, 표본추출이라고도 한다.
② 표본조사(sampling survey) : 모집단의 일부를 표본으로 추출하여 조사한 결과로써 모집단 전체의 성질을 추측하는 통계 조사 방법이다.

(2) 표집의 기본 용어들

① 전 대상 : 이론적으로 연구하고자 설정하는 대상 전체를 뜻한다.

> **추가 설명**
> **표집과 표본조사**
> 조사하고자 하는 대상 전체(모집단)에서 그 일부(표본)를 추출하는 과정을 표집이라고 하며, 표본을 상대로 조사하는 것을 표본조사라고 한다.

② 모집단 : 표본을 추출해 내는 대상의 전수로 규정하는 집단이다.
③ 요소 : 모집단을 이루는 개별 요소를 뜻한다.
④ 표집 단위 : 표본으로 추출할 요소들의 묶음을 뜻한다.
⑤ 관찰 단위와 분석 단위 : 관찰 단위는 정보를 얻어 내는 개별 요소 내지 요소들의 집합이고, 분석 단위는 자료를 분석하는 단위이다.
⑥ 표집틀 : 표집을 위해 모집단의 요소·단위를 모은 목록이다.
⑦ 모수치 : 모집단의 어떤 변수가 갖고 있는 특성을 요약한 값이다.
⑧ 통계치 : 표본의 어떤 변수가 갖고 있는 특성을 요약한 값이다.
⑨ 표집 간격 : 표본추출 시 추출된 요소와 요소 간의 간격을 뜻한다.
⑩ 표집률 : 모집단에서 개별 요소가 선택될 비율을 뜻한다.

(3) 표집의 종류

① 확률 표집법 : 모집단의 구성 단위들이 일정한 확률에 따라 표본으로 뽑힐 수 있도록 만드는 방법이다. 순전히 확률적인 절차로 뽑을 때 모집단의 요소들이 표본으로 추출될 개연성을 다 가지고 있으며 각각의 요소가 추출될 확률을 정확히 알고 표집하는 방법이다.

표집 방법
- 확률 표집법 : 단순 무작위 표집, 계통 표집, 층화 표집, 집락 표집, 가중 표집
- 비확률표집법 : 편의 표집, 유의 표집, 할당 표집

㉠ 단순 무작위 표집 : 확률 표집법 가운데서 가장 기본적인 유형이다. 여기에서는 각 요소가 표본으로 뽑힐 확률이 동등하다는 원칙이 중요하다. 그리고 각 요소는 직접 개별적으로 추출되는 절차를 밟는다. 예 제비뽑기
㉡ 계통 표집 : 표집률을 결정한 후, 최초의 표본만 무작위로 선택하고 그 다음부터는 일정한 표집 간격으로 추출하는 방법이다.
㉢ 층화 표집 : 전체의 모집단에서 표본을 추출하는 것이 아니라, 모집단을 일련의 하위집단들로 층화시킨 다음 각 하위 집단에서 적절한 수의 표본을 뽑아내는 방법이다.
㉣ 집락 표집 : 층화 표집과는 달리 되도록이면 집락(집단)을 이질적인 요소로 구성시키고자 한다.
㉤ 가중 표집 : 확률 표집의 논리를 따르면서도 필요에 따라 표집률을 달리하여 표본을 추출하는 방법이다.

② 비확률 표집법 : 연구에 사용될 표본을 표집 확률을 전혀 고려하지 않고 추출하는 방법이다. 확률표집이 불가능하거나 모집단을 정확하게 규정지을 수 없는 경우 또는 표집오차가 큰 문제가 되지 않을 때는 비확률표집의 방법을 쓴다. 비확률 표집은 확률 표집에 비해 훨씬 간편하고 경제적이라는 장점을 가지지만 이를 통계적 검증의 근거로 삼기는 어렵다.

확률 표집법
- 단순 무작위 표집 : 각 요소가 뽑힐 확률이 동등
- 계통 표집 : 표집률 결정 후 최초 표본만 무작위 선택
- 집락 표집 : 표집 단위를 개인 아닌 집단으로 하여 표본추출
- 가중 표집 : 표집률을 달리하여 표본추출
- 층화 표집 : 모집단을 하위 집단으로 층화시켜 표본추출

㉠ 편의 표집 : 손쉽게 접할 수 있는 대상만을 선택하는 방법이다.
㉡ 할당 표집 : 모집단이 갖는 특성의 비율에 맞추어 표본을 추출하는 방법이다.

ⓒ 유의 표집 : 때로 판단 표집(judgement sampling)이라고도 부르는데, 모집단에 대한 연구자의 사전 지식을 바탕으로 하여 표집하는 것이다.

(4) 표집의 기준과 절차

① 표본추출의 기준
  ㉠ 표본의 대표성 : 이질적 요소들로 구성되어 있는 모집단에서 어떻게 하면 이들 특성을 고루 대표하는 적절한 모집단의 단면을 표본으로 얻을 수 있느냐 하는 문제이다. 즉, 어떻게 추출하면 선택된 표본이 모집단 전체의 전형적 특성을 대표할 수 있는지의 문제이다.
  ㉡ 표본의 적절성 : 표본의 크기를 어떻게 오차를 줄이면서 최적으로 잡느냐하는 문제이다.

② 표본추출의 절차
  ㉠ 모집단의 규정
  ㉡ 표집 단위의 선택
  ㉢ 원부의 확보
  ㉣ 표본추출의 형태 결정
  ㉤ 표본의 크기 결정
  ㉥ 표본추출 절차의 결정
  ㉦ 실제로 표본을 뽑고 확인·검토한 후 뽑힌 표본을 옮겨 쓰고 중요한 사항 기재
  ㉧ 표본의 수정
  ㉨ 자료의 분석·해석

> **추가 설명**
> **표본추출의 절차**
> 모집단의 규정 → 표집 단위의 선택 → 원부의 확보 → 표본추출의 형태 결정 → 표본의 크기 결정 → 표본추출 절차의 결정 → 표본의 중요 사항 기재 → 표본의 수정 → 자료의 분석·해석의 순서이다.

2 측정

(1) 측정의 의미

① 측정(measurement)의 정의 : 관찰된 현상의 경험적인 속성(변수)에 대해 일정한 규칙에 따라 수치를 부여하는 것을 말한다.
② '수치'는 연구자가 의미를 부여하지 않을 때에는 수량적인 의미를 갖지 않는다. '일정한 규칙'이란 대상이나 사건에 대해 수치를 부과하는 방법이라 할 수 있다.

(2) 측정 수준(척도의 종류)

스티븐스(S.S. Stevens)가 제시한 네 가지 척도는 명목 척도, 서열 척도, 등간 척도, 비율 척도로서, 제공하는 정보의 수준과 자료 분석에 이용할 수 있는 통계적 방법의 수준에 따라 순위가 정해진다. 즉, 명목 척도 < 서열 척도 < 등간 척도 < 비율 척도의 순으로 점차 더 많은 정보를 제공해 주며, 활용할 수 있는 통계적 기법도 다양해진다.

① 명목 척도(명명 척도) : 어떤 사물, 인물, 또는 속성을 단지 분류하기 위해서 수치를 부여하는 것을 말한다. 즉, 여러 가지 사물이 속하는 집단들을 서로 식별하기 위해서 편의상 어떤 수치를 매기는 것이다. 예 운동선수들의 등 번호, 주민등록번호, 전화번호 등
② 서열 척도(순위 척도) : 사물을 비교하기 위하여 그 사물들의 어떤 속성의 다과 또는 대소의 순서에 따라 수치를 부여하는 방법을 말한다. 예 학력을 초졸·중졸·고

> **추가 설명**
> **스티븐스가 분류한 네 가지 척도**
> • 명목 척도 : 관찰 대상의 속성을 분류·식별하기 위해서 수치를 부여한다.
> • 서열 척도 : 관찰 대상 속성의 다과 또는 대소의 순서에 따라 수치를 부여하며 서열성을 가진다.
> • 등간 척도 : 서열성 외에 수치들 간의 간격이 양적으로 똑같은 특징을 지닌다.
> • 비율 척도 : '0'이 자의적으로 부여한 값이 아닌 절대적 의미를 가진다.

졸·대졸로 나누고 각각에 1, 2, 3, 4로 표시할 때의 척도

③ 등간 척도(동간 척도) : 서열 척도에서와 같이 각 수치들 사이에 질적인 서열이 유지되는 동시에 수치들 사이의 간격이 양적으로 똑같은 척도를 말한다. 등간 척도는 대상을 서열화했을 뿐 아니라 대상들 간의 거리를 표준화할 수 있다. 예 섭씨온도 5℃ 또는 10℃와 같은 측정치

④ 비율 척도 : 등간 척도와 다른 모든 특성에서 동일하나 '0'이 자의적으로 부여한 값이 아닌 절대적 의미를 갖게 된다는 점에서 등간 척도와 구분된다. 즉 절대 영점을 갖고 있는 척도이다. 예 길이·무게·시간 등을 나타내는 측정치

3 바람직한 자료를 얻기 위한 기준

어떤 철학적 입장을 취하든 과학적 지식을 얻고자 할 때 누구나 바라는 공통된 원칙은 '믿을 만하고 마땅한 자료'를 갖자는 것이다. 이를 흔히 자료의 신뢰성(reliability) 및 타당성(validity)이라 한다.

(1) 신뢰성

① 신뢰성이란 둘 이상의 관찰자가 각기 관찰해서 동일한 결과를 얻을 수 있는 정도로, 타당성과 더불어 측정에서 가장 중요한 요소이며 측정 대상으로서의 지표의 구비 조건이기도 하다.

② 신뢰성은 우선 측정에 있어서 안정성·신빙성·예측성을 갖는다.

③ 신뢰도를 평가하는 방법
  ㉠ 재검사법(test-retest method)
  ㉡ 반분법(split-half method)
  ㉢ 내적 일관성법(internal consistency method)

(2) 타당성

① 타당성은 측정하려는 것을 제대로 측정하고 있느냐의 동일성 확인에 관한 것이다. 즉, 그 연구가 달성하고자 하는 목표를 정확하게 탐구하고 있음을 뜻한다.

② 타당도를 평가하는 방법
  ㉠ 내용 타당도 : 점수 또는 척도가 일반화하려고 하는 개념을 어느 정도로 잘 반영해 주고 있는가 하는 것이다.
  ㉡ 기준 관련 타당도 : 사용하고 있는 측정 도구의 측정값과의 상관관계를 나타낸다.
  ㉢ 구성체 타당도 : 측정의 기초를 이루고 있는 이론적 구성의 타당도이다.

> **추가 설명**
> 타당도를 평가하는 방법
> • 내용 타당도
> • 기준 관련 타당도
> • 구성체 타당도

실전예상문제

1 어떤 학문의 성격에 관한 철학관 혹은 인식론적 바탕 위에 지식을 얻는 근거, 지식의 주장이 타당함을 밝히는 절차 같은 것을 주제로 하는 메타이론적·논리적 접근을 무엇이라 하는가?

① 분석 기법　　② 방법론　　③ 연구 방법　　④ 연구 절차

해설 방법론이란 어떤 학문의 성격에 관한 철학관 혹은 인식론적 바탕 위에 지식을 얻는 근거, 지식의 주장이 타당함을 밝히는 절차 같은 것을 주제로 하는 메타이론적·논리적 접근을 일컫는다.

2 연구 방법에 대한 설명으로 옳지 않은 것은?

① 입수한 자료들을 분석·처리하는 기법
② 주제·주장하는 것을 상대방에게 설득시키는 논리적 접근
③ 실제적·경험적 자료들에 입각하여 검증·확인하는 절차
④ 그 학문 분야의 관심사, 주제를 중심으로 이론을 전개하는 논리적 절차

해설 연구 방법 : 그 학문 분야의 관심사, 주제를 중심으로 이론을 전개하는 논리적 절차, 그런 이론이나 가설들을 만들고 그것들을 실제적·경험적 자료들에 입각하여 검증·확인하는 절차, 그런 자료들을 규정하고 실제로 찾아내며 수집하는 기법, 입수한 자료들을 분석·처리하는 기법, 분석된 자료를 해석하는 논리, 그런 결과를 제시하는 방법과 방식 같은 것을 일컫는다.

3 모든 과학은 그 대상이 자연현상이든 사회현상이든 상관없이 자연과학의 바탕인 자연관에 입각해서 실증적 접근을 취하는 하나의 방법임을 강조하는 입장은?

① 표준 과학적 관점　　② 비판 과학적 관점　　③ 해석 과학적 관점　　④ 현상학적 방법론

해설 표준 과학적 관점(분석적·경험적 관점) : 기본적으로 모든 과학은 그 대상이 자연과학이든 사회현상이든 상관없이 자연과학의 바탕이 되는 자연관에 입각해서 실증적인 접근을 취하는 하나의 방법임을 강조하는 입장이다.

4 다음의 〈보기〉가 설명하고 있는 과학에 관한 관점은 무엇인가?

> 보기　사회라는 것도 자연의 한 부분으로 간주하고, 그 사회라고 하는 측면의 자연이 관찰자에게 드러내 보여 주는 법칙·규칙성·통일성 같은 것을 찾아내고자 하는 노력을 사회과학이라고 본다.

① 이론학적 관점
② 해석 과학적 관점
③ 비판 과학적 관점
④ 표준 과학적 관점

해설 표준 과학적(분석적 · 경험적) 관점 : 기본적으로 모든 과학은 그 대상이 자연현상이든 사회현상이든 상관없이 자연과학이 바탕해 온 자연관에 입각해서 실증적인 접근을 취하는 하나의 방법임을 강조하는 입장이다. 다시 말해서 사회과학이 탐구하는 사회라는 것도 자연의 한 부분으로 간주하고, 그 사회라고 하는 측면의 자연이 관찰자인 우리에게 드러내 보여 주는 법칙, 규칙성, 통일성 같은 것을 찾아내고자 하는 지적 노력을 일컬어 사회과학이라 한다는 뜻이다.

5. 과학에 대한 관점 중 다음 〈보기〉와 관계가 깊은 것은?

> **보기** 과학이란 어떤 정해진 목적에 대한 수단에 관한 지식만 제공할 뿐 목표를 형성하는 데는 도움을 주지 못하는 것이라고 보고, 가정학을 기술과학이나 응용과학으로 본다.

① 응용 과학적 관점　　　　　　　　② 비판 과학적 관점
③ 해석 과학적 관점　　　　　　　　④ 표준 과학적 관점

해설 과학에 대한 관점 중 표준 과학적 관점 : 과학이란 어떤 정해진 목적에 대한 수단에 관한 지식만 제공할 뿐 목표를 형성하는 데는 도움을 주지 못하는 것이라고 보고, 가정학을 기술과학이나 응용과학으로 보았다.

6. 표준 과학적 관점에 대한 설명으로 옳지 않은 것은?

① 자연의 법칙을 언어로 표상해 주는 일을 충실히 하여 그것이 그리는 세계가 어떠해야 하는지 지침을 제공한다.
② 과학적 설명의 구실은 변수들 사이의 인과적 관계를 정립하는 것이다.
③ 관찰의 정확성을 높이기 위해 조작적 정의 같은 것이 주로 활용된다.
④ 세계에 대한 경험적 이론의 정립을 추구하는 인식론적 입장을 취한다.

해설 표준 과학적 관점은 가치와 사실의 분리가 원칙이며, 인간의 경험적 관찰에 의해서 이론의 타당성 여부를 확인하는 것이다.

7. 표준 과학적 관점에 대한 비판으로 옳지 않은 것은?

① 지적 오류 및 규범적 오류를 범하기 쉽다.　　② 이론이 실천적 추론에 필요한 것임을 무시한다.
③ 인간의 주관적 의식을 중시한다.　　　　　　④ 과학의 개념화를 지나치게 이상화한다.

해설 표준 과학적 관점은 어떤 정해진 목표에 대한 수단에 관한 지식을 제공해 주지만, 실천적 추론이라는 차원은 여러 가지 차원 중 일부분일 뿐이다. 이 관점에 대한 비판은 ①, ②, ④ 외에도 이 관점이 이용할 수 있는 다양한 대체적인 수단들 사이에서의 판단에도 아무런 도움을 주지 못한다는 것이다.

정답 1.❷　2.❷　3.❶　4.❹　5.❹　6.❶　7.❸

8 해석 과학적 관점에서 중시되고 있는 것은?

① 가치의 중립 ② 인간의 주관적 의식
③ 과학적 사고 ④ 객관적 관찰

> **해설** 해석 과학적 관점에서 해석이란 말의 뜻은 명확하게 정의되었다기보다 인간의 주관적 의식을 중요시하는 방법론적 입장이라는 뜻으로 사용된다.

9 해석 과학적 관점이 분석적·경험적 관점과 대조되는 기본 요소는?

① 존재론적 실재관 ② 현상학적 인식론
③ 경험 중심의 관찰 ④ 비현실적 대상 인식

> **해설** 해석 과학적 관점이 표준 과학적(분석적·경험적) 관점과 대조되는 기본 요소는 존재론적 실재관이다. 인간의 사회는 단순히 자연현상처럼 인간의 의식 바깥에 그것과 동떨어져, 그 나름의 독립된 실체로 존재하는 객관적 실재일 수만은 없다는 점을 강조하기 때문이다.

10 해석 과학적 관점에서 본 가정학의 역할로 옳은 것은?

① 가정학의 실천적 관심에 대한 실천적 담론을 추구한다.
② 일반적인 목표의 달성과 관련된 도구적 가치를 추구한다.
③ 당위의 세계에만 관심을 갖는다.
④ 다른 학문이 수행한 가정학의 개념 분석을 도출하려고 노력한다.

> **해설** 해석 과학적 관점에서 본다면 가정학은 그 개념을 분석하려고 노력할 것이며, 다른 학문이 수행한 가정의 개념 분석을 도출하려고 노력할 것이다. 이러한 분석은 실천가의 일이나, 연구자의 일 또는 전문 교육의 수행과 같은 모든 면의 전문적 활동을 행하는 데 명료성을 증가시키게 될 것이다.

11 해석 과학적 관점의 가정학이 지니는 장점으로 옳지 않은 것은?

① 일상생활은 추상적이거나 이론적이지 않다는 사실을 알게 해준다.
② 가족이나 문화의 상호 작용 체계를 형성하거나 변화시키는 데 도움이 된다.
③ 실제의 문제 해결에 있어 변화의 원인 및 실패의 원인을 탐구·이해할 수 있다.
④ 전문가가 실제 문제 해결에 임하는 데 있어서 도움을 준다.

> **해설** 해석학적 관점에서 일상생활은 추상적이거나 이론적이지 않다는 것을 알게 되는 데 도움이 되지 않을 수 있다. 즉, 구체적인 생활에서 부딪치는 문제는 '세계를 변화시키는 데 어떤 행동을 취할 것인가'라든가 또는 '어떤 수정된 행동을 취해야 하는가'라는 질문에 관한 실천적 문제이다.

12 해석 과학의 결과로 옳은 것은?

① 해석적　　② 기술적　　③ 실천적　　④ 이론적

해설 해석 과학의 결과는 기술적(技術的)이다. 그것은 인간 행동의 밑바탕이 되는 실재를 이해하게 하는 데 도움이 되지만, 인간의 행복과 정의를 위하여 합리적인 배경에서 그 실재가 변화될 필요가 있을 때 그것을 평가하는 기초도, 그것을 변화시키기 위한 수단도 제시하지 못한다. 해석 과학은 정해진 가치 기준을 갖지 않는다.

13 비판적 사회과학의 주된 관심의 초점은 무엇인가?

① 사실과 경험　　② 이론과 실천　　③ 과학과 기술　　④ 경험과 가치

해설 주로 프랑크푸르트학파라 이름하는 사회철학자 또는 사회학자들이 내세우는 비판적 사회과학의 주된 관심의 초점은 이론과 실천의 관계로 좁혀진다. 마르크스의 사상에 영향을 받고 그를 극복하고자 하는 비판 사회과학은 사회라는 실재를 총체적인 역사적 구조라는 변증법적 안목에서 파악한다.

14 비판 과학적 관점에서 사용하는 학문 추구의 방법으로 옳은 것은?

① 변증법　　② 귀납법　　③ 담론법　　④ 연역법

해설 문제 13번 해설 참조

15 비판 과학에 대한 타당화 방법으로 옳은 것은?

① 통제된 관찰　　② 실험　　③ 실천적 담론　　④ 개념 분석

해설 과학에 관한 관점의 타당화 방법
- 표준 과학의 타당화 방법 : 통제된 관찰(실험)
- 해석 과학의 타당화 방법 : 의미의 분석(개념 분석)
- 비판 과학의 타당화 방법 : 실천적 담론

16 비판 과학의 이론적 형태에 해당하는 것은?

① 규범적　　② 실험적　　③ 분석적　　④ 경험적

해설 과학에 관한 관점의 이론적 형태
- 표준 과학의 이론적 형태 : 경험적(설명적 일반화의 연역적 설명)
- 해석 과학의 이론적 형태 : 분석적·경험적(주관의 해석)
- 비판 과학의 이론적 형태 : 규범적

정답 8.❷　9.❶　10.❹　11.❶　12.❷　13.❷　14.❶　15.❸　16.❶

17 해석 과학의 목표로 옳은 것은?

① 설명, 예측, 통제
② 상징적 상호작용의 의미 이해
③ 계몽
④ 의사소통의 확립

해설 ① : 표준 과학의 목표, ③·④ : 비판 과학의 목표

18 다음 중 과학적 연구의 목적으로 가장 적합한 것끼리 묶인 것은?

① 기술, 이해, 계획, 실천
② 설명, 예측, 계획, 통제
③ 기술, 설명, 예측, 통제
④ 이해, 계획, 실천, 통제

해설 일반적인 과학적 연구의 목적
- 현상의 정확한 기술과 이해
- 발생한 현상의 이유 설명
- 앞 일의 예측
- 어떻게 통제할 것인가

19 과학적 연구의 일반적인 목적으로 옳지 않은 것은?

① 통제   ② 종합   ③ 설명   ④ 기술

해설 문제 18번 해설 참조

20 대상이 되는 현상을 정확하게 기술·설명하기 위해 선행되어야 할 것은?

① 모든 대상의 수량화
② 자료 수집 및 현상 분석
③ 정확한 관찰과 조사
④ 이론의 수집

해설 과학적 연구에서는 우선 대상이 되는 현상을 정확하게 기술하고 이해해야 한다. 그러기 위해서는 정확한 관찰과 조사가 필요하다.

21 어떤 현상이 왜 일어나는가를 설명하기 위해 요구되는 것은?

① 관찰   ② 통제   ③ 예측   ④ 실험

해설 어떤 현상이 왜 일어나는지를 설명하려면 실험을 해야 한다. 그것이 현지 실험이든 실험실 실험이든, 어떤 현상과 그 현상을 발생시킨 조건 간의 인과관계를 설정할 수 있어야 한다. 기술적 방법으로는 이런 인과관계를 측정하기가 어렵다.

22 가정학 연구 방법의 인식 순서가 바르게 나열된 것은?

① 통일 개념의 인식 → 가치 인식 → 사실 인식 ② 통일 개념의 인식 → 사실 인식 → 가치 인식
③ 사실 인식 → 통일 개념의 인식 → 가치 인식 ④ 사실 인식 → 가치 인식 → 통일 개념의 인식

해설 미야가와(宮川滿)와 미야시다(宮川美智子)가 제시한 가정학의 연구 방법의 인식 순서 : 우선 사실 인식을 제1단계로 하고, 다음으로 거기에 관련된 가치 인식을 제2단계로 하며, 그것들을 조직하고 체계화하여 가정학을 통일적으로 파악하는 통일 개념의 인식을 최후 단계로 하고 있다.

23 한국 가정학 연구의 기록이 시작된 해는?

① 1948년   ② 1950년   ③ 1959년   ④ 1962년

해설 한국 가정학 연구의 기록은 1959년에서부터 찾아볼 수 있다. 대한가정학회가 1947년에 창립된 후 12년이 지난 1959년에 「대한가정학회지」 창간호가 나오게 되어 비로소 가정학 연구가 상호 교류되기 시작하였다.

24 우리나라 가정학의 연구 실태를 보면 어느 분야의 연구가 가장 많은가?

① 주생활·가정관리 분야   ② 아동학·가족관계 분야
③ 의생활 분야   ④ 식생활 분야

해설 우리나라 가정학의 연구 실태 : 식생활 분야의 논문 수 〉 의생활 분야의 논문 수 〉 아동학·가족관계 분야의 논문 수 〉 주생활·가정관리 분야의 논문 수 순이다.

25 식생활 분야에서 가장 많이 쓰이는 연구 방법은?

① 조사 연구 방법   ② 역사적 연구 방법
③ 통계 자료 분석법   ④ 실험 연구 방법

해설 10년 동안 게재된 논문에서는 조사 연구 방법과 실험 연구 방법을 제일 많이 사용하였다. 식생활 분야에서는 실험 연구 방법이 압도적이고 다음이 조사 연구 방법이며, 의생활 분야에서는 조사 연구 방법과 실험 연구 방법이 비슷했고 역사적 방법이 그 다음으로 많았다.

26 대한가정학회지가 나타내는 공동 연구의 모습으로 옳은 것은?

① 인접 학문이나 다른 학문 간의 학제 간 공동연구가 적다.
② 공동 연구가 개인 연구보다 많다.
③ 공동 연구의 필요성이 점차 소멸되어 가고 있다.
④ 공동 연구에 참여한 인원은 3인이 제일 많다.

정답 17.❷ 18.❸ 19.❷ 20.❸ 21.❹ 22.❹ 23.❸ 24.❹ 25.❹ 26.❶

해설 대한가정학회지에 의하면 개인 연구가 대부분이고, 공동 연구는 전체 연구의 약 1/9 수준이었다. 공동 연구에 참여한 인원은 2인이 가장 많았다. 공동 연구의 필요성이 많이 지적되고 있으나 실제로 수행된 경우는 적었으며, 특히 인접 학문이나 다른 학문과의 학제 간 공동 연구는 극히 적었다.

27 과학적 연구의 과정이 바르게 나열된 것은?

① 경험적 일반화 → 관찰 → 작업가설 설정 → 이론
② 경험적 일반화 → 이론 → 작업가설 설정 → 관찰
③ 관찰 → 경험적 일반화 → 이론 → 작업가설 설정
④ 작업가설 설정 → 관찰 → 경험적 일반화 → 이론

해설 과학적 연구의 과정 : 작업가설 설정 → 관찰 → 경험적 일반화 → 이론

28 과학적 연구의 과정 중 셋째 단계에 해당되는 것은?

① 작업가설 설정   ② 이론   ③ 경험적 일반화   ④ 관찰

해설 문제 27번 해설 참조

29 설정된 작업가설을 검증하기 위한 방법으로 옳지 않은 것은?

① 역사 연구   ② 실험   ③ 참여 관찰   ④ 내용 분석

해설 설정된 작업가설을 검증하기 위한 방법 : 일단 작업가설이 설정되면 이를 검정하기 위하여 현실 세계에 뛰어들어 관찰하게 되는데 이때 실험·참여 관찰·내용 분석·조사 연구 등의 방법 가운데 어느 것을 선택하여 사용한다. 이러한 작업가설들을 검정하기 위해서 측정 도구를 만들고 표본을 추출하여 이를 관찰하게 된다. 일단 자료가 수집되면, 이를 정리하고 체계화하여야 한다.

30 연구의 유형 중 우선 관찰을 통해 자료를 수집하고, 이를 정리·분석하여 일반적인 유형을 찾아내고 이것으로부터 잠정적인 결론에 도달하는 방법은 무엇인가?

① 실험   ② 귀납적 방법   ③ 연역적 방법   ④ 문헌연구법

해설 귀납적 방법 : 관찰을 통해 자료를 수집하고, 이를 정리·분석하여 일반적인 유형을 찾아내고 이것으로부터 잠정적인 결론에 도달하는 방법이다.

31 "경험적 연구는 단순히 이론을 검증하기 위한 수동적인 역할만을 하는 것이 아니라 이들을 이끌어가기도 하고 수정 또는 재구성하기도 하며, 이를 보다 명료하게 하는 능동적인 역할을 수행하고

있다."라고 주장한 학자는?

① 머튼(R.K. Merton)
② 포퍼(K. Popper)
③ 파슨스(T. Parsons)
④ 하버마스(J. Habermas)

해설 머튼(R.K. Merton)의 입장 : 경험적 연구는 단순히 이론을 검증하기 위한 수동적인 역할만을 하는 것이 아니라 이들을 이끌어가기도 하고 수정 또는 재구성하기도 하며, 이를 보다 명료하게 하는 능동적인 역할을 수행하고 있다고 본다.

32 연역적 방법에 대한 설명으로 옳은 것은?

① 관찰을 통해 자료를 수집하고 이를 정리·분석하여 일반화 이론을 찾는다.
② 과학적 연구 과정 중 이론에서 관찰에 이르는 부분에 해당된다.
③ 탐색적 연구에서 주로 사용된다.
④ 자료 분석을 통해 내재된 체계적인 유형을 바탕으로 이론을 구성한다.

해설 연역적 방법은 가설 검증에, 귀납적 방법은 탐색적 연구에 주로 사용된다. 실제의 연구 과정에서는 이 두 가지의 방법이 상호 보완적인 하나의 고리를 이루고 있다. ①, ③, ④는 귀납적인 방법이다.

33 문헌 연구에 대한 설명으로 틀린 것은?

① 문헌 고찰(review of literature)이라고도 한다.
② 역사적 연구 또는 역사적 방법이라고도 한다.
③ 2차적 분석이라고도 한다.
④ 연구자가 탐구해 보고 싶은 현상에 대한 정보를 담고 있는 문서 자료의 수집과 분석의 방법이다.

해설 문헌 연구란 문헌 고찰이라는 절차와는 구별되는 자료 수집과 분석의 한 방법으로서, 연구자가 탐구해 보고 있는 현상에 대한 정보를 담고 있는 문서 자료의 수집과 분석의 방법을 말한다.

34 문헌 연구의 특성으로 옳지 않은 것은?

① 대규모의 표본을 상대로 연구할 수 있다.
② 장기간의 종단 연구가 가능하다.
③ 비용이 많이 든다.
④ 무반응성이다.

해설 문헌 연구법은 다른 연구법에 비하여 상대적으로 비용이 덜 든다.

정답 27.④ 28.③ 29.① 30.② 31.① 32.② 33.① 34.③

35 문헌 연구의 장점이라 할 수 없는 것은?

① 제보의 자발성이 보장된다.　　② 다른 방법보다 자료의 보존이 완전하다.
③ 고백의 가능성이 크다.　　　　④ 비용이 덜 든다.

> **해설** 문헌 연구의 장점
> • 장기간의 종단 연구가 가능하다.
> • 무반응성(nonreactivity)이다.
> • 표본 크기에 있어서 실험이나 현지 연구에 비하여, 조사 연구처럼 대규모의 표본을 상대로 연구가 가능하다.
> • 제보의 자발성이 보장된다.
> • 연구 대상자를 직접 만나 면접이나 관찰을 할 수 없을 때는 관련 문서 자료가 필수적 중요 정보 자료가 된다.
> • 고백의 가능성이 크다.
> • 비용이 덜 든다.
> • 다른 방법으로 얻은 자료에 비하여 비교적 양질의 자료를 얻을 수 있다.

36 '무반응성, 제보의 자발성, 선별적 보존, 장기간의 종단 연구'와 같은 장·단점을 갖는 연구 유형은?

① 문헌 연구　　② 조사 연구　　③ 현지 연구　　④ 실험

> **해설** 문헌 연구란 문헌 고찰이라는 절차와는 구별되는 자료 수집과 분석의 한 방법으로서, 무반응성, 제보의 자발성 보장, 장기간의 종단 연구가 가능하나 선별적 보존의 문제, 불완전성 등의 단점이 있다.

37 문헌 연구에 있어서 자료가 선별적으로 보존되는 데 따라 일어나게 되는 문제점은?

① 고백의 가능성이 폐쇄됨.　　② 자료의 불완전성
③ 입수가 불가능해짐.　　　　④ 편의적(偏倚的) 해석

> **해설** 선별적 보존의 문제로 인해 자료가 불완전하기도 하고, 또 남아 있는 문헌이라 해도 연구자가 필요로 하는 정보를 제대로 다 갖추고 있다는 보장이 거의 없다. 개인의 사사로운 문서에는 연구자와 같은 객관자가 아무리 봐도 잘 이해 못할 은어나 특이한 경험 같은 것을 담아서 불완전할 수가 있다.

38 문헌 연구의 단점으로 옳지 않은 것은?

① 작자에 의한 편의의 가능성이 있다.　　② 신뢰성이 떨어진다.
③ 입수 가능성의 문제가 있다.　　　　　④ 선별적 보존의 문제가 있다.

> **해설** 문헌 연구의 단점
> • 입수 가능성의 문제가 있다.　　　　• 선별적 보존의 문제가 있다.
> • 작자에 의한 편의의 가능성이 있다.　• 부호화의 난점이 생긴다.
> • 표집 형식의 결여로 인하여 비교를 하자면 자료를 조정할 필요가 있다.

39 통계자료를 이용할 경우 유의점으로 옳은 것은?

① 타당도와 신뢰도
② 유용도와 명료성
③ 정확성과 합리성
④ 통일성과 실천성

해설 통계자료 이용 시 유의할 점
- 타당도와 관련하여, 기존의 통계자료란 그것을 이용하려는 연구자의 연구 목적을 위하여 수집하는 것이 아니라는 것을 주목할 필요가 있다.
- 신뢰도에 있어, 특히 원자료를 수집·집성한 사람이 과연 믿을 만한 정당한 절차를 밟았는지를 확인해 볼 필요가 있다.

40 실험에 대한 설명으로 옳지 않은 것은?

① 실험에서 사용되는 자극이 독립변수가 된다.
② 자극에 대한 반응이나 결과가 종속변수가 된다.
③ 실험 집단은 실험의 대상이 되는 집단이다.
④ 다른 조건들을 통제하지 않고 변수 간의 영향을 알아보는 것이다.

해설 실험은 다른 조건들을 일단 통제한 후 하나의 변수가 다른 변수에 어떠한 영향을 미치는가를 알아보고자 하는 방법이다.

41 실험의 각 요소에 대한 설명으로 옳지 않은 것은?

① 독립변수 — 실험에서 사용되는 자극 및 조건
② 통제 집단 — 실험의 대상이 되는 집단
③ 사전 검사 — 본조사 실시 전에 소수의 표본을 대상으로 미리 실시하는 조사
④ 사후 검사 — 실험 자극 이후에 실험 대상의 상태를 추정

해설 실험 집단과 통제 집단 : 실험 집단이란 실험의 대상이 되는 집단이고, 통제 집단이란 모든 조건은 실험 집단과 동일하고 다만 실험 자극을 주지 않는 집단이다. 실험에서 실험 자극에 대한 변화를 파악해 낼 수 있는 것은 통제 집단이 있기 때문이다.

42 인과관계를 파악하는 데 가장 유용한 방법은?

① 실험
② 현지 연구법
③ 문헌 연구법
④ 조사 연구법

해설 실험은 다른 어떤 연구 방법보다 인과관계를 파악하는 데 유용한 방법이다. 그런데 인과관계를 인정하려면 공변이, 시간적 순서, 비허위성이라는 세 가지 조건을 갖추어야 한다.

정답 35.❷ 36.❶ 37.❷ 38.❷ 39.❶ 40.❹ 41.❷ 42.❶

43 인과관계를 인정하기 위한 조건이 바르게 나열된 것은?

① 시간적 순서, 허위성, 종속변수
② 시간적 순서, 비허위성, 종속변수
③ 공변이, 시간적 순서, 비허위성
④ 공변이, 허위성, 독립변수

해설 문제 42번 해설 참조

44 인과관계에서 필수적인 비대칭성을 제시하는 데 도움을 주는 것은?

① 통제 변수   ② 시간적 순서   ③ 공변이   ④ 비허위성

해설 인과성을 나타내기 위해서는 특정 독립변수의 변화가 종속변수의 변화보다 시간적으로 앞서야 한다. 이 시간적 순서는 인과관계에서 필수적인 비대칭성을 제시하는 데 도움을 준다.

45 현실적인 사회 상황 속에서 주의 깊게 실험 조건을 통제하여 하나 이상의 독립변수를 조직함으로써 그 효과를 보고자 하는 방법은?

① 현지 실험   ② 실험실 실험   ③ 조사 연구   ④ 현지 조사

해설 현지 실험의 특징
- 실재적·자연적 상황에 변수를 조작하여 그 결과에 대한 인과관계를 규명하려는 것이기 때문에 인위적으로 조작된 실험실에서의 실험이나, 단순한 자료의 수집을 통해 사실의 발견 또는 변수 간의 상관관계를 보려는 현지 조사와 다르다.
- 실생활의 상황을 연구의 대상으로 삼기 때문에 그 상황은 복잡하고 서로 엉켜 있는 때가 많은데, 이것을 잘 분석해 줄 수 있다.

46 독립변수의 영향을 강하게 할 수 있으나 실험 상황을 엄격하게 통제할 수 없는 연구 유형은?

① 조사 연구   ② 현지 연구   ③ 현지 실험   ④ 실험실 실험

해설 현지 실험은 실재적·자연적 상황에서 변수를 조작하여 그 결과에 대한 인과관계를 규명하려는 것이다. 실험실 실험의 경우보다 독립변수의 영향이 더 강하나 실험 상황을 엄격히 통제하지는 못한다.

47 현지 실험의 장점으로 옳지 않은 것은?

① 가설의 검증을 통해 문제 해결에 기여하므로 실제의 세계에 연결되는 연구의 성격을 띤다.
② 복잡한 일상생활·사회화 과정·변화·영향 등을 연구하기에 적합하다.
③ 독립변수의 조작과 실험 대상의 무작위적 선출 구성이 가능하다.
④ 종속변수에 영향을 주는 외부 변수를 개입하지 못하도록 완전한 통제를 할 수 있다.

해설 현지 실험의 단점
- 연구자의 편견이 개입될 가능성이 높다.
- 연구 자체의 정확도가 실험실 실험보다 낮다.
- 독립변수의 조작도 실험실 실험만큼 다양하지 못하여 때로 불가능한 경우도 있다.
- 실험실 실험과는 달리 실험 상황을 엄격히 통제하지 못한다.

48 실험실 실험의 단점으로 옳은 것은?

① 연구자가 반작용을 일으킬 수 있다.
② 실험 상황을 엄격히 통제하기 때문에 연구가 정밀하지 못하다.
③ 연구 자체의 정확도가 낮으며 연구자의 편견이 개입될 가능성이 높다.
④ 실재성을 지니고 있기 때문에 연구의 외적 타당성이 높다.

해설 실험실 실험의 단점
- 항상 일정한 실험만을 위해 조작된 상황이기 때문에 독립변수에 대한 실험적 조작의 영향력이 일반적으로 약하며, 연구자가 반작용을 일으킬 수 있다.
- 지나친 인위성 때문에 자연적이고 실재적인 현실에 일반화시키는 데에는 한계가 있다.
- 내적 타당성은 있으나 외적 타당성을 결하기 쉽다.

49 조사 연구의 의의에 대한 설명으로 옳은 것은?

① 응답자 개개인의 느낌이나 해설을 참여 관찰보다 깊이 탐구할 수 있다.
② 사회현상의 여러 측면에 대한 의문을 해결하는 데 주로 이용된다.
③ 자연적으로 일어나는 현상보다 인위적 상황 연구에 치중한다.
④ 일반적으로 현지 조사 방법을 주로 사용한다.

해설 조사 연구의 의의 : 사회과학에서 널리 사용되고 있는 방법 중의 하나로 사회현상의 여러 측면에 대한 의문을 해결하고 그 결과 사회에 대한 이해를 높여 줄 수 있는 자료들을 수집하는 데 많이 이용되어 왔다. **예** 주부의 가사 노동 만족도와 그 영향 요인에 관한 연구

50 조사 연구의 수행 과정에서 첫 번째 단계는?

① 실제 자료 조사 및 자료 수집 ② 질문지 작성
③ 목적에 따른 연구 계획 및 연구 설계 ④ 연구 보고서 작성

해설 조사 연구의 수행 과정 : 목적에 따른 연구 계획 및 연구 설계 → 표집 → 질문지 작성 → 실제 자료 조사 및 자료 수집 → 회수된 자료 분석 → 연구 보고서 작성의 순서이다.

정답 43.❸ 44.❷ 45.❶ 46.❸ 47.❹ 48.❶ 49.❷ 50.❸

51 조사 연구 과정이 바르게 나열된 것은?

① 질문지 작성 — 자료 조사 및 수집 — 표집 — 자료 분석 — 연구 계획 — 연구 보고서 작성
② 연구 보고서 작성 — 질문지 작성 — 자료 조사 및 수집 — 표집 — 자료 분석 — 연구 계획
③ 표집 — 질문지 작성 — 자료 분석 — 연구 계획 — 자료 조사 및 수집 — 연구 보고서 작성
④ 연구 계획 — 표집 — 질문지 작성 — 자료 조사 및 수집 — 자료 분석 — 연구 보고서 작성

해설 문제 50번 해설 참조

52 현지 연구법의 장점으로 옳지 않은 것은?

① 대규모 조사 연구나 복잡한 실험 연구에 비해 비용이 덜 든다.
② 방법론적으로 유연성·신축성·개방성을 갖는다.
③ 인간 행위를 심층적으로 이해할 수 있다.
④ 가설 형성과 이론 생성을 위한 탐색적 연구의 성격이 강하다.

해설 ④는 현지 연구법의 단점이다.

53 현지 연구법의 장점으로 옳지 않은 것은?

① 연구법상의 수정과 개선이 가능하다.
② 심층 연구·과정 연구가 가능하며 정확성이 높다.
③ 방법론적으로 유연성·개방성·신축성을 갖는다.
④ 일반적으로 대규모 조사 연구나 복잡한 실험 연구에 비해 비용이 덜 든다.

해설 현지 연구법은 질적 연구법이기 때문에 심층 연구·과정 연구가 가능한 대신 정확성에 문제가 있다.

54 현지 작업의 핵심이 되는 자료 수집 기법으로 주종을 이루는 것은?

① 생활사 연구법   ② 참여 관찰   ③ 심층 면접   ④ 비조직적 면접

해설 현지 작업의 핵심이 되는 자료 수집 기법: 주종을 이루는 것이 참여 관찰이고, 그 다음으로 중요한 것이 심층 면접이며, 세 번째 기법이 생활사 연구법이다.

55 조사하고자 하는 대상 전체(모집단)에서 그 일부(표본)를 추출하는 과정을 무엇이라고 하는가?

① 표본조사   ② 모집단   ③ 표집   ④ 전체 조사

해설 표집과 표본조사 : 조사하고자 하는 대상 전체(모집단)에서 그 일부(표본)를 추출하는 과정을 표집이라고 하며, 표본을 상대로 조사하는 것을 표본조사라고 한다.

56 실제 연구를 위해 표본을 추출해 내는 대상의 전수(全數)로 규정하는 집단은?

① 표집 ② 전 대상 ③ 표집 단위 ④ 모집단

해설 모집단은 실제 연구를 위해 표본을 추출해 내는 대상의 전수(全數)로 규정하는 집단이며, 현실적으로 한정시켜서 조작적 의미를 부여할 수 있는 대상의 총체이다.

57 표집의 기본 용어에 대한 풀이가 옳지 않은 것은?

① 표집 간격 — 모집단으로부터 표본을 추출할 때, 추출되는 요소와 요소 간의 간격
② 표집 단위 — 표본으로 추출할 요소들의 묶음
③ 표집률 — 모집단에서 개별 요소가 선택될 비율
④ 모수치 — 표본에서 어떤 변수가 가지고 있는 특성을 요약한 값

해설
• 모수치 : 모집단에서 어떤 변수가 가지고 있는 특성을 요약한 값을 말한다. 조사 연구의 가장 중요한 목적 중의 하나는 표본 관찰을 통해 이러한 모수들을 추정해내는 데 있다.
• 통계치 : 표본에서 어떤 변수가 가지고 있는 특성을 요약한 값이다. 이 표본의 통계치를 가지고, 실제 알지 못하는 모집단의 모수치를 추정하는 일이 표본조사와 통계적 방법의 주된 작업의 하나가 된다.

58 표집 용어 중 '모수치'에 대한 설명으로 옳은 것은?

① 모집단에서 개별 요소가 선택될 비율이다.
② 모집단으로부터 표본을 추출할 때, 추출되는 요소와 요소 간의 간격
③ 모집단에서 어떤 변수가 가지고 있는 특성을 요약한 값
④ 표본에서 어떤 변수가 가지고 있는 특성을 요약한 값

해설 문제 57번 해설 참조

59 모집단의 개별 구성 요소가 표본에 포함될 확률이 동일하다는 논리의 표집 방법은?

① 단순 무작위 표집 ② 유의 표집 ③ 할당 표집 ④ 편의 표집

해설 확률 표집의 종류

정답 51.④ 52.④ 53.② 54.② 55.③ 56.④ 57.④ 58.③ 59.①

- 단순 무작위 표집 : 확률 표집법 가운데서 가장 기본적인 유형이다. 여기에서는 각 요소가 표본으로 뽑힐 확률이 동등하다는 원칙이 중요하다. 그리고 각 요소는 직접 개별적으로 추출되는 절차를 밟는다.
- 계통 표집 : 표집률을 결정한 후, 최초의 표본만 무작위로 선택하고 그 다음부터는 일정한 표집 간격으로 추출하는 방법이다.
- 층화 표집 : 전체의 모집단에서 표본을 추출하는 것이 아니라, 모집단을 일련의 하위 집단들로 층화시킨 다음 각 하위 집단에서 적절한 수의 표본을 뽑아내는 방법이다.
- 집락 표집 : 층화 표집과는 달리 되도록이면 집락(집단)을 이질적인 요소로 구성시키고자 한다.
- 가중 표집 : 확률 표집의 논리를 따르면서도 필요에 따라 표집률을 달리하여 표본을 추출하는 방법이다.

60 표집 방법에는 확률 표집과 비확률 표집이 있다. 다음 중 확률 표집에 해당되지 않는 것은?

① 층화 표집 ② 단순 무작위 표집
③ 할당 표집 ④ 계통 표집

해설 표집 방법
- 확률 표집법 : 단순 무작위 표집, 계통 표집, 층화 표집, 집락 표집, 가중 표집
- 비확률 표집법 : 편의 표집, 유의 표집, 할당 표집

61 확률 표집에 해당하는 것은?

① 할당 표집 ② 유의 표집
③ 편의 표집 ④ 단순 무작위 표집

해설 문제 60번 해설 참조

62 비확률표집이 가지는 장점으로 옳은 것은?

① 방법이 간편하고 경제적이다.
② 이론적으로 가장 이상적인 표집 방법이다.
③ 통계적 검증의 근거로 삼을 수 있다.
④ 모집단의 개별 구성 요소가 표본에 포함될 확률이 동일하다.

해설 비확률 표집은 확률 표집에 비해 훨씬 간편하고 경제적이라는 장점을 가지지만 이를 통계적 검증의 근거로 삼기는 어렵다.

63 모집단이 갖는 특성의 비율에 맞추어 표본을 추출하는 방법은?

① 유의 표집 ② 편의 표집
③ 할당 표집 ④ 집락 표집

해설 비확률 표집법
- 편의 표집 : 손쉽게 접할 수 있는 대상만을 선택하는 방법이다.
- 할당 표집 : 모집단이 갖는 특성의 비율에 맞추어 표본을 추출하는 방법이다.
- 유의 표집 : 때로 판단 표집(judgement sampling)이라고도 부르는데, 모집단에 대한 연구자의 사전 지식을 바탕으로 하여 표집하는 것이다.

64 모집단에 대한 연구자의 사전 지식을 바탕으로 하여 표집하는 것은?
① 편의 표집 ② 할당 표집
③ 유의 표집 ④ 계통 표집

해설 문제 63번 해설 참조

65 표본추출의 기준끼리 나열된 것은?
① 표본의 일반성, 표본의 경제성 ② 표본의 대표성, 표본의 적절성
③ 표본의 일반성, 표본의 대표성 ④ 표본의 적절성, 표본의 경제성

해설 표본추출의 기준
- 표본의 적절성 : 이는 표본의 크기 문제이다.
- 표본의 대표성 : 이질적 요소들로 구성되어 있는 모집단에서 어떻게 하면 이들 특성을 고루 대표하는 적절한 모집단의 단면을 표본으로 얻을 수 있느냐 하는 문제이다.

66 표본추출의 절차가 바르게 나열된 것은?
① 표집 단위의 선택 → 원부의 확보 → 모집단의 규정 → 표본의 수정
② 표본의 수정 → 모집단의 규정 → 원부의 확보 → 표집 단위의 선택
③ 원부의 확보 → 표본의 수정 → 모집단의 규정 → 표집 단위의 선택
④ 모집단의 규정 → 표집 단위의 선택 → 원부의 확보 → 표본의 수정

해설 표본추출의 절차 : 모집단의 규정 → 표집 단위의 선택 → 원부의 확보 → 표본추출의 형태 결정 → 표본의 크기 결정 → 표본추출 절차의 결정 → 표본의 중요 사항 기재 → 표본의 수정 → 자료의 분석·해석의 순서이다.

67 스티븐스가 제시한 네 가지 척도의 순위가 바르게 나열된 것은?
① 등간 척도 < 명목 척도 < 서열 척도 < 비율 척도
② 비율 척도 < 서열 척도 < 등간 척도 < 명목 척도

정답 60.❸ 61.❹ 62.❶ 63.❸ 64.❸ 65.❷ 66.❹ 67.❸

③ 명목 척도 < 서열 척도 < 등간 척도 < 비율 척도
④ 서열 척도 < 등간 척도 < 명목 척도 < 비율 척도

해설 스티븐스(S.S. Stevens)가 제시한 네 가지 척도 : 명목 척도, 서열 척도, 등간 척도, 그리고 비율 척도로서, 제공하는 정보의 수준과 자료 분석에 이용할 수 있는 통계적 방법의 수준에 따라 순위가 정해진다. 즉 명목 척도 < 서열 척도 < 등간 척도 < 비율 척도의 순으로 점차 더욱 많은 정보를 제공해 주며, 활용할 수 있는 통계적 기법도 다양해졌다.

68 점차 더 많은 정보를 제공해 주는 순서대로 척도의 종류를 나열한 것은?

① 등간 척도 < 서열 척도 < 비율 척도 < 명목 척도
② 명목 척도 < 서열 척도 < 등간 척도 < 비율 척도
③ 비율 척도 < 서열 척도 < 등간 척도 < 명목 척도
④ 명목 척도 < 등간 척도 < 서열 척도 < 비율 척도

해설 문제 67번 해설 참조

69 대상을 서열화할 수도 있고 대상들 간의 거리를 표준화된 척도로 표시할 수 있는 방법은?

① 명목 척도　　　② 서열 척도　　　③ 등간 척도　　　④ 비율 척도

해설 척도의 종류
- 명목 척도 : 어떤 사물, 인물, 또는 속성을 단지 분류하기 위해서 수치를 부여하는 것을 말한다. 즉, 여러 가지 사물이 속하는 집단들을 서로 식별하기 위해서 편의상 어떤 수치를 매기는 것이다.
- 서열 척도 : 사물을 비교하기 위하여 그 사물들의 어떤 속성의 다과 또는 대소의 순서에 따라 수치를 부여하는 방법을 말한다.
- 등간 척도 : 서열 척도에서와 같이 각 수치들 사이에 질적인 서열이 유지되는 동시에 수치들 사이의 간격이 양적으로 똑같은 척도를 말한다.
- 비율 척도 : 등간 척도와 다른 모든 특성에서 동일하나 '0'이 자의적으로 부여한 값이 아닌 절대적 의미를 갖게 된다는 점에서 등간 척도와 구분된다. 즉, 절대 영점(絶對零點)을 갖고 있는 척도를 말한다.

70 등간 척도의 예로 알맞은 것은?

① 학력을 초졸·중졸·고졸·대졸로 나누어 1·2·3·4 수치를 부여
② 섭씨온도 5℃ 또는 10℃
③ 운동선수의 등 번호, 주민등록번호
④ 20g의 2배는 40g

해설 등간 척도 : 대상을 서열화하고 대상들 간의 거리를 표준화된 척도로 표시한다.

71 바람직한 자료를 얻기 위한 기준에 해당되는 것은?

① 타당성, 융통성
② 통제성, 실험성
③ 신뢰성, 타당성
④ 대표성, 실험성

해설 바람직한 자료를 얻기 위한 기준 : 신뢰성 및 타당성을 들 수 있다.

72 연구에 있어 '타당성이 높다'는 말의 의미는?

① 그 연구를 여러 번 반복하였을 때 연구 결과의 일관성이 유지된다.
② 연구의 안정성이 높다.
③ 그 연구가 달성하고자 하는 목표를 정확하게 탐구하고 있다.
④ 연구의 신뢰성이 높다.

해설 타당성은 측정하려는 것을 제대로 측정하고 있느냐의 동일성 확인에 관한 것이다. 즉, 그 연구가 달성하고자 하는 목표를 정확하게 탐구하고 있음을 뜻한다.

정답 68.❷ 69.❸ 70.❷ 71.❸ 72.❸

MEMO

06 가정학의 연구 대상

 단원개요

많은 가정학자들이 가정학의 학문적 독립성을 추구하기 위한 노력의 일환으로 가정학의 대상에 대해 다양한 견해를 나타내고 있는데, 이 단원에서는 가정학의 대상에 대한 여러 견해를 '가정생활 및 이에 유사한 생활', '가정', '가정생활'의 세 가지로 정리하고 각 견해의 장단점에 대해 설명하고자 한다. 다음으로 가정학의 연구 대상으로 채택한 가정생활에 대해 그 선정 이유를 알아보고 또한 가정학을 체계적인 학문으로 발전시키기 위해 가정생활에 대해 어떠한 시각을 갖는 것이 바람직한가에 대해 논의하고자 한다.

 출제경향 및 수험대책

이 단원에서는 기초적 용어의 개념(집, 가족, 가정, 생활), 가정을 규정하는 요소, 가정학의 연구 대상에 관한 여러 견해, 가정학의 대상으로서의 가정생활, 가정생활의 성질과 특질, 가정학의 5가지 연구 목표의 연구 문제 영역 등에 대해서 묻는 문제들이 출제될 수 있는 바, 자세하고 철저한 학습이 요구된다.

6

01 과학과 그 연구 대상

1 과학의 정의

과학은 보편적인 진리나 법칙의 발견을 목적으로 한 체계적인 지식으로, 보통 대상의 학(學)이라고 정의된다. 경험이나 직접적인 체험을 통해 특수한 대상과 그에 대응하는 방법을 체득하고 그에 의해서 이 특수한 영역에 있어서의 법칙 내지 원리, 다시 말해서 객관적이고 보편적인 것을 발견하여 객관적 대상에 관한 인식을 체계화한 것이 과학이기 때문이다.

2 가정학의 연구 대상의 필요성

① 과학은 특정한 대상이 있어야만 특정의 독자적인 과학으로서의 존재 이유를 갖는다.
② 가정학이 독자적인 과학임을 주장하기 위해서는 독자의 대상을 갖는 것이 우선적으로 요구된다. 응용과학이라는 것을 구실로 해서 다른 과학의 연구 성과를 받아들이는 것만으로 만족한다면 '잡학' 또는 '가정학에는 범위는 있으나 대상은 없다'라는 비판을 면할 길이 없다.
③ 가정학의 연구 대상을 분명히 하기 위해서는 가정학의 대상에 대한 제반 견해를 정리해야 한다.

> **추가 설명**
> **과학의 정의**
> 보통 대상(對象)의 학(學)이라고도 하며, 객관적 대상에 관한 인식을 체계화한 것이다.

02 가정학의 연구 대상에 대한 여러 견해

1 기초적 용어의 개념

(1) 집[家]

① 건물로서의 '집' : 집을 짓는다든가 집이 넓다든가 하는 경우의 집을 뜻한다.
② 친족의 공동생활로서의 '집' : 우리 집은 모두 외출한다든가 우리 집은 그러한 일은 하지 않는다든가 하는 경우의 집으로서 이는 가족의 의미에 가깝다.
③ 관념상 계보로서의 '집' : 이는 「민법」에 규정된 동일 호적에 기재된 친족의 집단임과 동시에 선조로부터 자기의 대(代)를 거쳐 자손으로 영원하게 지속되는 혈연 공동체를 가리킨다.

(2) 가족(家族)

① 구성 면에서의 가족
  ㉠ 「민법」에서 규정된 가족 : 우리나라 「민법」 779조를 보면 가족의 범위를 "배우자·직계혈족 및 형제자매, 직계혈족의 배우자·배우자의 직계혈족 및 배우자의

> **추가 설명**
> **가정학의 발전을 위한 시도**
> 가정학의 발전을 위해서는 가정을 궁극적인 개념으로 독자적인 체계화를 시도해야 한다.

형제자매(생계를 같이 하는 경우에 한한다.)"로 규정하고 있다.
ⓒ 사회학적으로 규정되는 가족 : 가족이란 결혼, 혈연, 양자 결연 등에 의해 관계가 맺어진 혈연 집단이다. 우리의 가족은 4인이라든가, 복합가족, 핵가족, 결손가족 등이라고 말하는 경우의 가족이 이에 해당된다.

② 기능 면에서의 가족
㉠ 동일 가족이라는 의식을 갖는다.
ⓒ 동일한 주거에서 거주한다.
ⓒ 생계를 함께 한다.
㉣ 생식, 교육 문화 전승 등의 기능을 갖는다.

③ 구성과 기능의 양면에서의 가족
㉠ 동일 가족 의식을 갖는다.
ⓒ 생계와 생식·교육·문화 전승 등의 기능을 갖는다.
ⓒ 혈연적 집단이다.

(3) 가정(家庭)

① 가정의 의미
㉠ 가족이 있는 장소 : 가족이 주거하는 장(場)을 의미한다.
ⓒ 주인을 중심으로 친자(親子), 부부 등이 생활을 함께 하는 최소의 사회집단 : 가족 집단 내지 가정생활을 의미한다.

② 학술 용어로서의 가정 : 가정이란 단어를 학술 용어로 사용하는 경우에는 의미 내용을 한정해서 사용하는 것이 중요하다. 왜냐하면 가정은 집[家]·가족(家族) 그리고 가정생활을 포함하는 것으로 규정될 수 있기 때문이다.

(4) 생활(生活)

① 광의와 협의로서의 생활
㉠ 광의 : 인간의 생활이라 하는 경우에는 물론 여러 종류의 생활을 포함한 광의의 생활을 지칭한다.
ⓒ 협의 : '생활이 어려워졌다'든가 생활비 등이라고 하는 경우의 생활은 가정에서 '살아가는 것', 즉 가정생활을 뜻하며 따라서 협의의 생활을 의미한다.

② 학술 용어로서의 생활
㉠ 일반적으로 광의의 생활이 다루어지는데 여러 견지에서 규정되고 분류된다. 특히 가정학의 대상과 관련되어서 생활은 생존과 구별되고 또한 내용 내지 성격, 기능 등의 면에서 분류되어 각기 의미가 부여된다.
ⓒ 생존과 생활의 개념 : 생존이란 생명의 유지 및 계속의 기능이 영위되는 것을 의미하고, 생활이란 주체성을 가지고 생명의 유지 및 계속의 기능을 영위하는 것을

추가 설명
가정의 개념
- 가족이 있는 장소
- 가족원이 생활을 함께 하는 최소의 사회집단
- 결혼, 자녀, 가정생활, 집[家]의 네 요소로 구성

추가 설명
고이케(小池行松)가 정의한 가정의 구성 요소
가정을 혈연 사회의 근원 단위로 규정하면서 그 구성 요소로 결혼, 자녀, 가정생활, 집[家]을 들고 있다.

의미한다.

ⓒ **내용의 측면에서의 생활(고이케, 小池行松)** : 지식의 진보와 가치의 분화가 나타남에 따라 생활의 분화 작용이 일어나게 되어 전체적 생활과 부분적 생활이 분리되었다고 보고, 전체적 생활은 가정생활과 국민생활, 부분적 생활은 경제생활·예술생활·정치생활·학교생활 등이라고 하였다. 즉, 가정생활 내에는 경제생활·종교생활·예술생활 등 모든 부분 생활이 포괄된다고 보았다.

ⓔ **구조적인 측면에서의 생활(다나카, 田中義英)**
- 사회생활 : 개인을 단위로 한 개방체계로서, 구성원으로서의 개인이 사회계약에 의해 질서 지어지고 권리와 의무의 관계로 연결되어 있다.(게젤샤프트, Gesellshaft)
- 가정생활 : 가족을 단위로 한 봉쇄체계로서, 자연적이고 생물학적인 성질을 갖는 가족이 혈연관계로 연결되어 독립된 단위 생활 집단을 형성하고 상호의 분업 기능을 서로 나누는 생활 공동체를 유지하고 있다.(게마인샤프트, Gemeinshaft)

ⓜ **기능적인 측면에서의 생활(산도우, 三東純子)**
- 개인생활 : 개인생활은 사색이나 휴식, 독서 등과 같이 기록이나 타인과의 직접적인 접촉을 하지 않고 자기 자신과의 관계로만 유지되는 생활이다. 이는 자신과의 엄격한 대결이기도 하며 정신적인 위안과 향상 및 육체적인 휴양이기도 하다.
- 가족생활 : 가족생활이란 물리적·의식적으로 가족과 함께 하는 생활로, 가족은 애정으로 결합되므로 가족생활 속에서 긴장을 풀고 심신을 안정시킨다.
- 사회생활 : 사회생활은 타인과의 접촉이 많고 이해관계가 개입되므로 긴장과 정신적 피로의 원인이 되는 경우가 많다.

> **추가 설명**
> 내용·구조·기능 면에서의 생활
> - 내용의 측면에서의 생활(고이케) : **전체적 생활과 부분적 생활**
> - 구조적인 측면에서의 생활(다나카) : **사회생활, 가정생활**
> - 기능적인 측면에서의 생활(산도우) : **개인생활, 가족생활, 사회생활**

2 가정학의 연구 대상에 대한 여러 견해

현재까지의 가정학의 연구 대상에 대한 여러 견해를 정리해 보면 가정생활 및 이에 유사한 생활, 가정생활, 가정의 세 가지로 대별할 수 있다.

(1) '가정생활 및 이에 유사한 생활'을 대상으로 보는 견해

① 고등교육 또는 직업교육으로서 가정생활 및 이에 유사한 집단생활 등에서 필요한 식품, 의복, 주거, 육아, 가정관리, 가정경제 등의 과목이 학습되어 왔다는 역사적 사실과 이러한 여러 분야를 포괄하는 학문으로 가정이 가르쳐져 왔다는 사실에 토대를 두어 형성된 것이다.

② 가족에 유사한 집단의 생활을 가정학의 응용으로 다루기보다 가정학의 대상으로 통합한 것은 가족이란 사회에 고립해서 존재하는 것이 아니고 여러 시설이나 기관과 유기적인 관련을 갖고 있다는 발상과 더불어 가정학 전공자의 직장 개발이라는 교육상의 배려에 연유한 것이다.

③ 가정생활에 유사한 생활이란 원래 가정에서 이루어지고 있던 의·식·주, 육아, 간

호 등의 일부 또는 전부가 가정 밖에서 행해지게 된 경우의 생활을 말한다.
④ 가정학의 연구 대상을 '가정생활 및 이에 유사한 생활'로 규정할 때의 장단점
  ㉠ 장점 : 가정학 전공자의 직업 개발에 유리하다.
  ㉡ 단점 : 사실 인식에 치우친 나머지 가치 인식(추상적 사실의 인식)이 결여되어 있으며, 가정학의 대상이 확대되어 독자성이 애매해질 우려가 있다.

(2) '가정(家政)'을 대상으로 보는 견해
① 가정(家庭)을 경영으로 보는 견해 : 인간의 욕구 충족의 장과 작용의 통일이 경영인데, 가정도 인간의 욕구 충족의 장과 작용의 통일이기 때문에 경영이라고 본다. 즉, 가정은 가족, 개인 등의 생활 구성체, 즉 경영체와 이것이 영위하는 합목적적인 활동과의 통일을 의미한다.
  ㉠ 가정이 경영이고 의도적·동태적이다.
  ㉡ 가정은 가치 실현을 위한 활동이며 동태적, 조직적인 것을 특질로 한다.
  ㉢ 가정은 근원 경영(根源經營)인 반면 기업은 파생적 경영(派生的 經營)이다.
② 가정 시스템 : 가정에 대해 목적 실현을 위한 하나의 시스템을 구성하고 있다는 견해가 보편적이다.
  ㉠ 시스템의 정의 : 구성 요소가 목적 실현을 위해서 긴밀한 상호작용에 의해 관련을 맺고 있는 집합체이다.
  ㉡ 가정 시스템의 구조
    • 가족 하위 시스템 : 개인적인 지식, 능력, 건강, 가치, 신념 등과 가족원 간의 협조성, 구속성, 친밀감, 가족 관계
    • 관리 하위 시스템 : 목표 설정, 의사 결정, 계획 입안과 수행
    • 가정환경 : 가정생활에 필요한 자원
  ㉢ 가정 시스템의 기능 : 가정 시스템의 기능은 사람과 물질, 사람과 사람 간의 상호 작용이며 부분과 부분 또는 부분과 전체 간의 상호작용의 관계이다. 또한 이 관계에 의해 전체로서의 균형을 유지하면서 진화해 가는 생활을 조직하고 체계화하는 것이다.
③ 가정학의 연구 대상을 '가정'으로 할 때의 장단점
  ㉠ 장점 : 가정학의 독자성이 분명해진다.
  ㉡ 단점 : 가정학의 분과인 가정 경영이 중심이 되어 가정생활이라는 영역을 연구하는 여러 과학이 경시되거나 무시됨으로써 가정학의 범위가 축소된다.

(3) '가정생활'을 대상으로 보는 견해
① 가정생활의 뜻 : 가정생활이라는 단어의 의미 내용은 여러 가지이다. 가정생활은 다면적(多面的)이고 다양하기 때문에 그 전체를 명확하게 말로 나타내기가 곤란하다.
  ㉠ "가정생활이 즐거워졌다."라고 하는 경우의 가정생활은 주로 가족 관계를 가리

> **추가 설명**
> 가정학의 대상을 '가정(家政)'으로 보는 견해
> 가정생활의 목적 실현을 위한 가치 추구에 초점을 둠으로써 가치 인식을 중시하나 한편으로 그렇기 때문에 대상이 좁아지게 된다. 따라서 '가정(家政)'은 가정학의 한 분과인 가정경영학의 대상으로는 타당할 수 있으나 현재 가정학을 구성하는 여러 분야를 감싸지는 못한다.

> **추가 설명**
> 니클니슈(H. Nichlisch)
> 독일의 경제학자로, 가정을 근원 경영으로 보고, 인간 공동체가 구성되는 경우 그것이 기업이든 가정이든 언제나 경영이 존재한다고 보았다.

킨다.
ⓒ "가정생활이 편해졌다."고 할 때의 가정생활은 가정의 경제적인 면을 의미한다.
ⓒ "저 아이의 가정생활은 좋지 않다."고 하는 경우는 경제적인 면과 함께 부모의 예의범절과 교육을 가리킨다.
ⓔ "가정생활이 향상했다."고 하는 경우에는 생활수준을 의미한다.

② 가정생활의 구조
㉠ 수직 관계와 수평 관계로 보는 견해
- 수직 관계로 보는 견해 : 인간의 생활이란 물질적 생존에서 사회적 생존으로, 또한 정신적 가치를 추구하는 생활로 중층적 구조를 가지고 있다는 사실에 그 근거를 두고 있다. 가정생활은 '물질 – 생명 – 생존 – 생활'의 중층 구조를 갖는다고 보거나, 자연적·물질적인 하부구조와 사회적·문화적인 상부구조로 구성되어 있다고 본다.
- 수평 관계로 보는 견해 : 가족의 의도적·동태적·종합적인 생활의 영위를 수행하는 가정생활의 기능에 주목하여 이 기능을 갖는 구성 요소를 생활 주체(가족), 생활 객체(물질, 환경), 생활 매체(기술, 금전, 시간)의 세 가지로 본다.
- 수직의 관계나 수평의 관계로 파악하는 견해의 문제점 : 수직 관계와 수평 관계로 가정생활을 파악하는 것은 가정생활을 이해하는 데 도움을 주지만 가정생활의 다원적(多元的)인 특성을 고려할 경우 가정생활의 일면만을 파악하는 데 그칠 우려가 있다.

추가 설명

가정학의 연구 대상으로서의 일반적인 견해
일상적인 가정생활이라는 것이 오늘날 일반적인 통설로 되어 있으며, 이러한 견해가 많은 가정학자들에 의해 지지되고 있다.

| 표 6-1 | 가정생활의 구성 요소(수평 관계로 보는 견해)

구성 요소	가정생활을 넓게 보는 견해	가정생활을 좁게 보는 견해
생활 주체	가정생활을 구성하는 사람들 = 가족	가정 담당자(가정생활을 운영·관리하는 가족원)
생활 객체	가정생활에 필요한 물자·시설·환경 등	가정 담당자로부터 보호를 받는 사람(유아·아동·노인·환자 등의 가족원)
생활 매체	가정생활에 공헌하는 과학적 지식·능력·기술·노동력·금전·생활시간 등	가정생활에 필요한 물자·시설·환경 등

㉡ 시스템적인 관계로 보는 견해 : 이는 수직 관계와 수평 관계를 통합하는 시각으로서 가정생활은 가족 상호 간, 가족원과 물질 간, 가족의 생존과 생활 간 그리고 또한 이들과 생활 전체와의 상호작용의 관계를 시스템적으로 파악하는 것이다.

③ 가정생활을 중층적·입체적 관계로 파악한 히라다(平田昌)의 견해
㉠ '인(人)' = 생물학적 조건을 내포한 문화적·사회적 존재
㉡ '인(人)'을 내포하는 집단 = '가족 집단'
㉢ '가족 집단'을 단위로 하는 생활 조직체 = '가정'

ⓔ '가정생활조직체'로서의 활동상황 = '가정생활'
④ 가정생활의 기능
  ㉠ 사회변동에 따른 가정생활의 기능이 변화되어 점차로 사회에 이양되고 있으나 애정, 생식, 보육 등의 기능은 그대로 유지되며 성인의 정서 안정 기능 등은 더욱 중요시되고 있듯이 가정생활의 기능이 축소된 것을 의미하지는 않는다.
  ㉡ 파슨스(T. Parsons)가 말한 가정생활의 본질적 기능 : 자녀의 사회화 기능과 성인의 정서 안정 기능을 이야기했는데, 이 정서적·심리적 욕구 충족과 장(場)으로서의 가정생활의 기능은 오늘날 그 중요성이 더욱 증대되고 있다.
  ㉢ 현대 가정생활의 기능 : 성적 안정의 기능, 자녀의 출산·양육·교육의 기능, 생활을 구축하고 지켜 나가는 기능, 정신적·신체적인 피로 회복의 기능, 물질적 안정과 사회에의 공헌 기능
⑤ 가정생활의 성질
  ㉠ 가정생활의 성질로는 일상성, 계획성, 연대성, 적응성, 균형성, 통일성의 6가지를 들 수 있는데, 이 중 균형성과 통일성이 가정생활을 대상으로 하는 가정학의 체계를 구성하는 데 있어서 중요한 성질이라고 볼 수 있다.
  ㉡ 히라다가 제시한 가정생활의 독자적 성격
    • 대면성 : 가족원은 상호 숨기는 것 없이 전인격적으로 접촉한다.
    • 자아 개방 : 가정에서는 다른 사람을 의식하지 않고 자기 마음대로 하기 쉽다.
    • 봉쇄성 : 가정의 일을 다른 사람에게 보여주지 않도록 한다.
    • 공산성(共産性) : 가족은 가재나 가구 등 재산을 원칙적으로 공유한다.
  ㉢ 가고야마가 제시한 가정생활의 독자적 성격(특질)
    • 내적 안정성 : 격심한 사회의 변동에 대해 가족은 서로 힘을 합쳐 가정 내부의 평정을 유지하고자 노력한다.
    • 경제적 보장성 : 가족원의 수입은 공유되고 가족 상호 간에 정산하는 일 없이 전체로서 수지의 균형이 이루어진다.
    • 보호성 : 노인과 유아 또는 병자를 가족원들이 상호 헌신적으로 보호한다.
    • 구속성 : 가족원들은 상호 끊기 어려운 정이나 인연에 강하게 결합되어 있다. 이러한 구속성 때문에 가족원이 대의명분을 위해 자기 희생적인 행동을 하는 데 제약을 받는 경우가 가끔 있다.

03 가정학의 대상과 가정생활

가정학의 연구 대상은 일상적인 '가정생활'이라는 것이 통설인데, 이는 가정학의 여러 분야를 포괄하며, 환경과의 상호작용에 관련해서도 그 기점을 이루며, 행복을 추구하

추가 설명
파슨스의 가정생활의 본질적 기능
• 자녀의 사회화 기능
• 성인의 정서 안정 기능

추가 설명
가정생활의 성질
일상성, 계획성, 연대성, 적응성, 균형성, 통일성

추가 설명
가정생활의 독자적 성격
• 히라다가 제시한 가정생활의 독자적인 성격 : 대면성, 자아 개방, 봉쇄성 및 공산성 등을 제시했다.
• 가고야마가 제시한 가정생활의 독자적 성격 : 내적 안정성, 경제적 보장성, 보호성, 구속성 등을 제시했다.

는 인간이 주체가 된다는 점에서 고도의 철학적 가치를 기본 전제로 한다.

1 가정학의 대상으로서의 생활 시스템

가정생활은 복잡한 다차원적 요소로 생활 시스템을 구성하고 있는 균형 체계로서 자연 환경과 사회 환경에 둘러싸인 생태계의 일환으로, 가정생활과 환경과의 관계를 중시하는 인간생태학적 관점에서 입체적·종합적으로 이해해야 한다.

① 생활 시스템의 내용
  ㉠ 미야가와 등은 가정학의 대상을 가정(家政)을 중핵으로 하는 생활 시스템으로 설정함으로써 차원이 다른 가정생활과 가정(家政)을 시스템 이론에 적용하여 통합하고자 하였다.
  ㉡ 시스템 이론에 의하면 가정생활과 그에 관련된 환경은 하나의 생활 시스템을 구성한다. 이 경우 환경에는 물론 가정생활에 준하는 생활, 유사한 생활, 긴밀한 관계에 있는 사회적 사상(事象) 등이 포함된다.
  ㉢ 생활 시스템이라고 해서 인간의 생활 전반을 말하는 것이 아니고 가정생활을 중심으로 하는 것이다.
  ㉣ 생활 시스템은 가정생활의 여러 목적 실현을 목표로 하는 가정(家政)을 중핵으로 하고 생활 자료 등으로 구성되는 가정환경을 포함하며 그 외부에 환경이 존재한다.

② 생활 시스템의 구성 요소
  ㉠ 가정(家政)
    - 가족의 개인적인 요소(예 지식·기능·건강·신념 등)와 상호 관계 등의 가족 하위 시스템
    - 가정 담당자의 경영 기능(예 의사 결정·목표 설정·계획 입안·실천 등)을 중심으로 하는 관리 하위 시스템
  ㉡ 가정환경 · 가정생활에 필요한 자원
  ㉢ 환경 : 가정생활에 긴밀한 관계에 있는 사회적, 자연적 여러 사상(事象)

③ 생활 시스템의 전개
  ㉠ 생활 시스템은 생활 목적의 실현이라는 목표를 위해 가치를 추구하는 가정(家政)을 중핵으로 해서 기능을 전개하며, 이 기능의 전개는 가족 하위 시스템과 관리 하위 시스템 간에 또 가정(家政) 시스템과 가정생활 및 환경 간에 이루어진다.
  ㉡ 인간과 물질, 인간과 인간이 상호작용하고 관계를 맺으면서 전체에 연결되고, 전체로서 조화가 이루어진 통일적인 활동이 되는 것이다.

2 미국가정대학학장협의회가 제시한 5가지 연구 목표

미국에서는 1970년대 들어와서 가정학은 인간과 물질의 학문으로 보았던 가정학 발달 초기의 인간생태학적인 관점이 다시금 주목을 받으면서, 인간과 그 일상생활 환경과의 상호 작용에 대한 연구에 초점을 두고 있다. 이러한 학문적 맥락에서 미국가정대학

> **추가 설명**
> 가정학에서 생활 문제를 다룰 때 바람직한 태도
> 가족의 생활을 생태학적 관점에서 종합적으로 이해하여야 한다.

학장협의회(AAHE)는 1970년 생태계 모형을 기본으로 하여 가정학의 5가지 연구 목표를 설정하고 각 연구 목표별로 연구 문제 영역과 특정 연구 내용을 제시하였다.

① 목표 Ⅰ
  ㉠ 연구 목표 : 인간의 심리적·사회적 발달에 기여하는 조건을 향상시킨다.
  ㉡ 연구 문제 영역 : 사회적·정서적 발달, 인지적 발달, 가족 구조와 기능, 역할과 역할 행동, 가족계획, 사회적·기술적 변화, 부모와 자녀의 관계 등이 있다.

② 목표 Ⅱ
  ㉠ 연구 목표 : 인간의 생리적 건강과 발달에 기여하는 조건을 향상시킨다.
  ㉡ 연구 문제 영역 : 필수영양소와 물질대사, 영양 상태, 식품의 패턴, 건강과 관련된 변인들, 식품 서비스 제도 등을 들 수 있다.

③ 목표 Ⅲ
  ㉠ 연구 목표 : 인간의 근접 환경을 이루는 물리적 구성 요소를 향상시킨다.
  ㉡ 연구 문제 영역 : 주거와 환경, 직물과 그 제품 의복 등이 있다.

④ 목표 Ⅳ
  ㉠ 연구 목표 : 소비자의 능력과 가족 자원 사용을 향상시킨다.
  ㉡ 연구 문제 영역 : 소비자 서비스의 필요성, 소비자 의사결정과 행동, 소비자와 마케팅시스템, 가치와 행동, 생활수준, 관리와 의사 결정 과정의 상황, 자원의 개발과 분배 및 이용 등이 있다.

⑤ 목표 Ⅴ
  ㉠ 연구 목표 : 가정생활을 풍부하게 하는 지역사회 서비스의 질과 이용 가능성을 향상시킨다.
  ㉡ 연구 문제 영역 : 지역사회 프로그램의 필요성, 건강·안전 및 휴양 관련 프로그램, 주거 프로그램, 지속적인 교육 프로그램 등이 있다.

3 가정생활을 가정학의 대상으로 보는 경우 바람직한 관점

① 가정생활의 주체자는 생명체로서의 인간, 즉 신체적·정신적 능력을 가진 인간임을 기본 전제로 하지 않으면 안 된다.
② 가정생활은 중층적·입체적인 구성체를 이룬다.
③ 가정생활은 그 구성 요소들이 상호작용을 하면서 목적을 실현해 가는 통일된 조직체, 즉 시스템을 구성한다.

추가 설명

미국가정대학학장협의회(AAHE)
생태계 모형을 기본으로 하여 가정학의 5가지 연구 목표를 설정하고 각각 연구 문제 영역과 특정 연구 내용을 제시한 단체이다.

추가 설명

미국가정대학학장협의회가 제시한 5가지 연구 목표
- 목표 Ⅰ : 인간의 심리적, 사회적 발달에 기여하는 조건을 향상시킨다.
- 목표 Ⅱ : 인간의 생리적 건강과 발달에 기여하는 조건을 향상시킨다.
- 목표 Ⅲ : 인간의 근접 환경을 이루는 구성 요소를 향상시킨다.
- 목표 Ⅳ : 소비자의 능력과 가족 자원 사용을 향상시킨다.
- 목표 Ⅴ : 가정생활을 풍부하게 하는 지역사회 서비스의 질과 이용 가능성을 향상시킨다.

실전예상문제

1 '집(家)'의 의미에 해당되지 않는 것은?

① 관념상 계보   ② 친족의 공동생활   ③ 건물   ④ 자녀

> **해설** 집(家)의 의미
> • 건물로서의 집
> • 친족의 공동생활로서의 집
> • 관념상 계보로서의 집

2 기능 면에서의 '가족'에 대한 설명으로 옳지 않은 것은?

① 혈연 집단이다.   ② 문화를 전승한다.
③ 생식의 욕구를 충족시킨다.   ④ 생계를 함께 한다.

> **해설** 기능 면에서의 가족 : 동일 가족이라는 의식을 갖고, 동일한 주거에서 거주하며, 생계를 함께 하고, 생식, 교육, 문화 전승 등의 기능을 갖는다.

3 가족의 요건으로 옳지 않은 것은?

① 동일 가족이라는 의식   ② 생계를 함께 하는 사람
③ 생식, 교육, 문화 전승의 기능을 갖는 집단   ④ 삶의 목표가 같은 집단

> **해설** 문제 2번 해설 참조

4 구성과 기능의 양면에서 가족을 정의한 내용으로 옳지 않은 것은?

① 혈연적 집단   ② 동일한 주거에서 거주
③ 동일 가족이라는 의식   ④ 생계와 생식, 문화 전승의 기능

> **해설** 구성과 기능의 양면에서의 가족 : 동일 가족이라는 의식을 갖고 혈연적 집단이며 생계와 생식·교육·문화 전승 등의 기능을 갖는다.

5 구성 면에서 가족을 정의한 내용으로 옳은 것은?

① 혈연에 의해 맺어진 집단이다.   ② 생계를 함께 한다.
③ 동일한 주거에서 거주한다.   ④ 동일 가족이라는 의식을 갖는다.

> **해설** 구성 면에서 가족이란 결혼, 혈연, 양자 결연 등에 의해 관계가 맺어지는 혈연 집단이다.

6 '가족'과 '가정'이란 용어에 대한 설명 중 가정학의 발전을 위하여 적절한 주장은?

① 둘 다 같은 의미이므로 동의어로 사용하면 된다.
② 가정을 궁극적인 개념으로 독자적인 체계화를 시도해야 한다.
③ 가족이란 용어는 인간이 살고 있는 장(場)을 포함하는 개념이므로 가족이란 용어로 통일해야 한다.
④ 가정이란 용어는 학술 용어가 아니므로 사용하지 않아야 한다.

해설 가정학의 발전을 위해서는 가정을 궁극적인 개념으로 독자적인 체계화를 시도해야 한다.

7 가정(家庭)의 개념에 대한 설명으로 옳지 않은 것은?

① 결혼, 자녀, 가정생활, 집[家]의 네 요소로 구성
② 가족원이 생활을 함께 하는 최소의 사회집단
③ 가족이 있는 장소
④ 결혼, 혈연, 양자 결연 등에 의해 관계가 맺어진 혈연 집단

해설 가정의 의미 : 가족이 있는 장소이고, 가족원이 생활을 함께 하는 최소의 사회집단인데, 결혼, 자녀, 가정생활, 집[家]의 네 요소로 구성된다.

8 고이케(小池行松)가 정의한 가정의 구성 요소로 옳은 것은?

① 자녀, 부부, 가족, 가정생활
② 결혼, 자녀, 가정생활, 집[家]
③ 결혼, 친족 집단, 가정생활, 생식 활동
④ 친족 집단, 부부, 집[家], 가족

해설 고이케(小池行松)가 정의한 가정의 구성 요소 : 가정을 혈연 사회의 근원 단위로 규정하면서 그 구성 요소로 결혼, 자녀, 가정생활, 집[家]을 들고 있다.

9 주체성을 가지고 생명의 유지 및 계속의 기능을 유지하는 활동을 무엇이라고 하는가?

① 존재 ② 생리 활동 ③ 생존 ④ 생활

해설 생존과 생활의 개념의 차이
• 생존 : 생명의 유지 및 계속의 기능이 영위되는 것을 의미
• 생활 : 주체성을 가지고 생명의 유지 및 계속의 기능을 영위하는 것을 의미

10 '생활'의 의미에 대한 설명으로 옳은 것은?

① 비자율적 생명 현상
② 주체적인 생명의 유지 및 계속

정답 1.④ 2.① 3.④ 4.② 5.① 6.② 7.④ 8.② 9.④ 10.②

③ 생명의 계속 기능 ④ 생명의 유지 활동

해설 생존이란 생명의 유지 및 계속의 기능이 영위되는 것을 의미하고, 생활이란 주체성을 가지고 생명의 유지 및 계속의 기능을 영위하는 것을 의미한다.

11 용어의 설명이 바르게 연결된 것은?
① 가족 — 가족원이 생활을 함께 하는 장소이다.
② 집 — 혼인으로 구성된 두 사람 이상의 공동체이다.
③ 생존 — 자율적 사유 활동으로서 생활 이상의 문화적 현상이다.
④ 생활 — 주체성을 가지고 생명의 유지 및 계속의 기능을 유지하는 활동이다.

해설 문제 9번 해설 참조

12 가족이란 사회에서 고립해서 존재하는 것이 아니고 여러 시설이나 기관과 유기적인 관련을 갖고 있다는 발상과 더불어 가정학 전공자의 직장 개발이라는 교육상의 배려에서 가정학의 연구 대상을 규정한 견해는?
① 가정(家政) ② 가족
③ 가정생활 ④ 가정생활 및 이에 유사한 생활

해설 가정생활 및 이에 유사한 생활 : 가족에 유사한 집단의 생활을 가정학의 응용으로 다루기보다 가정학의 대상으로 통합한 것은 가족이란 사회에 고립해서 존재하는 것이 아니고 여러 시설이나 기관과 유기적인 관련을 갖고 있다는 발상과 더불어 가정학 전공자의 직장 개발이라는 교육상의 배려에 연유한 것이다.

13 가정학의 연구 대상을 '가정생활 및 이에 유사한 생활'로 규정할 때의 장점으로 옳은 것은?
① 다른 학문과의 차별성을 부각시킬 수 있다.
② 연구 영역을 축소시킴으로써 전문성을 높일 수 있다.
③ 가정학 전공자의 직업 개발에 유리하다.
④ 가정학의 정체성을 확립할 수 있다.

해설 가정학의 연구 대상을 '가정생활 및 이에 유사한 생활'로 규정할 때의 장점 : 가정학 전공자의 직업 개발에 유리하다.

14 가정을 경영으로 보는 견해에 대한 설명으로 옳지 않은 것은?
① 가정은 파생적 경영이다.

② 가정을 의도적·동태적 행위로 파악한다.
③ 가정은 가치 실현을 위한 활동이다.
④ 가정은 경영체와 이것이 영위하는 합목적적인 활동과의 통일을 의미한다.

해설 가정은 근원 경영인 반면, 기업은 파생적 경영이다.

15 가정(家政)에 관한 니클리슈의 견해는?
① 파생적 경영이다. ② 근원 경영이다.
③ 생활이다. ④ 생존이다.

해설 니클리슈(H. Nichlisch) : 독일의 경제학자로, 가정을 근원 경영(ursprünglicher Betrieb)으로 보고, 인간 공동체가 구성되는 경우 그것이 기업이든 가정이든 언제나 경영이 존재한다고 하였다.

16 가정학의 연구 대상을 '가정(家政)'이라고 할 때의 장점으로 옳은 것은?
① 가정학의 독자성이 분명해진다.
② 여성에 대한 교육을 강화할 수 있다.
③ 전공을 다양하게 발전시킬 수 있다.
④ 가정학 전공자의 직업을 다양하게 개발할 수 있다.

해설 가정학의 연구 대상을 '가정'으로 할 때의 장단점
• 장점 : 가정학의 독자성이 분명해진다. • 단점 : 가정학의 범위가 축소된다.

17 가정학의 연구 대상을 '가정'이라고 할 경우 나타날 수 있는 문제점은?
① 가정학의 독자성이 불분명해진다. ② 직업 개발이 불가능하다.
③ 가정학의 범위가 축소된다. ④ 가족과 환경과의 상호작용이 무시된다.

해설 가정을 가정학의 대상으로 하는 경우의 문제점 : 가정학이 가정을 연구 대상으로 하는 경우에 가정 행위(家政行爲) 자체를 다루면서도 가정학의 분과인 가정 경영, 즉 협의의 가정으로 인식되어 그 대상이 축소해 버릴 우려가 있다. 특히 가정 시스템을 대상으로 할 경우 아무래도 가정 경영이 중심이 되어 가정생활이라는 영역을 연구하는 여러 과학이 경시되거나 무시됨으로써 가정학의 범위가 축소될 수 있다.

18 가정생활이라는 단어의 의미가 아닌 것은?
① 가정의 경제면 ② 가족 관계

정답 11.④ 12.④ 13.③ 14.① 15.② 16.① 17.③ 18.③

③ 주거 환경 수준 ④ 부모의 예의범절과 교육

해설 가정생활의 의미 : 가정생활이라는 단어의 의미 내용은 여러 가지이다. 가정생활은 주로 가족 관계, 가정의 경제적인 면, 부모의 예의범절과 교육, 생활수준을 의미한다.

19 가정학의 연구 대상으로서 일반적인 견해에 해당하는 것은?

① 가정 및 이와 유사한 조직 ② 가정생활 및 이와 유사한 생활
③ 가정(家政) ④ 가정생활

해설 가정학의 연구 대상으로서의 일반적인 견해 : 일상적인 가정생활이라는 것이 오늘날 일반적인 통설로 되어 있으며, 이러한 견해가 많은 가정학자들에 의해 지지되고 있다.

20 가정생활을 수직 관계로 파악하는 견해에 대한 설명으로 옳지 않은 것은?

① 가정생활은 물질-생명-생존-생활의 중층 구조를 갖는다.
② 가정생활은 자연적·물질적인 하부구조와 사회적·문화적인 상부구조로 구성되어 있다.
③ 인간의 생활이란 물질적 생존에서 사회적 생존으로 추구되어 간다.
④ 가족의 의도적·동태적·종합적인 생활의 영위를 수행하는 가정생활의 기능에 주목한다.

해설 ④는 가정생활을 수평 관계로 파악하는 견해이다.

21 수직 관계로 가정생활의 구조를 파악하는 입장에 대한 설명으로 옳은 것은?

① 가정생활은 인간과 환경과의 상호작용이다.
② 가정생활의 핵심은 가정생활 주체인 인간이다.
③ 가정생활은 의생활, 식생활, 주생활이 주축을 이룬다.
④ 가정생활은 물질-생명-생존-생활의 중층 구조를 갖는다.

해설 수직 관계로 가정생활의 구조를 파악하는 입장 : 인간의 생활이란 물질적 생존에서 사회적 생존으로, 또한 정신적 가치를 추구하는 생활로 중층적 구조를 가지고 있다는 사실에 그 근거를 두고 있다. 가정생활은 '물질-생명-생존-생활'의 중층 구조를 갖는다고 보는 견해나, 자연적·물질적인 하부구조와 사회적·문화적인 상부구조로 구성되어 있다고 보는 견해가 이에 속한다.

22 가정생활을 수평 관계로 넓게 파악하는 견해에서 생활 매체에 해당되는 것은?

① 가정생활에 필요한 물자 ② 과학적 지식, 노동력, 금전
③ 유아, 아동, 노인, 환자 등의 가족원 ④ 가정 담당자 및 주부

해설 가정생활의 구성 요소(수평 관계로 보는 견해)

구성 요소	가정생활을 넓게 보는 견해	가정생활을 좁게 보는 견해
생활 주체	가정생활을 구성하는 사람들 = 가족	가정 담당자(가정생활을 운영·관리하는 가족원)
생활 객체	가정생활에 필요한 물자·시설·환경 등	가정 담당자로부터 보호를 받는 사람(유아·아동·노인·환자 등의 가족원)
생활 매체	가정생활에 공헌하는 과학적 지식·능력·기술·노동력·금전·생활시간 등	가정생활에 필요한 물자·시설·환경 등

23 가정생활을 수직 관계와 수평 관계로 파악하는 견해의 문제점으로 옳은 것은?

① 가정생활의 다원적인 특성의 배려가 적다. ② 가정생활의 구조가 파악되기 어렵다.
③ 연구 대상의 폭이 지나치게 확대된다. ④ 가정생활을 이해하는 데 어렵다.

해설 수직 관계와 수평 관계로 가정생활을 파악하는 것은 가정생활을 이해하는 데 도움을 주지만 가정생활의 다원적(多元的)인 특성을 고려할 경우 가정생활의 일면만을 파악하는 데 그칠 우려가 있다.

24 히라다(平田昌)가 파악한 가정생활의 구조로 볼 수 없는 사항은?

① '인'(人) = 생물학적 조건을 내포한 문화적·사회적 존재
② '인'을 내포하는 집단 = 가족 집단
③ '가족 집단'을 단위로 하는 생활 조직체 = 가정
④ 가정생활의 매체 = 이익집단

해설 히라다(平田昌)는 가정생활을 중층적(中層的)·입체적인 관계로 파악하고 있다.

25 가정생활의 본질적 기능을 자녀의 사회화 기능과 성인의 정서 안정 기능으로 본 사람은?

① 퇴니스(F. Tönnies)   ② 베버(M. Weber)
③ 하버마스(J. Habermas)   ④ 파슨스(T. Parsons)

해설 파슨스(T. Parsons)가 말한 가정생활의 본질적 기능 : 자녀의 사회화 기능과 성인의 정서 안정 기능을 이야기 했는데, 이 정서적·심리적 욕구 충족과 장(場)으로서의 가정생활의 기능은 오늘날 그 중요성이 더욱 증대되고 있다.

26 현대 가정생활의 기능으로 볼 수 없는 것은?

정답 19.④ 20.④ 21.④ 22.② 23.① 24.④ 25.④ 26.②

① 자녀의 출산·양육·교육의 기능　　② 복지사업과 의료 보험화 기능
③ 생활을 구축하고 지켜 나가는 기능　　④ 정신적·신체적인 피로 회복의 기능

> **해설** 현대 가정생활의 기능으로는 ①, ③, ④ 외에 성적(性的) 안정의 기능, 물질적 안정과 사회에의 공헌 기능 등이 있다.

27 파슨스(Parsons)가 말한 가정생활의 본질적 기능은?
① 자녀의 사회화 기능과 성인의 정서 안정 기능　② 자녀의 출산 기능
③ 성적 안정의 기능　　④ 물질적 안정의 기능

> **해설** 파슨스의 가정생활의 본질적 기능 : 자녀의 사회화 기능, 성인의 정서 안정 기능

28 가정생활의 성질에 해당하지 않는 것은?
① 통일성　　② 균형성　　③ 통치성　　④ 일상성

> **해설** 가정생활의 성질 : 일상성, 계획성, 연대성, 적응성, 균형성, 통일성

29 히라다가 제시한 가정생활의 독자적인 성격에 해당하지 않는 것은?
① 가치성　　② 공산성
③ 대면성　　④ 자아 개방

> **해설** 히라다가 제시한 가정생활의 독자적 성격
> • 대면성 : 가족원은 상호 숨기는 것 없이 전인격적으로 접촉한다.
> • 자아 개방 : 가정에서는 다른 사람을 의식하지 않고 자기 마음대로 하기가 쉽다.
> • 봉쇄성 : 가정의 일을 다른 사람에게 보여주지 않도록 한다.
> • 공산성(共産性) : 가족은 가재나 가구 등 재산을 원칙적으로 공유한다.

30 가고야마가 제시한 가정생활의 독자적 성격(특질)에 해당하는 것은?
① 공산성　　② 자아 개방　　③ 내적 안정성　　④ 경쟁성

> **해설** 가정생활의 독자적 성격
> • 히라다가 제시한 가정생활의 독자적인 성격 : 대면성, 자아 개방, 봉쇄성 및 공산성 등
> • 가고야마가 제시한 가정생활의 독자적 성격 : 내적 안정성, 경제적 보장성, 보호성, 구속성 등

31 히라다와 가고야마의 견해를 따를 때, 가정생활의 독자적 성격으로 적합한 것끼리 묶인 것은?

① 경제적 보장성, 자아 폐쇄성
② 개별성, 보호성
③ 자아 개방, 구속성
④ 대면성, 개별성

해설 가정생활의 독자적 성격
- 히라다가 제시한 '자아 개방' : 가정에서는 다른 사람을 의식하지 않고 자기 마음대로 하기가 쉽다.
- 가고야마가 제시한 '구속성' : 가족원들은 상호 끊기 어려운 정이나 인연에 강하게 결합되어 있다.

32 가고야마(籠小京)가 제시한 가정생활의 특질로 볼 수 없는 것은?

① 내적 안정성
② 균형성
③ 경제적 보장성
④ 보호성

해설 가고야마가 제시한 가정생활의 특질
- 내적 안정성 : 격심한 사회의 변동에 대해 가족은 서로 힘을 합쳐 가정 내부의 평정을 유지하고자 노력한다.
- 경제적 보장성 : 가족원의 수입은 공유되고 가족 상호 간에 정산하는 일이 없이 전체로서 수지의 균형이 이루어진다.
- 보호성 : 노인과 유아 또는 병자를 가족원들이 상호 헌신적으로 보호한다.
- 구속성 : 가족원들은 상호 끊기 어려운 정이나 인연에 강하게 결합되어 있다.

33 가정학에서 생활 문제를 다룰 때 가장 바람직한 태도로 옳은 것은?

① 가족의 생활을 인간생태학적 관점에서 종합적으로 이해하여야 한다.
② 생활을 인간관계의 과정이라고 이해하여야 한다.
③ 생활의 각 영역을 분절적으로 다루어야 한다.
④ 생활을 노동력 재생산의 과정이라고 이해하여야 한다.

해설 가정생활은 복잡한 다차원적 요소로 생활 시스템을 구성하고 있는 균형 체계로서 자연환경과 사회 환경에 둘러싸인 생태계의 일환으로, 가정생활과 환경과의 관계를 중시하는 인간생태학적 관점에서 입체적·종합적으로 이해해야 한다.

34 생활 시스템의 구성 요소가 바르게 된 것은?

① 가정, 가정환경
② 가정, 가정환경·가정생활에 필요한 자원, 환경
③ 가정, 환경
④ 가정, 가정생활

해설 생활 시스템의 구성 요소로는 가정, 가정환경·가정생활에 필요한 자원, 환경 등이 있다.

정답 27.① 28.③ 29.① 30.③ 31.③ 32.② 33.① 34.②

35 생태계 모형을 기본으로 하여 가정학의 5가지 연구 목표를 설정하고 각각 연구 문제 영역과 특정 연구 내용을 제시한 단체는?

① 미국가정대학학장협의회(AAHE)
② 일본가정학회
③ 국제가정학회(IFHE)
④ 제4회 레이크 플래시드(Lake Placid) 회의

해설 미국에서는 1970년대 들어와서 가정학은 인간과 물질의 학문으로 보았던 가정학 발달 초기의 인간생태학적인 관점이 다시금 주목을 받으면서, 인간과 그 일상 생활 환경과의 상호 작용에 대한 연구에 초점을 두고 있다. 이러한 인간생태학적인 관점은 가족에 대한 생태계로서의 인식이 그 원점을 이루고 있으며 또한 생물물리학적 · 사회심리적 · 실천기술적 생태계 모형을 이념으로 하고 있다. 이러한 학문적 맥락에서 미국가정대학학장협의회(AAHE)는 1970년 생태계 모형을 기본으로 하여 가정학의 5가지 연구 목표를 설정하고 각 연구 목표별로 연구 문제 영역과 특정 연구 내용을 제시하였다.

36 1970년 미국가정대학학장협의회에서는 인간생태학적 관점에서 가정학의 5가지 연구 목표를 제시하였다. 인간의 심리적 · 사회적 발달에 기여하는 조건을 향상시키는 목표에 해당하는 연구 문제 영역은?

① 인지적 발달
② 필수영양소와 물질대사
③ 주거와 환경
④ 생활수준

해설 미국가정대학학장협의회가 제시한 5가지 연구 목표 및 문제 영역
- 목표 Ⅰ : 인간의 심리적 · 사회적 발달에 기여하는 조건을 향상시킨다. 그 문제 영역으로는 사회적 · 정서적 발달, 인지적 발달, 가족 구조와 기능, 역할과 역할 행동, 부모와 자녀 관계, 가족계획, 사회적 · 기술적 변화 등이 있다.
- 목표 Ⅱ : 인간의 생리적 건강과 발달에 기여하는 조건을 향상시킨다. 그 문제 영역으로는 필수영양소와 물질대사, 영양 상태, 식품의 패턴, 건강과 관련된 변인들, 식품 서비스 제도 등을 들 수 있다.
- 목표 Ⅲ : 인간의 근접 환경을 이루는 물리적 구성 요소를 향상시킨다. 그 문제 영역으로는 주거와 환경, 직물과 그 제품 의복 등이 있다.
- 목표 Ⅳ : 소비자의 능력과 가족 자원 사용을 향상시킨다. 그 문제 영역으로는 소비자 서비스의 필요성, 소비자 의사 결정과 행동, 소비자와 마케팅시스템, 가치와 행동, 생활수준 등이 있다.
- 목표 Ⅴ : 가정생활을 풍부하게 하는 지역사회 · 서비스의 질과 이용 가능성을 향상시킨다. 그 문제 영역으로는 지역사회 프로그램의 필요성, 건강 · 안전 및 휴양 관련 프로그램, 주거 프로그램, 지속적인 교육 프로그램 등이 있다.

37 미국가정대학학장협의회에서 제시한 연구 목표가 아닌 것은?

① 인간의 근접 환경을 이루는 물리적 구성 요소를 향상시킨다.
② 소비자의 능력과 가족 자원 사용을 향상시킨다.
③ 인간의 생리적 건강과 발달에 기여하는 조건을 향상시킨다.
④ 부모의 예의범절과 교육 프로그램의 개발에 힘쓴다.

해설 미국가정대학학장협의회(1970년)의 5가지 연구 목표
- 인간의 심리적·사회적 발달에 기여하는 조건을 향상시킨다.
- 인간의 생리적 건강과 발달에 기여하는 조건을 향상시킨다.
- 인간의 근접 환경을 이루는 물리적 구성 요소를 향상시킨다.
- 소비자의 능력과 가족 자원 사용을 향상시킨다.
- 가정생활을 풍부하게 하는 지역사회 서비스의 질과 이용 가능성을 향상시킨다.

38 가정학에서 가족 구조와 기능, 역할과 역할 행동, 부모와 자녀 관계, 아동의 인지적 발달에 관한 연구는 어떤 연구 목표에서 이루어지고 있는가?

① 인간의 근접 생활의 물리적 구성 요소의 향상
② 인간의 생리적 건강과 발달에 기여하는 조건의 향상
③ 가족생활을 풍부하게 하는 지역사회 서비스의 질과 이용 가능성의 향상
④ 인간의 심리적·사회적 발달에 기여하는 조건의 향상

해설 문제 36번 해설 참조

39 인간의 근접 환경을 이루는 물리적 구성 요소를 향상시키는 목표에 해당하는 연구 문제 영역은?

① 식품의 패턴
② 주거 프로그램
③ 주거와 환경
④ 가족 구조와 기능

해설 인간의 근접 환경을 이루는 물리적 구성 요소를 향상시키는 연구 문제 영역에는 주거와 환경, 직물과 그 제품 의복 등이 있다.

40 1970년 미국가정대학학장협의회에서 설정한 가정학의 인간생태학적 관점의 5대 연구 목표 중 가정생활을 풍부하게 하는 지역사회 서비스의 질과 이용 가능성을 향상시키기 위한 연구 목표에 해당하는 연구 문제 영역은?

① 지속적인 교육 프로그램
② 소비자 의사결정과 행동
③ 주거와 환경
④ 부모와 자녀 관계

해설 가정생활을 풍부하게 하는 지역사회 서비스의 질과 이용 가능성을 향상시키기 위한 연구 문제 영역 : 지역사회 프로그램의 필요성, 건강·안전 및 휴양 관련 프로그램, 주거 프로그램, 지속적인 교육 프로그램 등이 있다.

41 소비자의 능력과 가족 자원 사용을 향상시키기 위해 연구되는 문제 영역은?

정답 35.❶ 36.❶ 37.❹ 38.❹ 39.❸ 40.❶ 41.❷

① 부모와 자녀의 관계　　　　　② 생활수준
③ 영양 상태　　　　　　　　　④ 인지적 발달

> **해설** 소비자의 능력과 가족 자원 사용을 향상시키기 위한 연구 문제 영역 : 소비자 서비스의 필요성, 소비자 의사결정과 행동, 소비자와 마케팅시스템, 가치와 행동, 생활수준, 관리와 의사 결정 과정의 상황, 자원의 개발과 분배 및 이용 등

42 가정생활을 가정학의 대상으로 보는 경우 바람직한 관점이 될 수 없는 것은?

① 가정생활의 주체자는 생명체로서의 인간이다.
② 가정생활의 주체자는 신체적·정신적 능력을 가진 인간이다.
③ 가정생활은 가정학에 그 초점을 두고 연구해야 한다.
④ 가정생활은 중층적·입체적인 구성체를 이룬다.

> **해설** 가정생활을 가정학의 대상으로 보는 경우 바람직한 관점
> - 가정생활의 주체자는 생명체로서의 인간, 즉 신체적·정신적 능력을 가진 인간임을 기본 전제로 하지 않으면 안 된다.
> - 가정생활은 중층적·입체적인 구성체를 이룬다.
> - 가정생활은 그 구성 요소들이 상호작용을 하면서 목적을 실현해 가는 통일된 조직체, 즉 시스템을 구성한다.

정답 42. ❸

07 가정생활론

 단원 개요

이 단원에서는 가정학의 대상인 가정생활 자체에 대해 다면적으로 접근하여 그 본질, 구조 및 현상을 이해하고자 한다. 가정생활의 본질을 알기 위해서는 그 핵심인 가족을 정확하게 이해할 필요가 있으므로 우선 가족의 정의, 기원 및 기능에 대해 고찰하고자 한다. 다음으로 가정생활의 역사를 개괄해 봄으로써 그 본질을 파악하고 이를 토대로 하여 가정생활의 구조와 기능을 이해한다. 끝으로 고도로 발달된 산업사회에서의 가정생활의 현상을 가족, 식생활, 주생활, 의생활로 나누어 살펴보고자 한다. 가정학은 종래부터, 소비 행위의 유형에 따라 의·식·주 등으로 분류되고 체계화되어 왔기 때문에 이상과 같이 나누어 각 영역별로 현상을 고찰하는 것이 오늘날 가정생활이 직면한 문제나 모순을 밝히는 데 유용할 것이다.

 출제 경향 및 수험 대책

이 단원에서는 가족의 기원과 역사, 모건의 가족 발전 단계설, 가족의 기능, 가족 기능의 양태, 자본주의사회와 가정생활 및 가정생활의 본질, 가정생활의 기능, 가족의 구조 변화 및 현대의 가정생활 등에 대해서 묻는 문제들이 출제될 수 있는 바, 자세하고 철저한 학습이 요구된다.

7

01 가족의 본질

1 가족의 정의 및 특징

(1) 가족의 정의

① 가족이란 부부 관계를 기초로 하고 자녀나 형제 등 소수의 근친자(近親者)를 구성원으로 하는 제1차적인 복지 추구의 집단으로 정의된다.
② 가족은 혼인 관계로 맺어진 남녀, 즉 부부와 그들의 자녀로 구성되는 혈연 집단으로서 성, 연령, 자원에 있어 이질적인 요소로 구성되나 이익을 초월한 비영리적 집단이며 공동 목표를 지닌 지속적인 공동 생활체이다.

(2) 가족의 특징

① 가족의 구성 면
   ㉠ 가족은 부부 관계를 기초로 하는 점이 다른 소집단과 결정적으로 다르다.
   ㉡ 부부 관계를 기초로 함으로써 가족을 성립시키는 세 가지 전제인 남녀 간의 성적인 결합, 근친혼 금지 규칙, 그리고 부부 사이에서 태어난 아이가 사회적으로 정상적인 아이로 인정받는 원리가 성립되게 된다.
② 가족의 기능 면
   ㉠ 가족은 포괄성과 다면성을 갖는다.
   ㉡ 소집단 중에는 특정의 과제 수행을 목적으로 해서 결합된 작업 집단과 정서적 표출을 목적으로 하는 심리 집단이 있는데 가족은 이 양면을 모두 가지고 있다.
   ㉢ 유아의 인격을 형성하는 데 가족이 제1차적인 중요성을 가지고 있다는 쿨리(C.H. Cooley)의 견해에 따라 가족은 제1차적인 복지 추구의 집단으로 정의된다.
   ㉣ 가족이 수행하는 다양한 기능은 가족이 사용할 수 있는 자원의 제약하에서 가족원의 욕구를 충족시켜 줌으로써 보다 높은 복지를 실현하고자 하는 것이다.

(3) 가족의 사회집단으로서의 특성

① 가족은 일차적 집단이다.
② 가족은 공동 사회 집단이다.
③ 가족은 폐쇄적 집단이다.
④ 가족은 형식적 집단이나 내면적으로는 타인의 통제를 받지 않는 비형식적인 집단(사적 집단)이다.

(4) 가족의 일반적인 본질

① 거주의 공동체이며, 집이라는 특정한 장소에서 같이 취사하고 동거한다.
② 성과 혈연의 공동체이며, 원초적이고 보편적인 기초적 집단이다.

추가 설명

가족의 특징
- 구성 면에서 보면 가족은 부부 관계를 기초로 하는 점이 다른 소집단과 결정적으로 다르다.
- 기능 면에서 보면 가족은 포괄성과 다면성을 갖는다.

추가 설명

공동사회 집단 : 게마인샤프트(Gemeinschaft)
구성원 상호 간의 애정과 이해로 결합되어 외부적인 어떤 장애나 분리에도 결코 분리되지 않는 본질적인 유대 관계를 갖는다.

추가 설명

형식적 집단
객관적 조직과 의례적인 절차의 체계를 갖고 이것에 의하여 행동이 통제되는 집단이다.

③ 애정의 결합체이며, 가족 간에는 인내와 봉사, 희생이 자연적으로 발생되며 인격 형성이 이루어지는 장이 된다.
④ 가계의 공동체이며, 성적 관계나 혈연 관계가 유지되도록 경제적 협동을 수행하는 공동체 생활을 하게 된다.
⑤ 운명의 공동체이며, 출생과 더불어 소속이 결정되고 가족원 간의 지위와 역할이 부여된다.

2 가족의 기원과 역사

핵가족이 어떻게 해서 성립하였는가에 대해 가족 진화설과 핵가족설의 두 가지 학설이 대립되고 있다.

(1) 가족 진화설

① 가족 진화설의 정의
  ㉠ 가족 진화설은 현재의 핵가족을 역사적으로 형성된 것으로 본다.
  ㉡ 스위스의 법학자인 바흐오펜(J.J. Bachofen)으로부터 모건(L.H. Morgan)과 엥겔스(F. Engels)에 걸쳐 주장되어 왔다.
  ㉢ 오늘날에도 사회주의 국가와 일본의 많은 학자들이 이를 지지하고 있다.
② 모건(L.H. Morgan)의 견해
  ㉠ 모건은 그의 저서인 「고대 사회」에서 가족 발달 단계설을 주장하였다.
  ㉡ 가족의 역사는 난혼 상태(亂婚狀態) → 혈족혼 가족(소집단 가족) → 반혈족혼 가족(프나루아혼 가족) → 대우혼 가족(일시적 일부일처제) → 일부일처제 가족(가부장제 → 근대 가족)의 단계로 발전해 왔다.
③ 엥겔스(F. Engels)의 견해
  ㉠ 엥겔스는 모건의 「고대 사회」에 토대를 두어 가족의 역사를 기술하였는데, 그의 인류사는 집단을 형성하고 방어력을 강화하기 위해서 '무규율 성교(無規律性交)'라는 번식 형태를 취한 인류의 원시 상태에서 출발한다.
  ㉡ 인류의 번식 형태는 결코 무규율 상태로 머문 것이 아니라, 처음에는 자연도태의 법칙에 의해 남녀의 성관계에 제한이 가해졌으며, 그 후에는 '노동'의 발전에 의한 인류사의 구분, 즉 야만, 미개, 문명에 상응하여 군혼(群婚), 대우혼(對偶婚), 단혼(單婚)으로 발전되었다.
④ 가족 진화설의 의의 : 가족 진화설이 19세기 중엽에 처음 주장되었을 때는 많은 학자나 기독교인에 의해 심하게 비판되고 공격을 받았으나 그 후 민족학과 인류학 및 여러 인접 과학에서 대량의 자료가 축적됨으로써 오늘날 많은 사회과학자들에 의해 지지되고 있다.

> **추가 설명**
> 가족의 기원과 역사에 관한 가설
> • 가족 진화설
> • 핵가족설

> **추가 설명**
> 가족 진화설에서 가족 발달 단계 : 모건
> 난혼 상태 → 혈족혼 가족(소집단 가족) → 반혈족혼 가족(프나루아혼 가족) → 대우혼 가족(일시적 일부일처제) → 일부일처제 가족(가부장제 → 근대 가족)

(2) 핵가족설(원시 가부장적 일부일처제)

① 일부일처제의 핵가족은 인류의 역사와 함께 변함없이 존재하여 왔다고 주장하는 학설이다. 종의 보존 본능과 질투심과 같은 인간의 본성을 고려해 볼 경우에 또는 문화인류학적인 실증적 연구를 토대로 볼 경우에 핵가족설이 타당하다고 주장한다.
② 메인(H. Maine), 웨스터마크(E.A. Westermark), 말리노브스키(B. Malinowski), 머독(G. Murdock) 등에 의해 주장되어 왔다.
③ 머독의「사회 구조론」(1949)
  ㉠ 남성의 성과 경제생활의 통일로서의 혼인과 그에 기반을 둔 부부와 자녀의 동거 집단인 핵가족은 인류에 보편적으로 존재한다고 보았다.
  ㉡ 핵가족이 보편적으로 존재하는 이유 : 성과 연령이 다른 8가지의 관계(부-처, 부-자, 부-양, 모-자, 모-양, 형-제, 자-매, 형제-자매)가 통합되면서 이루어지는 성, 경제, 생식, 교육 등의 기능 충족이 가족 외의 어떠한 기관에 의해서도 대치될 수 없기 때문으로 보았다.
④ 핵가족설에 대한 비판
  ㉠ 역사적으로 다양한 형태의 가족 또는 모계제가 존재했음을 보여주는 실증적 자료가 축적되면서 핵가족설은 비판되고 있다.
  ㉡ 일부에서는 핵가족설이 구미(歐美)의 가족형을 중심으로 지나치게 단순화되어 설명되고 있다고 비판하기도 한다.

핵가족
현대 가족은 부부와 그들 간의 미혼의 자녀로 구성되어 있는 핵가족이 대부분이다.

02 가정생활의 역사와 본질

1 가정생활의 역사

(1) 원시 사회의 가정생활

① 원시 사회는 성과 연령에 의한 자연적 분업이 이루어졌으며, 모든 노동이 공적인 의미를 가졌고, 구성원이 평등하고 민주적인 가정생활을 했던 사회이다.
② 숲속 나무 위, 굴 속에서 집단 생활을 하며, 집단을 형성하는 것이 수렵·채집·몸을 보호하는 데 유리하다.
③ 하나의 혈거(穴居)에는 모와 자, 부와 처, 부와 자의 관계가 순차적으로 성립한다.
④ 혈거를 중심으로 하여 육아와 침식을 함께 하기 위해 가정생활을 형성하였다.
⑤ 가족은 군혼(群婚)·대우혼(對偶婚) 형태이다.
⑥ 생산은 공동체 내에서 이루어졌고, 성·연령에 의한 자연적인 분업이 성립되었다.
⑦ 공동체를 유지·발전시키기 위해 전 구성원이 협력해서 노동을 하였으며, 남녀 구분 없이 평등하고 민주적인 관계가 성립하였다.

(2) 고대 사회의 가정생활

① 농경·목축·도구를 사용하며, 생산물 상승으로 잉여생산물이 생겨났다.
② 고정적·가부장적인 일부일처제의 단혼(單婚)이 형성되었다.
③ 생산물을 보다 많이 만들기 위해 대가족 형성(가장이 강력한 통솔자 역할 담당)이 이루어졌다.
④ 생필품이 대가족 내에서 자급자족되었다.
⑤ 대가족의 질서를 보호하기 위해 사회가 형성되었고, 그 사회의 질서로서 가부장의 절대적 권한과 가족원의 복종이 확립되었다.
⑥ 대가족의 가부장 사이에 장유의 순서가 생겨 가장 유력한 가부장이 그 사회의 장이 됨으로써 상하 관계에 의한 고대 사회의 조직화가 이루어졌다.

(3) 봉건제 사회의 가정생활

① 많은 토지가 가부장에게 집중되면서 생산을 보다 효율적으로 하기 위해 봉건제 사회는 영주와 농노의 신분제로 변모되었다.
② 분업과 물물교환이 시작되면서 자급자족이었던 고대의 대가족은 봉건제 사회가 되면서 각기 일을 분담하는 소가족으로 나누어졌다.
③ 가정생활은 가장을 중심으로 해서 가족 전원이 자기집의 가업을 수행함으로써 영위되었다.
④ 가업의 세습제(世襲制)나 장자상속이 확립되었고 그 결과 사회계층이 뚜렷해졌다.

(4) 자본주의 사회의 가정생활

① 자본주의 사회는 생산이 개별 가족의 손에서 벗어나 기업적인 조직체로 이양되었다.
② 자본주의적 생산양식하에서 분업과 협업이 발전하고 특히 기계제 대공업이 출현하게 되면서 생산수단을 소유한 자본가 계급이 '노동'을 가부장적 개별 가족으로부터 이탈하게 하여 사회적으로 결합시킨 것이다. 이에 따라 생산 노동은 기계에 종속된 임금노동의 성격으로 변모하게 되었다.
③ **자본주의 사회의 2대 계급** : 자본주의 사회는 자본가 계급과 노동자 계급을 기본적인 2대 계급으로 하는 사회이다.
　㉠ **자본가 계급** : 자본가 계급은 생산수단을 소유함으로 스스로 직접 생산에 종사하는 대신 노동자를 고용하여 이들이 생산한 생산물을 상품으로 판매함으로써 이윤을 얻는다.
　㉡ **노동자 계급** : 노동자 계급은 자기의 노동력을 제공한 대가로 임금을 얻어 생활수단을 구입해서 생활한다.
④ **자본주의 사회에서의 가족 형태** : 자본주의 사회에서는 사유재산이 발생한 이후 생산과 소비가 혼연일체를 이루었던 근대 이전의 개별 가족과는 다른 형태의 가족, 즉

추가 설명

자본주의 사회에 있어서 노동자 가족의 생활
직장에서의 시업 시간에서 종업 시간까지의 취업 중의 생활과 그 이외의 생활로 구분된다. 전자는 노동 생활을 의미하고, 후자는 가정생활 또는 소비생활을 의미한다. 한 개인의 생활이면서도 두 가지의 완전히 다른 생활로 나누어지게 된 것이다.

생산적 노동의 측면이 배제되고, 노동 또는 생산과 대비되는 개념인 생활을 영위하는 새로운 형태의 개별 가족이 등장하게 되었다.

⑤ **자본주의 사회에서 나타나는 가정생활의 변화** : 가정에서 분리되어 사회적으로 결합되는 생산의 범주가 확대됨에 따라 가정생활에는 커다란 변화가 일어난다. 가정생활의 변화 중 가장 현저한 것으로는 가정생활의 산업화 또는 사회화, 가정생활의 궁핍화, 가정의 소비 단위로의 전락 등을 들 수 있다.

㉠ 가정생활의 사회화 경향
- 자본제 생산의 진전에 따라 다양한 생활용품의 구입이 보편화되면서 소비생활이 획일화될 뿐 아니라 나아가서 가정 밖으로 진출하는 결과까지 야기되었다.
- 자본주의는 가정생활의 획일화를 초래할 뿐 아니라 더 나아가 그 분해를 강요하는 일면을 가지고 있다고 볼 수 있다.

㉡ 가정생활의 궁핍화 경향
- 이는 자본주의 사회 내의 특정 계층, 즉 노동자나 소규모 자영업주의 가정생활에서 주로 나타나는 현상이다.
- 자급자족이 어느 정도 가능한 경우라면 임금이 부족하더라도 가족원의 욕구를 충족시키기 위한 생활용품을 자가생산(自家生産)함으로써 임금의 부족이 보완될 수 있으나, 현대 산업사회에 있어서는 생활수단이 거의 시장 구매를 통해 공급되므로 임금이 부족할 경우 상대적인 궁핍화는 심화된다.
- 자본주의 경제의 발달이 전반적인 생활수준의 향상을 초래했으나 계층 간의 격차를 더욱 확대시킴으로써 특정 계층(노동자 및 소규모 자영업주)에 있어서 상대적 궁핍화 내지 상대적 박탈감을 크게 했다.

㉢ **가정의 소비 단위로의 전락 경향** : 가정은 생산 단위가 아닌 소비 단위로 전락하였으며, 전 가족원은 가정의 임금에 일차적으로 의존하는 종속적 존재가 되고, 물질만능의 가치관이 자리잡게 되었다.

2 가정생활의 본질

(1) 가정생활의 본질

① 모든 시대를 통해 가정생활이 지속적으로 수행하고 있는 역할은 육아와 침식이다.
② 가족의 본질이 육아와 침식이라는 근거
㉠ 육아와 침식은 모든 시대를 통해 가정생활에서 수행된 초역사적 사실이다.
㉡ 미개사회에서도 가정생활은 육아와 침식을 위해 행해지고 일부일처혼이 굳게 지켜졌다.
㉢ 생산 기능을 수행하였던 시대에서도 자기 자손에게만 물려주고 싶기 때문에 생산물을 저장하였다.
③ 가정생활은 본질적으로 육아와 침식을 위해서 형성된 공동체라 할 수 있다. 육아와

추가 설명

자본주의 사회의 경제생활
- 노동생활과 가정생활의 분리가 확대되고 있다.
- 대규모 기계제 공업이 중심이 된다.
- 생산의 공동화와 기업화가 진행된다.
- 노동자 계층이 자본과 끊임없이 경쟁하면서 몰락해 가고 있다.

침식은 그 본질상 생리적인 것으로 초역사적 실체이며 단지 그 방법이 시대에 따라 변화해 왔을 뿐이다. 따라서 육아와 침식을 그 본질로 하는 가정생활은 생리적이고 자연적인 공동체이며 바로 이것이 일반 사회집단과 근본적으로 다른 점이다.

④ 역사의 흐름에 따른 사회경제적 환경의 변화에 따라 가정생활이 각각 상이한 역할을 수행해 온 사실을 고려해 볼 경우 가정생활은 확실히 역사적 범주라고 하겠다. 그러면서도 모든 시대를 통해 가정생활이 지속적으로 수행하고 있는 역할이 육아와 침식이다.

(2) 침식과 육아

① 침식이란 일상생활을 하면서 휴식을 하고 영양을 섭취하고 오락을 즐기는 것을 말한다. 그 목적은 노동력의 재생산에 있다.
② 사회 존속을 위해 노동력의 지속적인 공급이 필요한데 육아를 통해 새로운 노동력의 재생산이 이루어진다. → 노동력 순환의 지속

> **추가 설명**
> **육아와 침식**
> 모든 시대를 통해 가정생활에서 수행된 초역사적 사실이며, 사회의 변화에 관계없이 항상 가정에서 수행되어 온 본질적인 활동이다.

(3) 가정생활과 노동력의 재생산

① 가정생활은 노동력 재생산의 장이며 가정생활의 본질은 노동력의 재생산이다. 가정생활의 본질이 노동력의 재생산에 있다는 것은 단지 인간을 노동력으로 환원한 것으로 경제학적으로는 타당할지 몰라도 가정학적으로는 적합하지 않다.
② 가정생활을 단순한 노동력의 재생산의 장으로만 파악하는 것에 난색을 표명하고 그 배경인 경제학에 대해 이론적 경계선을 긋고자 한다. → 이는 노동력의 개념을 정확히 인식하지 못한 것에 기인한다.
③ 노동력은 인간의 신체적·정신적 능력의 총체이며 노동이란 자연을 인간생활에 유용한 형으로 변화시키는 활동이다.
④ 가정생활의 본질은 시공을 초월하고 사회체제의 차이를 초월해서 인간의 존엄성을 창조하고 발전시키는 것이다.

03 가정생활의 구조와 기능

1 가정생활의 구조

(1) 생활 구조론과 가정생활의 구조

① 생활 구조론의 정의
  ㉠ 생활 구조론은 생활을 인간관계, 생활 시간, 생활 공간, 생활 수단, 경제생활 환경, 생활 의식 등의 여러 측면에서 종합적·통일적으로 인식하고 구조화된 시스템으로 파악하고자 하는 이론이다.

> **추가 설명**
> **생활 구조의 정의**
> 생활 시스템의 구조적 측면으로서 개인 또는 가족의 생활의 전 분야와 이에 관련된 물질적·사회적·문화적 제 조건 그리고 시간적·공간적 범주 및 구체적인 생활 행동 양식이 체계화된 복합체를 의미한다. 또한 생활의 기능 분화의 동적 측면과 확대하는 생활 제 측면의 상호 관련성을 파악하는 개념이다.

> **추가 설명**
> 생활 구조에 있어서 생활의 요인
> - 생활의 내적 요인 : 역할과 의식은 생활을 안으로부터 쌓아 가는 요인이다.
> - 생활의 외적 요인 : 시간과 공간은 생활을 밖으로부터 제한하는 조건이다.
> - 생활의 매개적 요인 : 수단과 금전은 생활의 전개를 촉진하는 조건이다.

  ㄴ 생활 구조론은 가정생활의 동태적인 생활 행동 측면에 주목하여 생활을 전체적이고 종합적인 시스템으로 파악하는 시각이다.
  ㄷ 생활 구조론은 우리의 생활을 기능의 면에서 경제적 재생산인 노동과 생리적 재생산인 소비·휴양의 순환으로 보고, 그 순환이 원활하게 이루어지는 것은 구체적으로 다양한 생활 행위가 연속해서 반복적으로 이루어지기 때문인 것으로 본다.
② 생활 구조의 내용 : 생활의 기능 면과 구조적 요인의 두 가지 측면에서 접근해 볼 수 있다.
  ㄱ 생활의 기능 면 : 물질의 재생산, 조직의 재생산, 정신의 재생산, 그리고 생명의 재생산 등 네 가지 재생산 활동을 행하는 과정으로 볼 수 있다.
  ㄴ 생활 구조의 요소
    • 생활 시간 구조 : 노동, 여가 및 소비의 시간적 배분
    • 생활 공간 구조 : 직장, 여가의 장, 가정의 주거 공간
    • 생활 수단 구조 : 의·식·주 등 소비재의 소유와 배치
    • 경영·가계 구조 : 경영, 소득의 규모, 가계의 배분 상황
    • 생활 관계 구조 : 가족 내의 역할 분담과 권력 구조
    • 생활 문화 구조 : 가풍, 관습, 문화의 전달

(2) 노동력 재생산의 구조

> **추가 설명**
> 생활 행동을 규정하는 요인
> 개인과 가족이 지닌 자원으로서 시간, 공간, 수단, 금전(경영·가계), 역할 관계(생활 관계), 생활 규범(생활 문화)의 6가지로 구성된다.

① 노동력 재생산 구조의 분석
  ㄱ '생활 구조론'에 관심을 가진 사회학자들도 생활 구조를 분석함에 있어서 생활이라는 것이 한편으로는 노동력의 소비 과정이고, 다른 한편으로는 노동력의 재생산 과정이라는 것을 인정하고 있다.
  ㄴ 인간은 화폐를 매개로 해서 노동력의 소비 = 물(物)의 생산 → 물(物)의 소비 = 생명의 재생산 = 노동력의 재생산이라는 생산과 소비의 과정에서 생존하고 있는 것이다.
  ㄷ 가정생활을 주된 대상으로 하는 가정학에서 생활의 순환 과정 중 '물(物)의 소비 = 노동력의 재생산'에 초점을 두어 노동력 재생산의 구조를 분석하는 것은 옳은 일이다.
② 근로자 가계
  ㄱ 이는 생산수단을 소유하고 있지 않으므로 가족원의 노동력을 판매하고 그 대가인 임금을 주된 수입으로 한다.
  ㄴ 노동시장에서 결정된 임금은 근로자 가계의 수입이 되는데, 생활하는 데 필요한 생활 자료를 획득하기 위해 근로자는 스스로 생산한 생산물을 소비재 시장을 통해 기업으로부터 다시 구입하게 되고 그 결과 가계로부터 지출된 화폐는 다시금 기업으로 들어가게 된다.

③ 자영업주 가계
  ㉠ 자영업주 가계는 생산과 소비, 경영과 생활의 분리가 분명치 않은 가계이다.
  ㉡ 농업 노동은 노동력이 직접적으로 상품화되는 것이 아니고 노동이 대상화된 농축산물이 상품으로 판매되는 것이다.

2 가정생활의 기능

기능(function)이라는 개념은 사회 체계 내에서 가족이 수행하는 역할이라든가, 현상적으로 인식할 수 있는 활동을 의미한다. 일반적으로 가족의 기능으로 일컬어지고 있는 것은 대부분 장소를 필요로 하고 또한 인간의 생활이 전제가 되므로 가족의 기능을 그대로 가족 생활의 기능으로 이해해도 될 것이다.

(1) 가족의 기능

한 사회의 안정과 발전은 가족이 기능을 얼마나 잘 수행하느냐에 의하여 좌우되며, 가족의 기능이 가족원 개개인의 욕구 충족에 얼마나 효율적인가에 따라서 가족원의 향상과 발전이 좌우된다. 그러므로 가족은 사회와 가족원들을 위해 건설적이고 효율적인 기여를 할 수 있도록 여러 기능들을 원활히 수행할 수 있어야 한다.

① 가족 기능의 방향성과 차원의 관점
  ㉠ 방향성의 관점 : 집단을 둘러싼 바깥 사회의 요망에 순응하는 측면과 집단의 구성원인 개개인의 기대에 관련된 측면에서 볼 수 있다. 즉, 가족의 기능을 방향성의 관점에서 볼 때 사회의 요구에 순응함과 개개인의 기대에 부응하는 점을 고려해야 하며, 이는 가족의 대외적 기능과 대내적 기능으로 분리할 수 있다.
    • 가족은 가족을 둘러싼 전체 사회나 국가의 기대에 때로는 저항하면서도 순응해 왔다. → 가족의 대외적 기능(대사회적 기능)
    • 집단 구성원을 통제하면서 그 요구를 충족시켜 왔다. → 대내적 기능(대개인적 기능)
  ㉡ 차원의 관점 : 어떠한 기능이 어떠한 의의를 가지고 있는가를 식별하는 것과 관련된다.
    • 기능의 차원은 가족만이 독점적으로 수행하는 기능, 즉 그것을 상실하면 가족의 존재 의의가 문제시되는 기능(본질적 기능)과 다른 조직과 집단에 의해 대체 가능한 기능(부차적 기능)으로 식별된다.
    • 핵가족의 본질적 기능은 무엇인가에 문제의 초점이 있다. 머독(Murdock)은 성(性), 경제, 생식, 교육 등을 핵가족의 보편적이고 기초적인 기능으로 보았다.
② 가족 기능의 유형 : 가족 기능의 방향성과 차원을 조합하여 방향성은 대외적·대내적으로, 또한 차원은 고유 기능, 기초적 기능, 파생 기능의 세 범주로 나누어 볼 수 있다.
  ㉠ 고유 기능
    • 가족 특유의 기능으로서 그 기능 때문에 가족이 존재한다.

> **추가 설명**
> 가족 기능의 정의
> 가족 기능이란 가족이 수행하고 있는 역할이나 행동을 뜻한다.

> **추가 설명**
> **가족 기능의 유형**
> - 고유 기능 : 가족 특유의 기능으로서, 그 기능 때문에 가족이 존재한다. 성·애정, 생식·양육 → 대내적 기능, 성적 통제, 종족 보전 → 대외적 기능
> - 기초적 기능 : 경제적 기능을 말한다. 생산·소비 → 대내적 기능, 노동력 제공 → 대외적 기능
> - 파생 기능 : 고유·기초적 기능으로부터 나오는 부차적 기능이다. 보호, 휴식, 오락, 신앙 → 대내적 기능, 문화 전달·사회 안정화 → 대외적 기능

- 성·애정 기능, 생식·양육의 기능(대내적), 성적 통제, 종족 보전(대외적)을 함으로써 사회 존속과 발전에 기여한다.

ⓒ 기초적 기능
- 경제적 기능은 가족의 고유 기능과 파생 기능을 성립시키는 기초적 기능에 속한다. 항상적·고정적이지 않고 사회 정세에 의해 양상이 크게 변화된다. 그러나 이 기능이 존재함으로써 가족의 다른 여러 기능의 전개가 가능하다.
- 경제적 기능은 대내적으로 생산·소비의 기능, 대외적으로 노동력의 제공, 생활 보장의 기능을 수행한다.

ⓒ 파생 기능
- 고유 기능과 기초적 기능으로부터 나오는 부차적 기능으로서, 생존의 수준을 벗어나 생활의 질을 높이기 위해 수행하는 기능이다.
- 대내적으로는 교육·보호·휴식·오락·종교의 기능, 대외적으로는 문화 전달 기능·사회 안정화 기능이 있다.
- 사회 분화에 따라 다양한 집단이나 조직에 의해 대체 가능하고 실제로 많은 부분에 대체되고 있다.

| 표 7-1 | 가족 기능의 유형

방향성 차원	대내적 기능 (가족원 개인에 대한 기능)	대외적 기능 (사회 전체에 대한 기능)
고유 기능	성·애정	성적 통제
	생식·양육	종족 보전(종의 재생산)
기초적 기능	생산(영업·고용)	노동력 제공
	소비	생활 보장
파생 기능	교육	문화 전달
	보호, 휴식, 오락, 종교	심리적·신체적·문화적·정신적 사회의 안정화

③ 가족 기능의 변화

ⓒ 가족 기능 상실론
- 1930년 오그번(W.F. Ogburn)에 의해 제기되었다.
- 고도의 경제성장에 수반된 핵가족화의 진행, 가치관의 혼란의 상황하에서 가족의 기능이 점차 상실되어 가고 있는 것은 아닌가라는 견해가 주목받고 있다.
- 가족의 기능 변화 : 가족의 기능을 주 기능과 부 기능으로 분류하고, 주 기능인 성애(性愛), 생식, 보육 등의 기능은 문화의 수준과 관계없이 시대적·지역적으로 불변하지만, 부 기능은 정도의 차이는 있으나 점차 감퇴해 간다고 보았다.

ⓒ 가족 기능 특수화론

> **추가 설명**
> **가족 기능의 변화**
> 산업 사회가 진전됨에 따라 가족의 내부 구조도 많은 변화가 일어나고 있다. 가족의 구조는 커다란 변화를 보이지 않으나 가족이 수행하고 있는 실제 행동에는 과거와는 다른 면이 눈에 뜨이며 가족원들도 집단주의보다는 개인주의를 지향함에 따라 전통적 가정생활이 더 이상 연장되지 않고 있다. 그리하여 일부에서는 가족의 해체나 불안정성을 우려하기에 이르렀다.

- 버제스(E. Burgess)에 의해 제기되었다.
- 가족 기능이 상실된 점은 전통적 가족 기능의 부분이며 어떤 측면은 보다 강조되었다.
- 현대 사회에서 친족과의 유대는 약화되고 가족원 간의 상호 애정, 친밀한 관계를 중요시하게 됨에 따라 애정적 기능은 더욱 결혼과 가정 생활의 본질적인 요소가 되어 다른 사회기관이 대체할 수 없는 고유성을 지니게 되었다.
- 대부분의 학자들은 버제스의 의견에 일치하고 있다.

(2) 가정(가정생활) 기능의 분류

① 성적 안정의 기능
  ㉠ 성생활이 반드시 자녀 출산을 위한 것은 아니며 그 자체가 결혼 생활을 유지시키는 윤활제의 역할을 한다.
  ㉡ 이 기능은 대외적으로는 일부일처제를 정함으로써 오히려 성관계를 규제하고 사회질서를 유지하는 사회통제의 기능을 한다.
  ㉢ 이 기능은 사회의 성(性) 혼란을 방지해서 안정화시키고, 자녀를 출산해서 양육하는 기능으로 전개된다.

② 자녀 출산 및 양육·교육하는 기능
  ㉠ 부부의 애정적 충족 속에서 자녀가 태어난다. 이는 새로운 생명, 새로운 노동력, 새로운 인간상의 재생산이며 가족에 있어서 중요한 인생의 전기가 된다. 이것은 가정생활이 가진 근원적인 기능이다.
  ㉡ 자녀를 양육하고 교육하는 기능은 인간 형성 내지 인간성의 양성이며 또 사회 측면에서 보면 사회의 발전에 공헌하는 근로자와 인재를 양성하는 기능이며 또한 차세대로의 문화 전승의 기능이기도 하다.

③ 생활을 구축하고 보호하는 기능
  ㉠ 생활을 구축하고 보장하는 기능을 갖는다.
  ㉡ 생활을 구축하고 보호하는 기능을 수행하기 위해 가족원은 가정생활을 하면서 서로 돕고 고락(苦樂)을 함께 나누며 각종의 생활 영위에 힘쓰면서 스스로의 생활을 지켜 나간다.

④ 정신적·신체적인 피로 회복 기능
  ㉠ 휴식적·위안적 기능 또는 가족 단란의 기능이라고 할 수 있다.
  ㉡ 현대사회의 인간소외, 경쟁의 격화, 고독화, 스트레스에 의한 정신불안 등에 대응하기 위해 점차 그 중요성이 증대된다.
  ㉢ 가정생활이 갖는 정신적 안정의 기능이 결여됐을 때 가족 상담(family counseling)을 하도록 한다.
  ㉣ 가족의 정신적 안정과 함께 가정에는 가족 상호 간의 결합이 강하고 가족의 연대

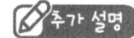
추가 설명

가정생활의 기능
- 성적 안정의 기능
- 자녀 출산 및 양육·교육하는 기능
- 생활을 구축하고 보호하는 기능
- 정신적·신체적인 피로 회복 기능
- 물질적 안정과 사회에의 공헌 기능

> **추가 설명**
> 가정 기능의 사회화를 촉진하는 요소
> 재화와 용역의 대량 생산, 기혼 여성의 취업 증가

의식이 있어서 이에 의하여 가족의 행동이 어느 정도 구속된다. 이 구속 기능은 가족원의 일탈을 예방하는 구실을 한다.
ⓗ 최근 가족원의 긴장이 높아지면서 요구도가 높아지고 있다.
⑤ 물질적 안정과 사회에의 공헌 기능
㉠ 가정생활은 국민경제의 단위 경제이다.
㉡ 가정생활은 경제 단위로서 생활에 필요한 물자를 가족원 모두에게 공급해 줌으로써 물질적으로 안정케 하는 기능을 수행한다.

04 가정생활의 현상

오늘날 자본주의경제가 발전하면서 나타난 가정생활의 가장 큰 변화는 생산 활동이 가정생활로부터 분리되어 가정생활이 소비생활만을 수행하는 노동력 재생산의 장(場)으로 되었다는 사실이다.

1 가족의 구조 변화

우리나라 '가정(家庭)'의 구조 변화는 1960년대 이후에 일어나기 시작해서 여러 가지 양상으로 전개되고 있다. 현대 가족을 중심으로 한 변화로는 생활의 단위인 가구 수의 급증과 가구 인원수의 감소, 가정의 계층 변화와 맞벌이 부부 가정의 출현 및 증가, 노인 가족의 증가 등을 들 수 있다.

① 가구 수의 증가와 가족원 수의 감소 : 최근 두드러진 가정의 구조 변화는 가구 수의 증가와 가족원 수의 감소로 집약된다. 가구 규모 축소의 원인으로는 자녀 수의 감소, 핵가족화, 단독 가구의 증가 등이 있다. 가족 형태의 구성비의 추이에서 가장 현저하게 나타나는 경향인 단독 가구의 급증은 가구 규모의 축소를 설명하는 요인이 된다.

> **추가 설명**
> 단독 가구의 증가 추세의 원인
> 평균수명 연장에 의해 증가한 노년층 중 자녀와 동거하지 않고 독신 가구를 형성하는 사람이 증가하고, 또한 결혼 적령기에 달한 미혼 남녀의 분가가 늘어난 데 기인한 것으로 생각된다.

② 가정의 계층 변화 : 근로자 계층 가정과 상공 자영업자 가정이 증대된다.
③ 맞벌이 부부 가정의 출현
   ㉠ 여성의 취업 증가 : 여성의 취업이 활발해졌다.
   ㉡ 기혼 여성의 취업 : 기혼 여성들이 취업에 뛰어들었다.
④ 노인 가족의 증가
   ㉠ 노인 인구의 증가 : 평균수명의 신장과 출산율의 저하로 인해 노년 인구가 총인구에서 차지하는 비율이 증가하였다.
   ㉡ 노인 가족의 증가 : 경제적 여건이 양호한 노인은 자녀와 살기보다는 독립된 가구를 유지하려는 경향이 늘고 있다. 이는 단독 가구의 증가나 부부만의 가구의 증가를 통해 그 경향의 일면을 볼 수 있다.

ⓒ 노년기 가족의 문제 : 노년기에 대한 국가적 차원에서의 생활 보장책이 결여된 현 상황하에서 노인만의 가족의 증가, 또는 부부 가족만의 생계도 어려운 저소득층 가정에 있어서의 노인의 부양과 책임 증가는 개별 가계만으로는 대응할 수 없는 문제이다.

⑤ 가족 구성 변화의 배경 : 현대적 빈곤화
  ㉠ 우리나라의 '가정'의 양상에 일어난 변동은 여러 측면에 걸쳐 다양하다. 이러한 변동은 새로운 가족 이념이 국민의 의식 속에 깊숙이 침투하여 충분히 이해되어 의식적으로 형식된 것이라기보다는 외재적인 힘, 즉 고도 경제성장에의 적응의 결과로 이루어진 것이라고 할 수 있다.
  ㉡ 여러 가지 가정생활의 문제는 '자본 축적의 결과로 야기되는 현대적 빈곤화'가 개별 가정생활로 표출된 현상으로 파악되고 있다.

⑥ 오늘날의 가정학의 과제 : 오늘날의 '가정'이 외적인 압력으로 만들어졌다고는 해도, 이는 평등한 인격 관계를 기초로 한 새로운 가정으로 발전될 수 있으며 또한 개별 가정에서 해결될 수 없는 생활의 여러 문제에 직면하면서도 그것을 극복해서 새로운 가족 관계와 생활양식을 창출하는 단위로 될 수 있다는 점에 주목할 필요가 있다. 그리고 이러한 가능성을 구체적인 생활의 전개 속에서 발전해 가는 것이 이제부터의 가정학의 과제라 할 수 있다.

> **추가 설명**
> 우리나라 가정의 형태 변화와 현상
> ⅰ) 가구 수의 급증, ⅱ) 가족원 수의 감소, ⅲ) 출생률의 저하와 핵가족화, ⅳ) 독신 가구의 증가, ⅴ) 노인 가족의 출현 및 증가, ⅵ) 노동자 계층의 증대와 맞벌이 부부 가정의 출현 및 증가 등을 들 수 있다. 이 밖에도 지역 간의 인구 이동, 가족의 역할 구조, 가족의 생활 주기 등 여러 측면에 걸쳐 나타난다.

2 식생활의 현상

식생활은 그 절대량이 일정한 충족을 보이므로 주생활과 같은 양적인 결핍감이 적고 의식주 중에서는 만족도가 높은 소비 분야이다.

(1) 영양 · 식품의 수준

① 우리나라 국민의 식품 섭취 유형 : 우리나라 국민의 식품 섭취 유형과 영양소 섭취 수준은 점차로 선진국형으로 변모해 가고 있다.
② 영양 섭취 실태 : 대체적으로 열량과 탄수화물 섭취량은 감소하고 단백질과 지방 섭취량은 증가하는 경향을 보인다.
③ 식품 소비 패턴
  ㉠ 곡류의 소비량이 감소되기는 하였으나 다른 나라에 비해 아직도 높은 편이다.
  ㉡ 육류 · 생선 · 우유 등 단백질 식품의 섭취량이 급증하였으나 다른 선진국에 비하여 낮은 수준이다.

(2) 식품의 공급

① 식품 자급률의 저하
  ㉠ 식품 공급의 문제를 보면 우리나라의 식품 자급률은 낮아지는 경향이다. 특히 곡류와 콩류의 자급률이 낮아지고 있으며 유지류와 육류 중 쇠고기의 자급률 역시

> **추가 설명**
> 식생활의 현상
> • 의식주 생활 중에서 만족도가 가장 높다.
> • 곡류에서 섭취하는 열량비가 감소하고 있다.
> • 식품의 자급률이 감소하고 있다.
> • 지방의 섭취량이 증가하고 있다.

낮아지고 있다.
ⓒ 곡류 중에서 쌀은 100% 자급하고 있으나 밀과 옥수수 등은 거의 수입에 의존하고 있다.
ⓒ 우리나라 국민이 섭취하는 단백질의 중요한 근원인 콩류의 자급률 역시 저하되고 있다.
② 우리나라 농업의 보호 : 우리나라는 농업을 보호하는 면이 강했다.

(3) 식품의 생산, 질 및 유통

① 농업 생산에 있어서 기술 혁신과 합리화 : 기술 혁신에 따른 영농 방법의 합리화, 비료나 사료의 개발 등이 농업의 생산성에 영향을 주어 식품 공급량을 증가시키고 가격을 안정시키는 면을 무시할 수 없다. 그러나 다른 한편으로 식품의 질이나 안정성에 위험을 가져오는 측면 역시 간과할 수 없다.
② 비료, 사료의 개발 : 농업 생산성을 향상시켜 주나 식품의 질이나 안전성에 위험을 가져오는 측면이 있다.
③ 비닐하우스, 농약 등의 사용 : 식품의 질, 안전성에 영향을 준다.
④ 식품 유통의 모순 : 오늘날 근로자 가구는 물론 농가에 있어서도 식품의 상당 부분을 구입하게 되면서 식품의 유통이 거대화되고 이에 따라 자본도 비대화되고 있다. 그 결과 식품 유통의 중요한 부분을 점하는 자본은 점차 과점화되어 가격 체계를 좌우하게 됨으로써 생산자인 농민의 이윤이 감소되고 소비자는 과도한 지출을 하게 된다.

(4) 식품의 가공

① 식품 가공의 정의 : 농업·수산업에서 얻어지는 일차산업의 산물을 소재로 소비자의 기호에 부합되고 위생적이며 간편하면서도 저장성이 높은 식품을 생산하는 것이다.
② 식품 가공이 갖는 의의 : 식품의 변질을 방지하는 동시에 식품의 품질과 보존성을 제고시키며 식품의 이용도를 다양화시킨다.
③ 식품 첨가물의 검사 : 식품 첨가물은 기술 혁신에 따라 그 종류가 증가되는데 이에 대한 엄격한 검사가 수반되지 않는 한 식품의 위험성은 더욱 커지게 된다.
④ 식품 가공 원료의 국산 농산물화 : 원료의 해외 의존도가 심화되고 있어 우리의 농업 생산 기반이 크게 파괴될 우려가 있다. 따라서 우리 고유 식품의 산업화와 농어민의 소득 증대를 의식한 테두리 내에서 식품 가공이 이루어지도록 국산 농산물을 원료로 사용하는 식품 가공 업체에 대한 정책적인 지원이 요청되고 있다.

(5) 지역성의 의미

① 식물 문화(食物文化)의 형성 : 예전부터 지역별 특정 작물로 전해 내려오던 농산물을 제때에 무리없이 육성하는 것이야말로 진정한 의미의 합리성이며 동시에 작물의 질

> **추가 설명**
>
> **식품 유통에서 나타나는 문제**
> • 소비자의 과도한 지출
> • 자본의 비대화와 과점화
> • 자본의 확대로 인한 생산자인 농민의 이윤 감소
> • 농가에서의 식품 구입에 따른 식품 유통 부문의 거대화

을 높일 수 있는 최상의 방법이라고 할 수 있다. 이렇게 해서 수확된 작물이 모여서 지역의 향토식(鄕土食)이나 보존식(保存食)과 같은 식물 문화가 형성된 것이다.
② 김치에 대한 연구 : 최근에 일부 학자들이 고유 식품인 김치에 대해 관심을 갖고 김치박물관을 세워 지역별 김치의 특성에 대한 연구를 하기 시작하였다. 이는 우리의 식품 문화를 발전시키는 고무적인 계기가 된다.

(6) 식생활 기술

① 식생활 기술의 현재 : 중요한 것은 식생활의 실상을 통찰해 가는 깊은 인식력을 배경으로 하는 것으로, 경제성장으로 어느 정도 국민 생활 수준이 향상된 지금이야말로 이러한 의미의 참된 식생활 기술을 추구해야 될 시점인 것이다.
② 식생활 기술의 올바른 인식
   ㉠ 우리 전통 음식에 대한 이해와 이를 토대로 한 식생활 문화의 계승 및 발전이야말로 진정한 의미의 생활 혁신이며, 또한 올바른 생활양식을 정착시키는 것이다.
   ㉡ 우리의 식생활 문화에 대한 깊은 인식을 배경으로 해서 식생활 기술을 전승·개발하는 것이 우선적으로 요구된다.

> **추가 설명**
> **식생활의 실태**
> 오늘날 대량 생산·대량 판매가 식품 가공 분야로 그 영역을 넓혀 유통 범위가 확대됨에 따라 안전성에 위험이 생기게 되었다.

(7) 식생활의 변화

① 식생활의 혁신이 가져다 준 문제점 : 영양의 불균형, 위생상 및 조리 과정의 안전성의 문제, 국적 불명의 음식의 만연, 식생활 가치의 왜곡 등의 모순을 내포하고 있으며 결과적으로 식생활 기술을 퇴보시킨다.
② 최근 우리나라 국민 식생활의 변화 : 그동안 고도의 경제 성장과 산업화에 따른 여러 가지 사회적·경제적 요인이 국민의 식생활에 대한 가치관을 변화시켜 식생활의 국제화, 가공식품화, 식생활의 레저화 등 식생활 양상에 있어서 혁신적인 변화를 야기시켰다. 이러한 혁신은 생활수준의 향상, 여성의 사회 참여, 사회의 레저 지향화와 궤를 같이 하며 동시에 생활의 간소화를 지향하고자 하는 경향을 반영한다.

> **추가 설명**
> **최근 우리나라의 국민 식생활의 변화 모습**
> 식생활의 가공식품화, 식생활의 레저화, 식생활의 국제화 등

3 주생활의 현상

(1) 주생활의 수준

① 주택
   ㉠ 주택 부족률 : 연차별 추이를 보면 주택 부족의 정도가 심해지고 있는데, 이는 가구 수의 증가를 주택 공급이 따르지 못하기 때문이다.
   ㉡ 주택난의 원인 : 주택난의 심각성은 가구 수의 증가를 주택 공급이 따르지 못하고, 산업화에 따른 도시로의 이농 현상이 주 원인이다.
   ㉢ 주택의 양적·질적 문제 : 양적 차원뿐만 아니라 질적 차원에서도 문제가 있다.
   ㉣ 우리나라의 경우 단독 주택은 감소하고 공동 주택은 증가하는 추세이다. 공동 주택 중 아파트의 구성비가 약 60% 정도로 증가하고 있다. 또한 수도권(서울, 인

> **추가 설명**
> **주택 부족의 정도가 연차적으로 심해지는 원인**
> 가구 수의 증가를 주택 공급이 따르지 못한다는 것이다.

천, 경기)의 주택은 전체 주택의 약 45.6%를 차지하고 있다.

② 주거 환경 : 주변 시설, 학교, 주변의 안전, 통학, 통근 등 주택 구비 조건이 중요하다. 이러한 사회환경뿐만 아니라 자연환경도 중요한데 우리나라의 주거환경은 열악하다.

(2) 주생활 수준의 영향(하야가와)

① 과밀 거주가 주는 영향
  ㉠ 자녀 수의 제한과 유산, 사산
  ㉡ 이웃 아이들의 울음소리나 싸우는 소리 등에 의한 지장
  ㉢ 자녀들의 사고사
  ㉣ 결핵이나 성인병 등과 같은 건강의 저해
  ㉤ 부부 생활의 파경
  ㉥ 노인 모시는 것에 대한 기피

② 원거리 통근과 잦은 이사가 주는 영향
  ㉠ 장시간 통근이 생활시간을 침해
  ㉡ 취업 주부의 건강과 출산에 주는 영향
  ㉢ 전근이 자녀나 노인, 주부에 주는 소외감

③ 거주 환경 악화의 영향
  ㉠ 환경의 안전성과 재해 시의 안전성
  ㉡ 대기오염과 소음
  ㉢ 도로공사 등의 환경문제가 자녀의 비만과 미숙아의 발생, 사고의 위험, 신체장애자의 생활 소외에 주는 영향

(3) 주생활 수준 악화의 원인

① 주택 수요의 증가
  ㉠ 주택 수요의 증가는 가구 수 증가 외에도 주택 소유에 대한 국민의 왕성한 요구에도 기인한다. 지금까지도 우리나라 개별 가계에서는 내집 마련이라는 목표를 내걸고 주생활에 치중하고 있다.
  ㉡ 자기 집을 소유하고자 하는 '지가주의(持家主義)'는 국토 면적이 극히 제한된 상황하에서 주택과 토지 가격의 등귀를 촉진시킨다.

② 주택 공급의 불충분 : 정부는 1가구 1주택의 원칙을 주택 정책의 궁극적인 목표로 하고 있으나 실제 주택 공급은 급증하는 수요에 훨씬 못미치는 상황이다.

(4) 주택 문제에 있어서 앞으로 나아가야 할 방향

① 주택 및 주거 공간에 대한 인식을 새로이 해야 한다.
② 정부는 주택 가격 안정, 또는 주거 비용 절감을 통한 수요 본위의 정책을 마련해야 할 것이다.

③ 소형 주택의 보급과 같은 최저 생활 수준 이하 계층의 주택 문제 해결에 주안을 두어야 한다.
④ 임차인 보호 정책이 강구되어야 하며 공공임대주택이 활성화되어야 한다.
⑤ 자원의 한정성과 인간의 욕망을 조화시켜야 한다.
⑥ 주택 제도 금융의 확립이 필요하다.

> **추가 설명**
> 공공임대주택
> 영구임대주택, 국민임대주택, 행복주택, 장기전세주택, 분양전환공공임대주택, 기존 주택 매입임대주택, 기존 주택전세임대주택 등이 있다.

4 의생활의 현상

(1) 의생활의 변모
① 해방 후 우리의 의생활은 한복으로부터 양복으로라는 의생활 양식의 대전환을 계기로 해서 모든 부분이 변화하기 시작하였다.
② 실을 만든다든가 천을 짜는 것과 같이 가정 내에서 소재를 생산하던 부분은 공예 이외에는 거의 의미를 상실하였고 옷의 제작이나 편물은 고도성장의 과정에서 기성복의 구입으로 대체되었다.

(2) 합성섬유의 영향
① 합성섬유(화학섬유)의 이용
  ㉠ 식물섬유로 만들어지는 재생섬유와 석유제품으로 만들어지는 합성섬유는 자원이 부족한 전후의 우리나라에 마치 복음과도 같았다.
  ㉡ 합성섬유는 급속도로 천연섬유의 분야로 진출해서 모든 의류제품에 이용되게 되었다.
② 합성섬유의 장점
  ㉠ 값이 싸다.
  ㉡ 견고도에 있어서 천연섬유의 결점을 보완할 만큼 강하다.
  ㉢ 보존에 대한 품질의 안정성, 즉 해충과 습기에 대한 안정성이 우수하다.
③ 합성섬유의 단점
  ㉠ 천연섬유처럼 재이용하기가 곤란하다.
  ㉡ 통기성과 흡습성과 같은 기본적 조건이 결여되어 있다.
④ 천연섬유와 합성섬유의 혼방
  ㉠ 의류제품의 견고도를 증가시키기 위해 천연섬유와 합성섬유의 혼방이 자주 사용되는데 혼방한 것은 그 중에서 천연섬유만을 뽑아내어 재생하는 것이 불가능하게 되므로 사용 안하는 것은 자연히 폐기하게 된다.
  ㉡ 합성섬유는 대전성이 있기 때문에 대기오염의 정도가 심한 우리나라의 대도시에서는 그 오염 정도가 심하다.

> **추가 설명**
> 의생활의 변화 경향
> • 합성섬유가 발달하면서 가정에서의 의류 제작 활동은 감소했으나 화학섬유로 인한 의류 공해가 문제시되고 있다.
> • 합성섬유의 출현과 의류품의 기성품화로 의복 제작과 관련된 가사 노동은 감소하였으나 이에 부수하여 위생상의 문제, 불필요한 소비의 조장, 공해 문제, 낮은 인건비의 유지 등 여러 가지 문제를 야기시키고 있다.

(3) 기성복화의 영향
① 가내에서 의복을 생산하던 종래의 생활에서 벗어나 현대 사회에서는 대부분 기성복

을 구입하게 되면서 소비자는 의류 시장에 의존하는 존재가 되어 버렸다.

② 소비자는 저렴하고 견고하고 디자인이 좋으며 입기 편한 의복을 선호하게 되는데 그 중에서도 무엇보다 싼 것을 가장 많이 추구하게 되며 공급자 측은 섬유 소재를 저렴화하는 것 외에 기성 제품의 봉제 비용을 인하하는 데 관심을 갖게 된다.

③ 봉제의 합리화는 패턴의 연구, 봉제 공정의 분업화, 재봉기계의 다기능화 등에 의해서 어느 정도 가능하지만 무엇보다도 인건비의 절하가 가장 중요한 요소가 된다.

실전예상문제

1 가족의 개념과 거리가 먼 것은?

① 동일 가족이라는 의식
② 부모의 승인에 의한 남녀의 결합
③ 공동의 생계
④ 동일한 주거에서의 거주

해설 가족은 혼인 관계로 맺어진 남녀, 즉 부부와 그들의 자녀로 구성되는 혈연집단이라 할 수 있다.

2 가족의 기능 면에서 가족의 특징으로 옳은 것은?

① 포괄성과 다면성
② 포괄성과 일면성
③ 폐쇄성과 다면성
④ 폐쇄성과 일면성

해설 가족의 기능 면에서 보면 가족은 포괄성과 다면성을 갖는다.

3 가족의 사회집단으로서의 특성으로 옳은 것은?

① 가족은 공동 사회 집단이다.
② 가족은 개방적 집단이다.
③ 가족은 2차적 집단이다.
④ 가족은 내면적으로 형식적인 집단이다.

해설 가족의 사회집단으로서의 특성
• 가족은 공동 사회 집단이다. • 가족은 일차적 집단이다.
• 가족은 폐쇄적 집단이다.
• 가족은 형식적 집단이나 내면적으로는 비형식적인 집단이다.

4 가족의 일반적인 본질로 옳지 않은 것은?

① 성과 혈연의 공동체
② 가계의 공동체
③ 경제의 공동체
④ 운명의 공동체

해설 가족의 일반적 본질 : 성과 혈연의 공동체, 가계의 공동체, 운명의 공동체, 거주의 공동체, 애정의 결합체

5 가족의 기원에 대해 대립되는 두 가지 견해는?

① 혈족혼 가족과 반혈족혼 가족
② 대우혼 가족과 일부일처제 가족
③ 가족 진화설과 핵가족설
④ 모계 동족 집단과 부계 동족 집단

정답 1.② 2.① 3.① 4.③ 5.③

해설 핵가족이 어떻게 성립되었는가에 대해 가족 진화설과 핵가족설의 두 가지 학설이 대립되고 있다.

6. 핵가족의 성립에 대한 가족 진화설을 바르게 설명한 것은?

① 난혼 가족으로부터 시작하여 여러 단계를 거쳐 핵가족이 형성되었다.
② 대우혼 가족 → 반혈족혼 가족 → 혈족혼 가족 → 핵가족으로 발전해 왔다.
③ 반혈족 가족으로부터 난혼 가족을 거쳐 핵가족으로 발전해 왔다.
④ 핵가족은 인류의 역사와 함께 변함없이 존재하여 왔다.

해설 모건(L.H. Morgan)은 그의 저서인 「고대 사회」에서 가족 발전 단계설을 주장하였는데 가족의 역사는 난혼 상태 → 혈족혼 가족 → 반혈족혼 가족 → 대우혼 가족 → 일부일처제 가족의 단계로 발전해 왔다.

7. 가족 진화설을 주장한 사람으로 옳은 것은?

① 메인   ② 머독   ③ 모건   ④ 파슨스

해설 가족 진화설을 주장한 학자 : 바흐오펜(J.J. Bachofen), 엥겔스(F. Engels), 모건(L.H. Morgan)을 들 수 있다.

8. 다음 〈보기〉와 같은 주장은 핵가족의 성립에 대하여 어떠한 학설을 대표하는가?

> **보기** 모건은 가족의 역사가 난혼 상태 → 혈족혼 가족 → 반혈족혼 가족 → 대우혼 가족 → 일부일처제 가족으로 발전해왔다고 주장한다.

① 핵가족 형성설   ② 일부일처제설   ③ 가족 진화설   ④ 핵가족설

해설 가족 진화설 : 현재의 핵가족을 역사적으로 형성된 것으로 보는 학설로서, 스위스의 법학자인 바흐오펜으로부터 모건과 엥겔스에 걸쳐 주장되어 왔으며, 오늘날에도 사회주의 국가와 일본의 많은 학자들이 이를 지지하고 있다.

9. 가족 진화설을 주장한 학자라고 볼 수 없는 것은?

① 바흐오펜   ② 머독   ③ 모건   ④ 엥겔스

해설 문제 8번 해설 참조

10. 핵가족의 성립에 대한 가족 진화설의 설명으로 알맞은 것은?

① 원시 공산사회에서 최초로 핵가족이 형성되었다.

② 핵가족은 역사적 형성물이다.
③ 혈족혼 가족 다음에 일부일처제 가족이 나타났다.
④ 일부일처제의 핵가족은 인류의 역사와 함께 변함없이 존재해왔다.

해설 가족 진화설은 현재의 핵가족을 역사적으로 형성된 것으로 보는 학설이다.

11 모건의 가족 발달 단계설에 따를 때 〈보기〉의 ( ) 속에 적합한 것은?

> **보기** 난혼 상태 → 혈족혼 가족 → 반혈족혼 가족 → ( ) → 일부일처제 가족

① 단혼 가족 ② 대우혼 가족 ③ 집단혼 가족 ④ 프나루아혼 가족

해설 모건의 가족 발전 단계설 : 난혼 상태 → 혈족혼 가족 → 반혈족혼 가족(프나루아혼 가족) → 대우혼 가족(일시적 일부일처제) → 일부일처제 가족(가부장제 → 근대가족)

12 가족 진화설의 입장에서 볼 때 가장 진화된 가족 형태는 무엇인가?

① 혈족혼 가족 ② 일시적 일부일처제 ③ 일부일처제 가족 ④ 반혈족혼

해설 문제 11번 해설 참조

13 가족 진화설의 입장에서 볼 경우 가장 최초의 가족 형태는?

① 혈족혼 가족 ② 대우혼 가족 ③ 난혼 상태 ④ 일부일처제 가족

해설 문제 11번 해설 참조

14 다음 중 가족의 기원에 대한 설명으로 옳은 것은?

① 가족 진화설에서는 오늘날의 핵가족이 여러 단계를 거쳐 발전해 온 형태로 본다.
② 모건은 핵가족이 인류의 역사와 함께 변함없이 존재해 왔다는 핵가족설을 주장한다.
③ 반혈족혼 이후 혈족혼이 발달하였다.
④ 가족 진화설을 주장한 머독은 난혼 상태 이후 대우혼 가족이 발달하였다고 주장한다.

해설 모건은 그의 저서인 「고대 사회」에서 가족 발전 단계설을 주장하였는데 가족의 역사는 난혼 상태 → 혈족혼 가족 → 반혈족혼 가족 → 대우혼 가족 → 일부일처제 가족의 단계로 발전해 왔다.

정답 6.❶ 7.❸ 8.❸ 9.❷ 10.❷ 11.❷ 12.❸ 13.❸ 14.❶

15 현대 가족의 전형으로서 가장 적합한 것은?

① 대가족　　② 직계가족　　③ 핵가족　　④ 확대가족

해설 현대 가족은 부부와 그들 간의 미혼의 자녀로 구성되어 있는 핵가족이 대부분이다.

16 핵가족설을 주장한 사람에 해당되지 않는 것은?

① 모건(L.H. Morgan)　　② 웨스터마크(E.A. Westermark)
③ 머독(G. Murdock)　　④ 말리노브스키(B. Malinowski)

해설 머독(G. Murdock), 웨스터마크(E.A. Westermark), 말리노브스키(B. Malinowski), 메인(H. Maine) 등에 의해 핵가족설이 주장되어 왔다.

17 핵가족이 인류의 역사와 함께 변함없이 존재해 왔다는 주장의 근거에 해당하지 않는 것은?

① 문화인류학적 실증적 연구　　② 종의 종족 보존 본능
③ 인간의 질투심　　④ 근대자본주의 사회의 발달

해설 핵가족설 : 일부일처제의 핵가족은 인류의 역사와 함께 변함없이 존재해 왔다고 주장하는 설로서, 메인(H. Maine), 웨스터마크(E.A. Westermark), 말리노브스키(B. Malinowski), 머독(G. Murdock) 등에 의해 지지된다. 이들은 종의 보존 본능과 질투심과 같은 인간의 본성을 고려해 볼 경우에 또는 문화인류학적인 실증적 연구를 토대로 볼 경우에 핵가족설이 타당하다고 주장한다.

18 핵가족설에 대한 비판으로 옳은 것은?

① 역사적으로 다양한 형태의 가족, 모계제가 존재해 왔다.
② 인류학적 견지에서 현지 조사가 미흡하다.
③ 인간의 심리를 지나치게 강조하였다.
④ 종의 종족 본능을 지나치게 강조하였다.

해설 핵가족설은 역사적으로 다양한 형태의 가족 또는 모계제가 존재했음을 보여주는 실증적 자료가 축적되면서 핵가족설은 비판되고 있고, 일부에서는 구미의 가족형을 중심으로 지나치게 단순화되어 설명하고 있다는 비판도 있다.

19 원시 사회의 가정생활에 해당하는 것은?

① 육아와 침식을 함께 하기 위한 혈거 중심의 생활
② 가장을 중심으로 육아와 침식을 함과 동시에 전업을 충실히 수행

③ 가정생활의 사회화

④ 분업과 물물교환

해설 원시사회의 가정생활 : 혈거를 중심으로 하여 육아와 침식을 함께 하기 위해 가정생활을 형성하였다.

20 다음의 〈보기〉와 관계가 깊은 사회는 무엇인가?

> **보기** 성과 연령에 의한 자연적 분업이 이루어졌으며, 모든 노동이 공적인 의미를 가졌고, 구성원이 평등하고 민주적인 가정생활을 했던 사회이다.

① 원시 사회　　② 고대 사회　　③ 봉건제 사회　　④ 농경 사회

해설 원시 사회의 가정생활
- 공동체를 유지·발전시키기 위해 전 구성원이 협력해서 노동을 하였다.
- 성과 연령에 의한 자연적인 분업이 이루어졌다.
- 남녀 구분 없이 평등하고 민주적인 관계가 성립하였다.

21 공동체를 유지·발전시키기 위해 전 구성원이 협력해서 노동을 하였으며, 성과 연령에 의한 자연적인 분업이 이루어진 사회는 무엇인가?

① 자본주의 사회　　　　　　　② 봉건제 사회
③ 고대 사회　　　　　　　　　④ 원시 사회

해설 문제 20번 해설 참조

22 고대 사회의 질서를 확립시킨 요소로 알맞은 것은?

① 생산력의 증대로 인한 정치적 권위의 발생　　② 영주와 농노제의 발달
③ 가부장의 절대적인 권한과 가족원의 복종　　④ 공동체 구성원의 혈연 의식

해설 고대 사회에는 대가족의 질서를 보호하기 위해 사회가 형성되었으며 그 사회의 질서로서 가부장의 절대적인 권한과 가족원의 복종이 확립되었다. 또한 대가족의 가부장 사이에 장유의 순서가 생겨 가장 유력한 가부장이 그 사회의 장이 됨으로써 상하 관계에 의한 고대 사회의 조직화가 이루어졌다.

23 시대별로 가정생활의 특성이 바르게 설명된 것은?

① 자본주의 사회 — 노동 생활과 가정생활의 미분화

정답 15.❸　16.❶　17.❹　18.❶　19.❶　20.❶　21.❹　22.❸　23.❸

② 봉건 사회 — 대가족 내에서 생필품 자급자족
③ 고대 사회 — 가부장적인 일부일처제의 단혼 형성
④ 원시 사회 — 대가족과 노예제에 의한 생산

해설 고대 사회의 대가족 생활 : 고정적·가부장적 일부일처제의 단혼 형성, 대가족 형성

24 생산이 개별 가족의 손에서 벗어나 기업적인 조직체로 이양된 사회는?
① 자본주의 사회　　　　　　　　② 원시 사회
③ 고대 사회　　　　　　　　　　④ 봉건제 사회

해설 자본주의 사회는 가정생활에 많은 변화를 야기시켰는데 그 중에서도 특히 중요한 것은 생산이 개별 가족의 손에서 벗어나 기업적인 조직체로 이양된 데서 오는 영향이다.

25 자본주의 사회에서의 노동자 가족의 생활 모습으로 옳은 것은?
① 취업 중의 생활과 그 이외의 생활로 구분된다.
② 동일한 공장의 취업자는 동일한 가정생활을 영위한다.
③ 노동 생활은 가족의 전 생활 규칙을 규제한다.
④ 한 개인의 생활 모습은 언제나 통일되어 있다.

해설 자본주의 사회에 있어서 노동자 가족의 생활을 보면 직장에서의 시업 시간에서 종업 시간까지의 취업 중의 생활과 그 이외의 생활로 구분된다. 전자는 노동 생활을 의미하고, 후자는 가정생활 또는 소비생활을 의미한다. 한 개인의 생활이면서도 두 가지의 완전히 다른 생활로 나누어지게 된 것이다.

26 자본주의 사회에서의 가족 형태로 옳은 것은?
① 생활을 영위하기 위한 개별 가족　　② 가부장제적 단혼 가족
③ 생산적 노동을 위한 단혼 가족　　　④ 모계 중심적 개별 가족

해설 자본주의 사회에서의 가족 형태 : 자본주의 사회에서는 사유재산이 발생한 이후 생산과 소비가 혼연일체를 이루었던 근대 이전의 개별 가족과는 다른 형태의 가족, 즉 생산적 노동의 측면이 배제되고, 노동 또는 생산과 대비되는 개념인 생활을 영위하는 새로운 형태의 개별 가족이 등장하게 되었다.

27 자본주의 사회에서 나타나는 가정생활의 변화라 할 수 없는 것은?
① 가정생활의 사회화　　　　　　② 가정생활의 공동화
③ 가정생활의 산업화　　　　　　④ 가정생활의 궁핍화

해설 자본주의 사회에서 나타나는 가정생활의 변화 : 가정에서 분리되어 사회적으로 결합되는 생산의 범주가 확대됨에 따라 가정생활에는 커다란 변화가 일어난다. 가정생활의 변화 중 가장 현저한 것으로는 가정생활의 산업화 또는 사회화, 가정생활의 궁핍화, 가정의 소비 단위로의 전락 등을 들 수 있다.

28 자본주의 사회의 경제생활에 대한 설명으로 옳지 않은 것은?
① 노동생활과 가정생활의 분리가 확대되고 있다.
② 대규모 기계제 공업이 중심이 된다.
③ 공동화와 기업화가 진행된다.
④ 노동자 계급은 자본가와 끊임없이 협력하여 성장해 간다.

해설 자본주의 사회의 경제생활 : 농어촌이나 자영업 가정에서 생산의 공동화와 기업화가 진행된다는 점에서, 그리고 또한 이들 노동자 계층이 자본과 끊임없이 경쟁하면서 몰락해 가고 있다는 점에서 노동생활과 가정생활의 분리는 계속 확대되고 있다고 볼 수 있다.

29 자본주의 사회에서 가정생활의 궁핍화 경향이 가장 크게 나타나는 계층은?
① 노동자 및 소규모 자영업주
② 도시 자영업주
③ 도시 영세민
④ 제1차 산업 종사자

해설 자본주의 경제의 발달이 전반적인 생활수준의 향상을 초래했으나 계층 간의 격차를 더욱 확대시킴으로써 특정 계층(노동자 및 소규모 자영업주)에 있어서 상대적 궁핍화를 크게 했다.

30 가정생활이 일반 사회집단과 근본적으로 다른 특징은?
① 부부와 그 밖의 계약 관계로 구성된다.
② 경제생활의 생산과 소비를 맡고 있다.
③ 생리적이고 자연적인 공동체이다.
④ 2차적이고 이해타산적이다.

해설 가정생활은 본질적으로 육아와 침식을 위해서 형성된 공동체라 할 수 있다. 육아와 침식은 그 본질상 생리적인 것으로 초역사적 실체이며 단지 그 방법이 시대에 따라 변화해 왔을 뿐이다. 따라서 육아와 침식을 그 본질로 하는 가정생활은 생리적이고 자연적인 공동체이며 바로 이것이 일반 사회집단과 근본적으로 다른 점이다.

31 육아와 침식을 가정생활을 영위하는 본질적인 목적으로 볼 수 있는 근거에 해당하는 것은?
① 일부다처제 사회에서는 육아와 침식이 가정생활의 주요 기능이었다.
② 육아와 침식은 모든 시대를 통해 가정생활에서 수행된 초역사적 사실이다.
③ 육아와 침식을 위하여 가정 내에서 생산활동이 이루어져 왔다.

정답 24.❶ 25.❶ 26.❶ 27.❷ 28.❹ 29.❶ 30.❸ 31.❷

④ 육아와 침식은 본질상 생리적인 것으로 모든 시대에 동일한 방법으로 계속되고 있다.

해설 육아와 침식은 모든 시대를 통해 가정생활에서 수행된 초역사적 사실이다.

32 사회의 변화에 관계 없이 항상 가정에서 수행되어 온 본질적인 활동에 해당하는 것은?

① 교육, 문화　　② 교육, 종교　　③ 생산, 소비　　④ 침식, 육아

해설 역사의 흐름에 따른 사회경제적 환경의 변화에 따라 가정생활이 각각 상이한 역할을 수행해 온 사실을 고려해 볼 경우 가정생활은 확실히 역사적 범주라고 하겠다. 그러면서도 모든 시대를 통해 가정생활이 지속적으로 수행하고 있는 역할이 육아와 침식이다.

33 가정생활의 본질적 목적에 해당하는 것은?

① 애정과 교육　　② 종교와 문화　　③ 침식과 육아　　④ 생산과 소비

해설 문제 30번 해설 참조

34 가정생활의 본질을 노동력의 재생산으로 보는 견해의 학문적 배경은?

① 경제학　　② 정치학　　③ 사회학　　④ 역사학

해설 가정생활의 본질이 노동력의 재생산에 있다는 것은 단지 인간을 노동력으로 환원한 것으로 경제학적으로는 타당할지 몰라도 가정학적으로는 적합하지 않다.

35 가정생활의 동태적인 생활 행동의 측면에서 주목하여 생활을 전체적이고 종합적인 것으로 파악하는 시각은?

① 가정 구조론　　② 생활 구조론　　③ 사회 구조론　　④ 가족 시스템

해설 생활 구조론은 가정생활의 동태적인 생활 활동 측면에 주목하여 생활을 전체적이고 종합적인 시스템으로 파악하는 시각이다.

36 생활 구조론에 대한 설명으로 옳지 않은 것은?

① 물질적·사회적·문화적 제 조건을 제외한 시간적·공간적 범주 및 구체적인 생활 행동 양식이 체계화된 복합체이다.
② 인간 생활과 관련된 여러 측면을 종합적·통일적으로 인식하고자 한다.
③ 생활을 기능 면에서 노동과 소비·휴양의 순환으로 본다.

④ 생활의 기능 분화의 동적 측면과 확대하는 생활 제 측면의 상호 관련성을 파악하려는 개념이다.

해설 생활 구조란 생활 시스템의 구조적 측면으로서 개인 또는 가족의 생활의 전 분야와 이에 관련된 물질적·사회적·문화적 제 조건, 그리고 시간적·공간적 범주 및 구체적인 생활 행동 양식이 체계화된 복합체를 의미한다. 또한 생활의 기능 분화의 동적 측면과 확대하는 생활 제 측면의 상호 관련성을 파악하려는 개념이다.

37 생활 구조에 있어서 생활의 내적 요인이라 할 수 있는 것은?

① 수단과 금전 ② 역할과 의식 ③ 사회와 문화 ④ 시간과 공간

해설 생활 구조에 있어서 생활의 요인
- 생활의 내적 요인 : 역할과 의식은 생활을 안으로부터 쌓아 가는 요인이다.
- 생활의 외적 요인 : 시간과 공간은 생활을 밖으로부터 제한하는 조건이다.
- 생활의 매개적 요인 : 수단과 금전은 생활의 전개를 촉진하는 조건이다.

38 생활 구조의 요소에 해당하지 않는 것은?

① 생활 수단 구조 ② 생활 문화 구조 ③ 생활 정치 구조 ④ 생활 시간 구조

해설 생활 구조의 요소
- 생활 시간 구조 : 노동, 여가 및 소비의 시간적 배분
- 생활 공간 구조 : 직장, 여가의 장, 가정의 주거 공간
- 생활 수단 구조 : 의·식·주 등 소비재의 소유와 배치
- 경영·가계 구조 : 경영, 소득의 규모, 가계의 배분 상황
- 생활 관계 구조 : 가족 내의 역할 분담과 권력 구조
- 생활 문화 구조 : 가풍, 관습, 문화의 전달

39 가정생활의 구조 중에서 여가 및 소비의 시간적 배분과 관련된 것은?

① 생활 시간 구조
② 생활 수단 구조
③ 경영·가계 구조
④ 생활 문화 구조

해설 문제 38번 해설 참조

40 생활 구조의 내용을 생활의 기능 면과 구조적 요인 면으로 나누어 볼 때, 생활의 기능 면에서의 활동은 무엇인가?

① 관계 형성 활동 ② 배분 활동 ③ 소비 활동 ④ 재생산 활동

정답 32.④ 33.❸ 34.❶ 35.❷ 36.❶ 37.❷ 38.❸ 39.❶ 40.❹

해설 생활을 기능 면에서 볼 경우에 물질의 재생산, 조직의 재생산, 정신의 재생산, 그리고 생명의 재생산 등 네 가지의 재생산 활동을 행하는 과정으로 볼 수 있다.

41 가정생활 구조에서 가족 내의 역할 분담과 권력 구조를 나타내는 것은?
① 경영·가계 구조   ② 생활 문화 구조   ③ 생활 관계 구조   ④ 생활 시간 구조

해설 문제 38번 해설 참조

42 생활 행동을 규정하는 요인이 아닌 것은?
① 공간   ② 수단   ③ 지위   ④ 시간

해설 생활 행동을 규정하는 요인 : 시간, 공간, 수단, 금전, 역할 관계, 생활 규범 등

43 가정생활의 구조 중 의·식·주 등 소비재의 소유 및 배치와 관련된 것은?
① 생활 문화 구조   ② 경영·가계 구조   ③ 생활 수단 구조   ④ 생활 시간 구조

해설 문제 38번 해설 참조

44 생활 구조론에서 생활을 기능 면에서 볼 때 나타나는 재생산 활동에 해당되지 않는 것은?
① 사회의 재생산   ② 조직의 재생산   ③ 정신의 재생산   ④ 물질의 재생산

해설 문제 40번 해설 참조

45 생활 구조론에서 인간이 화폐를 매개로 한 노동력의 소비가 가져오는 결과로 적절하지 않은 것은?
① 욕구의 재생산   ② 물(物)의 소비   ③ 물(物)의 생산   ④ 생명의 재생산

해설 인간은 화폐를 매개로 해서 노동력의 소비 = 물(物)의 생산 → 물(物)의 소비 = 생명의 재생산 = 노동력의 재생산이라는 생산과 소비의 과정에서 생존하고 있다.

46 사회 체계 내에서 가족이 수행하는 역할이나 현상적으로 인식할 수 있는 활동을 무엇이라고 하는가?
① 역할   ② 기능   ③ 체제   ④ 구조

해설 기능(function)이라는 개념은 사회 체계 내에서 가족이 수행하는 역할이라든가, 현상적으로 인식할 수 있는 활동을 의미한다. 일반적으로 가족의 기능으로 일컬어지고 있는 것은 대부분 장소를 필요로 하고 또한 인간의 생활이 전제가 되므로 가족의 기능을 그대로 가족 생활의 기능으로 이해해도 될 것이다.

47 가족의 기능을 방향성의 관점에서 볼 때 고려해야 할 가능성으로 옳은 것은?

① 기초적 기능과 2차적 기능
② 본질적 기능과 문화적 기능
③ 사회의 요구에 순응함과 개개인의 기대에 부응
④ 경제적 기능과 문화적 기능

해설 가족의 기능을 방향성의 관점에서 볼 때 고려해야 할 점 : 사회의 요구에 순응함과 개개인의 기대에 부응하는 점을 고려해야 하며, 이는 가족의 대외적 기능과 대내적 기능으로 분리할 수 있다.

48 머독(Murdock)이 제시한 핵가족의 보편적·기초적인 기능이 아닌 것은?

① 생식　　② 경제　　③ 애정　　④ 교육

해설 머독(G. Murdock)은 핵가족의 보편적·기초적인 기능으로서 성(性)·생식·경제·교육을 제시했다.

49 가족의 기능에 대한 설명으로 옳지 않은 것은?

① 결혼에 의하여 성립한다.
② 성적 통제를 한다.
③ 문화를 전승한다.
④ 생식의 욕구를 충족시킨다.

해설 가족 기능의 유형

차원 \ 방향성	대내적 기능 (가족원 개인에 대한 기능)	대외적 기능 (사회 전체에 대한 기능)
고유 기능	성·애정	성적 통제
	생식·양육	종족 보전(종의 재생산)
기초적 기능	생산(영업·고용)	노동력 제공
	소비	생활 보장
파생 기능	교육	문화 전달
	보호, 휴식, 오락, 종교	심리적·신체적·문화적·정신적 사회의 안정화

50 가족의 대외적 기능끼리 묶인 것은?

정답 41.③ 42.③ 43.③ 44.① 45.① 46.② 47.③ 48.③ 49.① 50.③

① 양육의 기능, 성적 통제의 기능 ② 생활 보장의 기능, 교육의 기능
③ 종족 보존의 기능, 문화 전달의 기능 ④ 애정의 기능, 생식의 기능

해설 가족의 대외적 기능 : 성적 통제, 종족 보존(종의 재생산), 노동력 제공, 생활 보장, 문화 전달, 심리적·신체적·문화적·정신적 사회의 안정화

51 가족의 기능을 대내·대외적으로 나눌 때, 대내적 기능끼리 묶인 것은?
① 종교의 기능, 사회 안정화의 기능 ② 생산 기능, 노동력 제공 기능
③ 애정의 기능, 성적 통제 기능 ④ 성의 기능, 생식의 기능

해설 문제 49번 해설 참조

52 가족의 고유 기능과 파생 기능을 성립시키는 기초적 기능에 속하는 것은?
① 경제적 기능 ② 생식·양육의 기능
③ 교육의 기능 ④ 성·애정의 기능

해설 경제적 기능은 가족의 고유 기능과 파생 기능을 성립시키는 기초적 기능에 속한다.

53 가족의 기능은 방향성과 차원을 조합하여 나눌 수 있다. 이때 차원의 세 범주가 아닌 것은?
① 파생 기능 ② 생식·양육의 기능
③ 기초적 기능 ④ 고유 기능

해설 생식·양육의 기능은 가족의 고유 기능에 속하는 하위의 것이다.

54 가족의 기능 중 대외적 기능으로서 파생 기능에 속하는 것은?
① 문화 전달 ② 노동력 제공 ③ 종족 보존 ④ 생활 보장

해설 ②·④ : 기초적 기능, ③ : 고유 기능

55 가족 기능 상실론의 입장에서 가족의 기능 변화에 대한 설명으로 옳은 것은?
① 가족의 부 기능은 불변이나 주 기능은 감퇴되고 있다.
② 가족의 주 기능은 불변이나 부 기능은 감퇴되고 있다.
③ 가족의 모든 기능이 점차 강화되고 있다.

④ 가족의 모든 기능이 점차 상실되고 있다.

해설 가족 기능 상실론의 입장에서 가족의 기능 변화 : 가족의 기능을 주 기능과 부 기능으로 분류하고, 주 기능인 성애, 생식, 보육 등의 기능은 문화의 수준과 관계없이 시대적·지역적으로 불변하지만, 부 기능은 정도의 차이는 있으나 점차 감퇴해 간다.

56 가정의 기능 중 가정생활이 가진 가장 근원적인 기능에 해당하는 것은?

① 성적 안정의 기능
② 자녀의 출산 기능
③ 생활을 구축·보호하는 기능
④ 사회에의 공헌 기능

해설 자녀의 출산은 새로운 생명, 새로운 노동력, 새로운 인간상의 재생산이며, 가족에 있어서 중요한 인생의 전기가 된다. 이것은 가정생활이 가진 가장 근원적인 기능이다.

57 가정 기능의 사회화를 촉진하는 요소에 해당하는 것은?

① 재화와 용역의 대량 생산
② 가정 기기로 인한 가정 내 생산성 증대
③ 기혼 여성의 취업 감소
④ 가정 고유의 맛에 대한 욕구 증대

해설 가정 기능의 사회화를 촉진하는 요소 : 재화와 용역의 대량 생산, 기혼 여성의 취업 증가

58 가정의 기능 중 현대사회의 인간소외, 경쟁의 격화, 고독화, 스트레스에 의한 정신불안 등에 대응하기 위해 점차 그 중요성이 증대되고 있는 것은?

① 성적 안정의 기능
② 정신적·신체적 피로 회복 기능
③ 물질적 안정과 사회에의 공헌 기능
④ 자녀의 출산 및 양육·교육 기능

해설 가정의 기능 중 정신적·신체적인 피로 회복 기능
• 현대사회의 인간소외, 경쟁의 격화, 고독화, 스트레스에 의한 정신불안 등에 대응하기 위해 점차 그 중요성이 증대된다.
• 최근 가족원의 긴장이 높아지면서 요구도가 높아지고 있다.

59 가정의 기능 중 최근 가족원의 긴장이 높아지면서 요구도가 높아지고 있는 것은?

① 피로 회복의 기능
② 생활 보호의 기능
③ 자녀 양육의 기능
④ 성적 안정의 기능

해설 문제 58번 해설 참조

정답 51.④ 52.❶ 53.❷ 54.❶ 55.❷ 56.❷ 57.❶ 58.❷ 59.❶

60 가족 간의 상호부조의 기능, 생활 보장의 기능을 갖는 가정생활의 기능은?

① 성적 안정의 기능 ② 자녀 양육의 기능
③ 생활 보호의 기능 ④ 피로 회복의 기능

해설 생활을 구축하고 보호하는 기능 : 가족 간의 상호부조의 기능, 생활 보장의 기능을 갖는 가정생활의 기능이다.

61 우리나라 가정의 구조 변화가 일어나기 시작한 시기는?

① 1950년대 이후 ② 1955년 이후 ③ 1960년대 이후 ④ 1965년 이후

해설 우리나라 가정의 구조 변화는 1960년 이후에 일어나기 시작해서 여러 가지 양상으로 전개되고 있다.

62 우리나라에서 나타난 가족을 중심으로 한 변화로 적합하지 않은 것은?

① 가정의 계층 변화 ② 맞벌이 부부 가정의 출현 및 증가
③ 가족원 수의 감소 ④ 생활의 단위인 가구 수의 감소

해설 우리나라에서 최근 두드러진 가정의 구조 변화는 가구 수의 증가와 가족원 수의 감소, 가정의 계층 변화, 맞벌이 부부 가정의 출현 및 증가, 노인 가족의 출현 등을 들 수 있다.

63 현대 우리 사회의 가족 구조 변화를 바르게 나타낸 것은?

① 일인 가족의 감소 ② 맞벌이 가정의 감소 ③ 노인 가족의 증가 ④ 가족원 수의 증가

해설 현대 우리 사회의 가족 구조 특징 : 가구 수의 증가와 가족원 수의 감소 및 맞벌이 가정의 증가를 들 수 있다. 또한 평균수명의 신장에 의해 65세 이상의 노인인구는 계속 증가하고 있다.

64 우리나라 가정의 형태 변화와 현상에 대한 설명으로 옳은 것은?

① 단독 가구의 증가
② 노인 가족의 감소
③ 남성은 시장 노동에 참여하고 여성은 가사 노동에 참여하는 성 역할 고정화
④ 가족원 수의 증가와 가구 수의 감소

해설 우리나라 가정의 형태 변화와 현상
- 가구 수의 급증과 가족원 수의 감소
- 노인 가족의 출현 및 증가
- 출생률의 저하와 핵가족화
- 노동자 계층의 증대와 맞벌이 부부 가정의 출현 및 증가
- 독신 가구의 증가

65 우리나라 가구 규모가 축소되는 원인에 해당하는 것은?

① 단독 가구의 감소
② 확대가족의 증가
③ 평균수명의 감소
④ 자녀 수의 감소

해설 우리나라 가구 규모 축소의 원인
• 자녀 수의 감소
• 평균수명의 증가
• 단독 가구의 증가
• 핵가족화의 현상

66 우리나라 가족 형태의 구성비의 추이에서 가장 현저하게 나타나는 경향은?

① 단독 가구의 증가
② 양친+부부+자녀 형태의 가족 증가
③ 핵가족 가구의 증가
④ 직계가족 가구의 증가

해설 가족 형태의 구성비의 추이에서 가장 현저하게 나타나는 경향인 단독 가구의 급증은 가구 규모의 축소를 설명하는 요인이 된다.

67 우리나라에서 나타나는 단독 가구 증가 추세의 원인이라 볼 수 있는 것은?

① 소비 기능만 담당하는 자영업주 가구의 증가
② 근로자 계층 가족의 증가
③ 결혼 적령기에 달한 미혼 남녀의 분가 증가
④ 산업화에 따른 노동 인력의 감소

해설 우리나라에서 나타나는 단독 가구 증가 추세의 원인 : 평균수명 연장에 의해 증가한 노년층 중 자녀와 동거하지 않고 독신 가구를 형성하는 사람이 증가하고 또한 결혼 적령기에 달한 미혼 남녀의 분가가 늘어난 데 기인한 것으로 생각된다.

68 우리나라 가정의 형태 변화와 현상에 대한 특징으로 볼 수 없는 것은?

① 출생률의 저하와 핵가족화
② 독신 가구의 증가와 노인 가족의 출현
③ 확대가족의 증가와 지역 간의 인구 이동
④ 노동자 계층의 증대와 맞벌이 부부 가정의 출현

해설 문제 64번 해설 참조

69 식생활의 현상에 대한 설명으로 옳은 것은?

① 지방의 섭취량이 감소하고 있다.
② 식품의 자급률이 감소하고 있다.
③ 곡류에서 섭취하는 열량비가 증가하고 있다.
④ 의식주 생활 중에서 만족도가 가장 낮다.

정답 60.❸ 61.❸ 62.❹ 63.❸ 64.❶ 65.❹ 66.❶ 67.❸ 68.❸ 69.❷

해설 식품 공급의 문제를 보면 우리나라의 식품 자급률이 낮아지는 경향이다. 특히 곡류와 콩류의 자급률이 낮아지고 있으며, 유지류와 육류 중 쇠고기의 자급률 역시 낮아지고 있다.

70 식품의 유통에서 나타나는 문제라 할 수 없는 것은?

① 소비자의 과도한 지출
② 자본의 비대화와 과점화
③ 자본의 확대로 인한 생산자인 농민의 이윤 증가
④ 농가에서의 식품 구입에 따른 식품 유통 부문의 거대화

해설 오늘날 근로자 가구는 물론 농가에 있어서도 식품의 상당 부분을 구입하게 되면서 식품의 유통이 거대화되고 이에 따라 자본도 비대화되고 있다. 그 결과 식품 유통의 중요한 부분을 점하는 자본은 점차 과점화되어 가격체계를 좌우하게 됨으로써 생산자인 농민의 이윤이 감소되고 소비자는 과도한 지출을 하게 된다.

71 식품의 가공이 갖는 의의로 볼 수 없는 것은?

① 식량의 대량 유통을 가능하게 한다.
② 식품의 이용도를 다양화한다.
③ 식품의 변질을 방지한다.
④ 식품의 품질과 보존성을 고양시킨다.

해설 식품 가공이 갖는 의의 : 식품의 변질을 방지하는 동시에 식품의 품질과 보존성을 제고시키며 식품의 이용도를 다양화시킨다.

72 오늘날의 가정생활 실태에 대한 설명으로 적합한 것은?

① 가족주의의 강화로 이혼이 감소되었다.
② 임대주택이 확대 공급되어 주택 문제가 해소되었다.
③ 신소재의 개발로 의생활 비용이 크게 감소하였다.
④ 가공식품의 안전성 문제가 제기되고 있다.

해설 식생활의 실태 : 오늘날 대량 생산·대량 판매가 식품 가공 분야로 그 영역을 넓혀 유통 범위가 확대됨에 따라 안전성에 위험이 생기게 되었다.

73 최근 우리나라의 국민 식생활의 변화 모습이라 할 수 없는 것은?

① 식생활의 전문화
② 식생활의 가공식품화
③ 식생활의 레저화
④ 식생활의 국제화

해설 최근 우리나라의 국민 식생활의 변화 모습 : 그동안 고도의 경제 성장과 산업화에 따른 여러 가지 사회적·경제적 요인이 국민의 식생활에 대한 가치관을 변화시켜 식생활의 국제화, 가공식품화, 식생활의 레저화 등 식생활 양상에 있어서 혁신적인 변화를 야기시켰다. 이러한 혁신은 생활수준의 향상, 여성의 사회 참여, 사회의 레저 지향화와 궤를 같이 하며 동시에 생활의 간소화를 지향하고자 하는 경향을 반영한다.

74 오늘날 우리나라 식생활의 혁신이 가져다 준 문제점으로 볼 수 없는 것은?
① 국적 불명의 음식 만연
② 식생활 가치의 왜곡
③ 영양의 불균형
④ 다양한 식품들의 전시성

해설 식생활의 혁신은 영양의 불균형, 위생상 및 조리 과정의 안전성의 문제, 국적 불명의 음식 만연, 식생활 가치의 왜곡 등의 모순을 내포하고 있으며 결과적으로 식생활 기술을 퇴보시킨다.

75 주택 부족의 정도가 연차적으로 심해지는 원인으로 가장 적합한 것은?
① 핵가족화에 따른 단독가구의 증가
② 가치관의 변화에 의한 주택 소유 의식 감소
③ 가구 수의 증가를 주택 공급이 따르지 못한다.
④ 농경지로의 대량 전환

해설 주택 부족률의 연차별 추이 : 주택 부족의 정도가 심해지고 있음을 통해 알 수 있는데 이는 가구 수의 증가를 주택 공급이 따르지 못하기 때문이다.

76 오늘날의 가정생활 실태를 바르게 설명한 것은?
① 가족주의의 강화로 가족의 안정성이 높아졌다.
② 주택 공급이 확대되었으나 여전히 주택이 부족하다.
③ 신소재의 개발로 의생활 비용이 크게 감소하였다.
④ 가공식품의 발달로 영양 결핍 문제는 해결되었다.

해설 문제 75번 해설 참조

77 우리나라의 개별 가계에서 주생활에 가장 치중했던 분야는 무엇인가?
① 학군 및 교통편의 등 사회환경의 추구
② 사회간접자본의 확충
③ 내집 마련
④ 내구재의 확보

해설 주택 수요의 증가는 주택 소유에 대한 국민의 왕성한 요구에 의해서도 기인하는데, 지금까지도 우리나라 개별 가계에서는 내집 마련이라는 목표를 내걸고 주생활에 치중하고 있다.

정답 70.❸ 71.❶ 72.❹ 73.❶ 74.❹ 75.❸ 76.❷ 77.❸

78 주생활 수준의 악화 요인으로 볼 수 없는 것은?

① 임대주택의 확충
② 주택 수요의 급증
③ 지가주의의 보편화
④ 주택 공급의 부족

해설 주생활 수준이 악화된 원인
- 주택 수요의 증가(가구 수의 증가)
- 주택 공급의 불충분
- 지가주의의 보편화(주택 소유에 대한 국민의 왕성한 요구)

79 주택 문제에 있어서 앞으로 나아가야 할 방향으로 적합치 않은 것은?

① 소형 주택 보급을 통해 최저 생활 수준 이하 계층의 주택 문제 해결에 주안점을 둔다.
② 정부는 주거 비용 절감을 통한 수요 본위의 정책을 마련한다.
③ 임차인 보호 정책이 강구되며 공공임대주택이 활성화되어야 한다.
④ 소유권 절대 원칙에 기초하여 사용권을 제한한다.

해설 주택 문제에 대한 앞으로의 방향점
- 주택 제도 금융의 확립이 필요하다.
- 주택 및 주거 공간에 대한 인식을 새로이 해야 한다.
- 소형 주택 보급을 통해 최저 생활 수준 이하 계층의 주택 문제 해결에 주안점을 둔다.
- 임차인 보호 정책이 강구되며 공공임대주택이 활성화되어야 한다.
- 정부는 주택 가격 안정 또는 주거 비용 절감을 통한 수요 본위의 정책을 마련해야 할 것이다.

80 가정생활의 변화 경향에 대한 설명으로 옳은 것은?

① 합성섬유가 발달하면서 가정에서의 의류 제작 활동은 감소했으나 화학섬유로 인한 의류 공해가 문제시되고 있다.
② 주택 공급의 확대와 가구 수의 감소로 주택의 수요와 공급은 균형을 이루고 있다.
③ 식품가공업의 발달로 가정 내에서의 비경제적이고 비위생적인 조리 활동은 소멸되고 있다.
④ 식생활의 혁신으로 영양 균형, 조리 과정의 안전성이 보장되고 있다.

해설 화학섬유는 급속도로 천연섬유의 분야로 진출해서 모든 의류제품에 이용되게 되었다. 합성섬유가 발달하면서 가정에서의 의류 제작 활동은 감소했으나 화학섬유로 인한 의류 공해가 문제시되고 있다.

81 합성섬유(화학섬유)의 장점으로 볼 수 없는 것은?

① 값이 싸다.
② 보존에 대한 품질의 안정성이 높다.
③ 재이용할 수 있어 경제적이다.
④ 해충과 습기에 대한 안정성이 우수하다.

해설 소비자의 입장에서 볼 때 합성섬유가 가진 장·단점
- 장점 : 값이 싸다, 견고도에 있어서 천연섬유의 결점을 보완할 만큼 강하다. 그리고 보존에 대한 품질의 안정성, 즉 해충과 습기에 대한 안정성이 우수하다.
- 단점 : 천연섬유처럼 재이용하기가 곤란하고 또한 통기성과 흡습성과 같은 기본적 조건이 결여되어 있다.

82 합성섬유의 출현과 의류품의 기성품화로 인해 나타나는 문제로 볼 수 없는 것은?

① 비싼 가격
② 위생상의 문제
③ 불필요한 소비의 조장
④ 공해 문제

해설 합성섬유의 출현과 의류품의 기성품화는 의생활에 일대 혁신을 가져오고 가사를 대폭 경감시켰으나 이에 부수하여 위생상의 문제, 불필요한 소비의 조장, 공해 문제, 낮은 인건비의 유지 등 여러 가지 문제를 야기시키고 있다.

83 우리나라 현대 가정생활의 현상에 대한 설명으로 옳은 것은?

① 합성섬유의 출현과 의류품의 기성품화로 의복 제작과 관련된 가사 노동이 감소하였다.
② 식품과 영양 섭취 수준이 양적·질적으로 향상되어 영양소 부족의 문제는 완전히 해결되었다.
③ 가족원 수의 증가로 가구 수가 감소하고 있다.
④ 핵가족화로 가족원 간의 민주화가 완전히 이루어지고 있다.

해설 문제 82번 해설 참조

정답 78.❶ 79.❹ 80.❶ 81.❸ 82.❶ 83.❶

MEMO

08 건강 가정론

 단원 개요

건강한 가족이란 가족원 상호 간의 규칙적이고 다양한 상호작용을 통하여 가족의 공동체적·정서적·도덕적 관계 향상을 도모하는 가족이다. 우리 사회에서 건강 가정을 설명하는 이론은 매우 다양하다. 그 이유는 가정 혹은 가족이 갖는 사회문화적 의미가 다양할 뿐 아니라 가족의 구조와 기능, 가족원의 역할과 지위, 가족 관계 등이 시대에 따라 끊임없이 변하기 때문이다. 또한「건강가정기본법」은 가정의 건강성 증진을 통하여 건강한 사회를 구현하는 것이 궁극적으로 개인의 행복과도 불가분의 관계를 맺는다는 '개인-가정-사회'의 상호작용적인 관점을 가진다. 건강가정사업은 거시적인 접근 방법인 가족 정책과는 달리 가족 복지를 실천하는 한 방법으로 개별적이고 심리적이며 미시적인 접근 방법이다. 즉, 가족의 개인 및 구성원들이 원만한 인간관계를 맺을 수 있도록 도와주는 서비스라고 할 수 있다.

 출제 경향 및 수험 대책

이 단원에서는 건강 가정의 개념과 이론(가족 체계 이론, 상징적 상호 작용 이론, 가족 발달 이론, 여권주의 이론, 교환 이론),「건강가정기본법」, 건강가정사업의 실천 접근 방향, 건강가정사의 정의와 역할 등에 대해서 묻는 문제들이 출제될 수 있는 바, 자세하고 철저한 학습이 요구된다.

8

01 건강 가정의 개념 및 이론

1 건강 가정의 개념

① 가정이란 가족 구성원이 생계 또는 주거를 같이하는 공동체로서의 구성원의 일상적인 부양·양육·보호·교육 등이 이루어지는 생활 단위를 말한다.
② 건강 가정은 가족 구성원의 욕구가 충족되고 인간다운 삶이 보장되는 가정을 말한다.
③ 건강한 가족이란 가족원 상호 간의 규칙적이고 다양한 상호작용을 통하여 가족의 공동체적·정서적·도덕적 관계 향상을 도모하는 가족이다.
④ 건강한 가족이란 개인적 차원에서 가족원 개개인의 성장과 발달을 도모하고, 가족 체계가 잘 유지되면서 가족 가치관을 지속적으로 발전시키고 있는 가족이다.
⑤ 올슨(Olson)과 드프레인(DeFrain) : 모든 가정은 잠재적 성장 영역을 가지고 있다는 의미에서 건강성을 가지고 있으며, 가정의 건강성은 가정의 구조나 형태를 말하는 것이 아니라 그것의 기능을 말하는 것이다.

2 건강 가정에 대한 이론

(1) 가족 체계 이론

① 가족 체계 이론(family system theory)의 정의
  ㉠ 일반적으로 가족에 대해 체계론적 관점을 적용한 이론이다.
  ㉡ 가족이 복잡한 내·외적 환경 속에서 어떻게 적응하고 성장해 가는지를 중요하게 다룬다.
  ㉢ 가족을 하나의 체계로 바라보며 가족 안에서 가족원들이 어떻게 관계를 맺으며 외부 체계와는 어떻게 교류하는지를 밝히고자 한다.
  ㉣ 가족 체계 내부 혹은 가족과 외부 체계 사이에서 발생하는 스트레스를 이해할 뿐 아니라 이에 대처하는 가족의 적응 방식을 다룬다.
② 주요 개념
  ㉠ 가족의 항상성 및 변화 가능성 : 항상성은 체계의 안정을 유지하려는 기능이나 항상성의 정도가 지나쳐 가족원들이 성장하고 변화하려는 속성을 방해한다면 체계의 긍정적인 기능은 감소하고 역기능이 증가하게 된다.
  ㉡ 기능적인 가족 체계와 역기능적인 가족 체계 : 기능적인 가족 체계는 가족원들에게 지속적인 성장과 발달의 기회를 제공하나 가족은 때로 가족원의 잠재 능력을 저해할 수 있는데 이를 역기능적인 가족 체계라 한다.
  ㉢ 가족 하위 체계 : 가족의 하위 체계에는 부부 하위 체계, 부모 하위 체계, 형제자매 하위 체계, 부모-자녀 하위 체계 등이 있으며, 이들 하위 체계는 체계 간 경계가 명확하고, 서로 개방적인 의사소통의 교류가 많을수록 건강한 가족이다.

추가 설명

가족의 기능
건강 가정이란 가족의 기능을 잘 수행하는 가정이다.
- 고유 기능 : 애정과 성의 기능이 있고 생식의 기능과 양육의 기능이 있다.
- 기초 기능 : 가정의 경제적인 안정을 위한 생산 기능과 소비의 기능이 있다.
- 부차적 기능 : 보호, 휴식, 오락, 종교의 기능이 있으며 이러한 기능이 이루어지면 심리적, 신체적, 문화적, 정신적으로 사회의 안정화를 가져온다.

추가 설명

가족의 하위 체계
- 부부 하위 체계 : 가족의 중심 체계로서 사랑과 친밀성을 전제로 상호 지지와 협동이 있어야 하고, 동시에 서로 독립적으로 행동할 수 있는 능력이 있어야 한다.
- 부모 하위 체계 : 자녀에 초점을 두고 전체 가족을 이끌어 가는 책임과 리더십을 갖는다.
- 형제자매 하위 체계 : 대부분 같은 세대로 이루어지므로 동년배 정신과 우정을 발달시킨다.
- 부모-자녀 하위 체계 : 세대가 다른 가족원들로 구성되므로 부모는 자녀에게 엄격함과 허용의 수준을 적절히 조화시켜야 한다.

㉣ 가족 규칙 : 모든 가족은 일정한 규칙(rule)을 갖고 있으며, 일련의 명시적이고 암시적인 규칙을 만들어 간다.
            ㉤ 스트레스에 대한 대처와 유능성 : 가족 안에서 불가피하게 다양한 스트레스(stress)가 발생하나 유능성이 높은 가족원은 다양한 스트레스에 직면하여 건강한 자아 개념 및 효능감을 최대한 발휘할 뿐 아니라 문제에 적극 대처하는 경향이 있다.
            ㉥ 가족의 경계 : 가족이 건강하게 기능하기 위해서는 체계의 경계가 명확해야 한다.
            ㉦ 환경 체계 : 환경 체계란 개인을 둘러싸고 있는 네 가지 수준의 체계와 그 체계들 사이의 위계를 말하며, 미시 체계, 중간 체계, 외체계, 거시 체계로 나누어진다.
        ③ 건강 가정에의 활용
            ㉠ 가족 및 가족 문제를 바라보는 개념적 틀로서의 유용성 : 가족 문제를 직접 해결하는 특정 방법이나 기술보다는 가족과 가족 문제를 폭넓게 이해하고 사정하는 개념적 틀로서의 유용성이 강조된다.
            ㉡ 가족 문제 사정과 개입의 방법론적 유용성 : 가족 체계 이론을 활용하는 실천가들은 가족 문제를 가족원 개인이나 환경, 즉 양자 간의 상호작용에서 발생한 것으로 이해하므로 개입의 목적은 가족원들로 하여금 생활 과업을 효과적으로 수행하고 스트레스를 완화시켜 잘 적응하도록 돕는 데 있다.

(2) 상징적 상호작용 이론

① 상징적 상호작용 이론(symbolic interaction)
    ㉠ 다양한 상호작용 이론 가운데 가장 핵심이 되는 이론이다.
    ㉡ 개인 간의 상호작용 과정과 그러한 상호작용이 개인과 사회에 미치는 결과에 대해 관심이 있다.
    ㉢ 가족 안에서 이루어지는 언어적·비언어적 행동과 그러한 상호작용이 가족원의 성장과 발달에 어떤 영향을 미치는지를 체계적으로 연구하는 유용한 이론적 틀이다.
② 상징적 상호작용 이론의 기본 전제
    ㉠ 개인들은 자아 개념을 갖고 태어나는 것이 아니라 사회적 상호작용을 통해 발달시킨다.
    ㉡ 개인이 사물을 다루면서 사용하는 해석적 과정을 통해 조직되고 수정된다.
    ㉢ 사람들이 상호작용하는 과정에서 형성되는 것으로 인간 행동의 이해는 그 행위의 동기 및 의미를 통해 파악된다.
    ㉣ 비환원주의적 인간관으로서 인간은 그들이 부여하는 사물의 의미에 근거하여 행동한다.
    ㉤ 개인들은 일상에서의 사회적 상호작용을 통해 사회구조의 미세한 부분들을 이루어 간다.
    ㉥ 개인과 소집단은 문화적이고 사회적인 과정의 영향을 받는다.

> **추가 설명**
> **가족의 환경 체계**
> - 미시 체계 : 일상적으로 겪게 되는 상황이면서 동시에 개인이 직접 접촉하는 물리적 환경이다. 예 가족과 놀이터, 학교, 동아리, 또래 친구 등
> - 중간 체계 : 상호작용하고 있는 여러 개의 미시 체계를 말한다. 예 가정과 학교의 관계, 학교와 직장의 관계 등
> - 외체계 : 개인이 직접 참여하고 있지는 않지만 그 개인의 발달에 일정한 영향을 주는 환경 체계이다.
> - 거시 체계 : 일반적으로 문화, 정치, 사회, 종교, 경제 정책과 같이 광범위한 사회적 맥락을 포함한다.

ⓐ 일단 발달된 자아 개념은 행동에 중요한 동기를 부여한다.
③ 주요 개념
  ㉠ 자아 개념
    • 자아(self)란 어떤 개인이 자기 것이라고 말할 수 있는 모든 것을 말한다.
    • 미드(Mead) : 자아가 있다는 것은 개인 그 자체가 사회의 하나의 축소판이며, 정신적인 생활이 가능하다는 것을 말한다.
  ㉡ 지위와 역할
    • 지위(status) : 어떤 구조 내에서 개인이 차지하는 위치를 말하는데, 한 개인은 연령, 성, 종교, 국적 등에 따른 지위를 갖는다.
    • 역할(role) : 기대된 행위에 대한 지식뿐 아니라 문화적으로 적절한 가치관과 감정도 포함한다.
④ 건강 가정에의 활용
  ㉠ 가족 내에서 이루어지는 상징적 상호작용이 무엇인지를 이해하는 데 도움을 준다.
  ㉡ 가족 안에서 이루어지는 사회화의 기능을 체계적으로 이해하도록 해 준다.

(3) 가족 발달 이론

① 가족의 발달을 설명하는 이론
  ㉠ 생애 주기적 관점 : 가족이란 보다 거시적인 차원에서 가족이 처한 시간과 공간의 차원, 그리고 사회적, 역사적인 맥락의 차원에서 존재한다는 것을 강조한다.
  ㉡ 가족 발달론
    • 한 인간의 발달과 마찬가지로 같은 시대의 대부분의 가족들은 일정한 단계를 거치면서 발달해 간다는 점을 전제로 한다.
    • 가족의 생애과정의 단계가 이동할 때 경험하는 체계적이고 유형화된 변동과정에 초점을 둔다.
    • 내부적으로는 가족원의 요구, 외부적으로는 사회의 요구에 의해서 정해진 일련의 단계로 가족의 변화과정을 설명한다.
② 주요 개념
  ㉠ 핵가족의 가족생활 주기 : 두 사람이 결혼하여 가정을 이루고 자녀를 낳아 키워 독립시킨 후 남은 삶에 적응해 가는 과정으로서, 부부와 자녀 중심의 단계별 특징과 과업을 보여준다.
  ㉡ 대가족의 가족생활 주기 : 결혼 전 원가족으로부터의 분화를 시작으로 자신 및 배우자의 확대가족과 좋은 관계를 형성하고 유지하는 등 보다 넓은 범위의 가족 관계와 과업을 고려하고 있으며 가족주의 가치관이 강한 우리의 가족을 이해하는 데 유용한 도움을 받을 수 있다.
  ㉢ 이혼 및 재혼 가족의 가족생활 주기 : 이혼과 재혼 가정의 경우에는 전통적인 일

추가 설명
자아 형성의 단계
• 1단계 준비 단계 : 아이들은 아무런 의미를 모르고 무조건 모방을 한다.
• 2단계 놀이 단계 : 실질적인 역할 담당이 일어난다.
• 3단계 게임 단계 : 아이의 자아가 제대로 형성된다.

추가 설명
듀발(E. Duvall)
2세대 핵가족을 중심으로 8단계의 가족생활 주기를 제시하였다.

추가 설명
우리나라의 가족생활 주기(유영주)
• 형성기 : 결혼부터 첫 자녀의 출산 전까지
• 자녀 출산 및 양육기 : 첫 자녀의 출산부터 첫 자녀의 초등학교 입학 전까지
• 자녀 교육기 : 첫 자녀의 초등, 중, 고등학교 교육 시기
• 자녀 성인기 : 첫 자녀가 대학에 다니거나 취업, 군 복무, 가사를 협조하는 시기
• 자녀 결혼기 : 첫 자녀의 결혼부터 막내 자녀의 결혼까지
• 노년기 : 막내 자녀의 결혼 후부터 양쪽 배우자의 사망까지

반 가족과는 달리 나름의 독특한 발달 단계를 경험할 뿐 아니라 그에 따른 내·외적 과업이 존재한다.
③ 건강 가정에의 활용
  ㉠ 가족 발달 이론은 시간 경과에 따라 가족이 어떻게 발달해 가는지를 잘 보여 준다.
  ㉡ 가족 발달 이론은 현장에서 가족을 도와주는 실천가들에게 가족 문제를 파악하고 해결하는 데 유용한 지침을 제공한다.

(4) 여권주의 이론
① 여권주의 이론(feminism)의 개요
  ㉠ 가족이 단일한 이해와 목적을 가진 하나의 행위체가 아니라 가족을 가족원 간에 갈등과 이해관계의 대립이 존재하는 사회적인 장으로 이해한다.
  ㉡ 가족은 성별 분업에 의한 역할 분리에 따라 남성을 위한 가족 서비스를 보장한다.
  ㉢ 보다 거시적인 차원에서 가족과 가족의 문제를 바라본다.
② 여권주의 이론의 기본 전제
  ㉠ 기존의 가족 연구에 대해 재분석을 시도한다.
  ㉡ 가족을 개인적이거나 사적인 관계라고 보는 시각에서 벗어나 사회역사적, 정치적인 측면에서 주목한다.
  ㉢ 여성과 가족을 동일시하는 것에 이의를 제기하고 여성의 경험에 기초하여 가족 내 여성의 문제를 쟁점화한다.
③ 여권주의 이론에서 바라보는 가족에 대한 시각
  ㉠ 가족은 '가부장적 사회질서를 재생산하는 단위'이다.
  ㉡ 현재의 가족체계는 남편과 아내가 차별적인 상황에 놓여 있으며, 이러한 차별적인 상황에서 벗어나기 위해서는 여성과 남성이 평등해지는 방향에서 잘못된 가족질서와 구조를 바꾸어야 한다.
④ 여권주의 이론이 우리나라 가족 연구에 주는 시사점
  ㉠ 우리나라 가족 연구에 있어 다양성의 관점에서 가족의 변화를 이해하고 연구하도록 촉진한다.
  ㉡ 우리 사회에서 제기되고 있는 '가족 위기' 혹은 '가족 해체' 현상에 대해서 진보적인 입장을 취한다.
  ㉢ 최근 우리 사회가 당면하고 있는 가족 변화와 다양한 가족 형태에 대해 어느 수준까지 다양성과 개방성의 측면에서 수용해야 하는지, 분명한 정책적 대안을 제시하지 못하고 있다.
  ㉣ 여권주의 이론은 가족 체계 이론이나 구조기능주의에 기초하여 현재 가족의 문제를 위기나 해체로 간주하면서 전통 가족 혹은 기능적인 가족 질서를 회복하려는 기존 입장과는 분명 차이가 있다.

> **추가 설명**
> **여권주의 이론의 단점**
> · 가족 문제를 해결하는 방안에 있어 각 하위 이론마다 이념적 편차가 커서 그 실효성이 떨어진다.
> · 전체 여성을 아우를 수 있는 보편적 가족 개념을 제시하는 데 한계가 있다.

⑤ 건강 가족에의 활용
  ㉠ 여권주의 이론은 가족에 대한 미시적이고 보수적인 시각에서 벗어나 보다 거시적이고 진보적인 입장에서 가족의 본질과 가족변화를 이해하려는 개념적 틀이다.
  ㉡ 여권주의 이론은 우리 사회에서 기존의 성차별적이고 여성억압적인 사회구조에서 벗어나 남녀 모두 평등하게 살아가는 사회를 구현하고, 합리적이고 민주적인 가족관계를 만들어 나가는 데 나름의 긍정적인 기여를 하고 있다.

(5) 교환이론

① 교환이론은 사회적 행동을 두 사람 간에 교환 자원을 주고받는 반복적인 행위가 이루어지는 것이다.
② 교환이론의 적용 : 가족학 영역에서 교환이론은 주로 배우자 선택, 의사결정 과정, 결혼의 질과 안정성, 임신 결정, 성 역할, 이혼, 여성의 직업 만족도 연구 등에 적용된다.
③ 교환이론의 기본 전제
  ㉠ 인간은 합리적 행위자로서 행동하기 전에 그들이 소유한 제한된 정보의 범위 내에서 보상과 비용을 계산하고 대안을 고려한다.
  ㉡ 타인과의 상호작용에서 인간은 이익의 극대화 – 비용의 최소화를 추구한다.
  ㉢ 인간은 보상을 추구하고 처벌은 회피한다.
  ㉣ 보상의 가치는 개인의 기대가 클수록 크고, 그 이후에 이러한 보상의 가치는 낮아진다.
  ㉤ 인간이 보상과 비용을 평가하는 기준은 사람마다 그리고 시간의 흐름에 따라 변화한다.
④ 문제 발생 및 해결에 대한 시각
  ㉠ 문제에 대한 해결 방안 : 교환 관계에 균형을 추구하는 것이다. 즉, 동등한 가치의 다른 자원으로 보상, 다른 보상 원천의 개발, 새로운 자격이나 지위의 획득, 강제력의 사용, 동등한 가치의 다른 자원으로 보상, 취약한 교환 당사자들의 연합 활동, 소유한 교환 자원의 질을 높이는 것 등이 있다.
  ㉡ 건강 가정과 관련한 현장에서는 교환이론에서 강조하는 호혜성의 개념을 적극 활용할 필요가 있다.

> **추가 설명**
> **교환이론의 구분**
> • 집단주의적 교환이론 : 레비스트로스(C. Lévi-Strauss)를 중심으로 한 문화인류학 영역으로, 사회규범이 사회적 관계에서 관철되는 행동들을 조절한다.
> • 개인주의적 교환이론 : 호만스(G. Homans)를 중심으로 하며, 모든 행동은 욕구 차원에서 설명되며 사회적 규범을 바탕으로 개인의 욕구 충족은 최대가 될 수 있다.

02 「건강가정기본법」 및 건강가정정책

1 「건강가정기본법」

① 「건강가정기본법」의 제정과 배경
  ㉠ 2004년 2월 9일에 제정되어 2005년 1월 1일자로 시행되고 있다.

ⓒ 최근 우리 사회의 저출산과 개인주의화, 다양한 가족의 출현 등으로 약화된 가족의 기능을 지원하고 강화시켜 건강한 가족생활을 영위할 수 있도록 하는 가족 정책의 필요성에 따라 대두되었다.

② 「건강가정기본법」의 목적과 기본 이념
　　㉠ 목적 : 건강한 가정생활의 영위와 가족의 유지 및 발전을 위한 국민의 권리·의무와 국가 및 지방자치단체 등의 책임을 명백히 하고, 가정 문제의 적절한 해결 방안을 강구하며 가족 구성원의 복지 증진에 이바지할 수 있는 지원 정책을 강화함으로써 건강 가정 구현에 기여하는 것이다.
　　ⓒ 기본 이념 : 가정은 개인의 기본적인 욕구를 충족시키고 사회 통합을 위하여 기능할 수 있도록 유지·발전되어야 한다.

③ 「건강가정기본법」의 위치 : 「건강가정기본법」은 가족을 위한 서비스를 제공하지만 현행 법체계에서는 「사회복지사업법」 내에 규정되어 있지 않으므로 기타 사회복지와 관련되는 법(예 「모자보건법」, 「가정폭력방지 및 피해자보호 등에 관한 법률」, 「남녀고용평등과 일·가정 양립지원에 관한 법률」 등)으로 볼 수 있다.

④ 「건강가정기본법」의 체계 : 「건강가정기본법」은 본칙과 부칙으로 구성되어 있다.
　　㉠ 제1장 총칙 : 법령 전체에 관한 원칙적인 내용
　　ⓒ 제2장 건강가정정책 : 위원회와 기본계획의 수립에 관한 내용
　　ⓒ 제3장 건강가정사업 : 구체적인 사업
　　㉣ 제4장 건강가정전담조직 등 : 전문인력에 관한 내용
　　㉤ 제5장 보칙 : 보조금에 대한 내용
　　㉥ 부칙 : 부수적인 내용

⑤ 「건강가정기본법」의 건강 가정 규정 : 건강 가정이란 가족 구성원의 욕구가 충족되고 인간다운 삶이 보장되는 가정을 말한다.

⑥ 주요 인력
　　㉠ 「건강가정기본법」에서는 건강가정지원센터에서 건강가정사업을 수행할 주요 인력으로 건강가정사를 둘 것을 규정하고 있다.
　　ⓒ 건강가정사의 자격 : 대학 또는 이와 동등 이상의 학교를 졸업하거나 이에 따른 학력 취득 과정이나 그 밖에 여성가족부 장관이 인정하는 방법으로 사회복지학, 가정학, 여성학 등 여성가족부령으로 정하는 관련 교과목을 이수하고 졸업한 자이어야 한다.

⑦ 「건강가정기본법」의 가족 실태 조사 : 국가와 지방자치단체는 개인과 가족의 생활 실태를 파악하고 건강 가정 구현 및 가정 문제 예방 등을 위한 서비스의 욕구와 수요를 파악하기 위해 5년마다 가족 실태 조사를 실시하고 그 결과를 발표하게 되어 있다.

⑧ 「건강가정기본법」의 한계
　　㉠ 생활공동체의 개념에 근거한 가족의 다양성을 포함하지 못하고 있다.

추가 설명

「건강가정기본법」의 관점
가정의 건강성 증진을 통하여 건강한 사회를 구현하는 것이 궁극적으로 개인의 행복과도 불가분의 관계를 맺는다는 '개인-가정-사회'의 상호작용적인 관점을 가진다.

추가 설명

「건강가정기본법」의 특성
- 「건강가정기본법」의 시행은 가족과 가정생활에 대한 새로운 전환이며, 통합적 가정 정책으로 가족의 삶의 질을 증진시키는 계기가 되었다.
- 「건강가정기본법」은 추상적인 가족 복지 정책이 구체적으로 구현된 것이다.
- 「건강가정기본법」은 다른 여타 법의 대상인 노인이나 아동 등에 대해서처럼 가족을 위한 서비스를 제공한다.
- 「건강가정기본법」은 현행 법체계에서는 「사회복지사업법」 내에 규정되어 있지 않다.

ⓒ 양성평등적 관점에 근거한 가족 정책의 비전이 미약하다.
　　ⓒ 가족에 대한 통합적 복지 정책의 비전이 미약하다.
　　ⓔ 동법의 제정 과정에서 전담 인력 문제에 집중하다 보니 시민사회의 다양한 의견 수렴에 미흡했다.

❷ 건강 가정 정책

① 가족 정책의 정의
　ⓐ 캐머먼과 칸(Kamerman & Kahn) : 가족 정책은 국가가 가족을 대상으로, 가족을 위하여 행하는 모든 활동으로, 일반적·통일적·총합적 관점에서 가족생활의 유지·강화를 도모하는 여러 시책이다.
　ⓑ 모엔과 쇼어(Moen & Schorr) : 가족 정책은 가족을 위하여 광범위하게 합의된 일련의 목표로서, 이러한 목표는 국가와 사회기관이 계획적으로 형성한 프로그램과 정책을 통하여 실현된다.
　ⓒ 짐머만(Zimmerman) : 가족 정책은 사회 내의 가족이 경험하는 여러 문제에 대처하기 위해 가족 복지라는 합의된 목적을 달성하고자 하는 일련의 상호 연관된 정책 선택이다.
　ⓓ 가족 정책은 가족의 복지 증진을 위한 행동 노선과 계획이라 할 수 있으며, 가족 복지를 위한 활동을 하는 데 필요한 원칙과 방향을 정하거나 계획하는 것이다.
　ⓔ 가정(가족) 정책은 가족 구성원의 안정과 복지를 강화하고, 가족생활과 관련된 삶의 질을 높이고자 가족에게 직·간접적인 영향을 미치는 정책으로, 정책 단위는 가족과 아울러 가족 구성원으로서의 개인도 포함한다.

② 가족 정책의 이념과 기본 방향 및 핵심 과제
　ⓐ 가족 정책의 이념 : 우리나라의 가족 복지 정책은 「헌법」 전문에 자유민주주의의 이념을 지향하고 있음을 밝혔으나 지금까지 자유방임주의 관점에 더욱 가까워 보인다.
　ⓑ 가족 정책 기본 방향
　　• 가족 기능 강화 : 가족으로부터 이탈된 요보호 아동 등에게 건강한 가정 마련 서비스 지원 제공, 가족에 대한 보편적·예방적 지원 서비스 확대, 다문화 가족의 사회 통합을 위한 사회 적응 서비스 제공, 가족 돌봄을 위한 다양한 서비스 확대, 경제 위기로 약화되기 쉬운 가족 기능의 역량 강화 주력
　　• 가족 친화적 사회 환경 조성 : 가족에 대한 보편적·예방적 지원 서비스 확대, 가족 친화 지역 환경 조성 촉진, 기업의 가족 친화 경영 활성화 유도, 지역사회 중심의 통합적 가족 지원 네트워크 강화
　　• 관련 서비스 연계 및 효율화로 가족 정책 체감도 향상 : 다양한 민·관 서비스 전달 체계의 효율화, 대상별·기능별 관련 서비스와 연계 강화

추가 설명

가족 복지 서비스의 모형 : 카두신(A. Kadushin)

• 지원적 서비스 : 가족 관계가 손상, 긴장 상태에 있을 때 이것을 감소시키기 위하여, 그들의 능력을 지원, 강화시켜 주는 서비스를 말한다. 예 가족 상담 사업, 한부모, 미혼부모를 위한 사업, 건강가정지원센터

• 보완적 서비스 : 가정 내의 자녀양육 및 노인을 부양하기에 어려움이 있는 경우, 이를 보조해 주는 서비스를 말한다. 예 주간노인보호센터, 장애와 비행가족 복지사업, 소득 보완 사업, 보육 사업, 학대와 방임 가족의 보호 사업 등

• 대리적 서비스 : 가족의 유지가 어려워 해체되거나 보호가 필요하여 일시적 또는 영구적으로 대리 보호해 주는 서비스를 말한다. 예 가정폭력보호시설, 가정 위탁 사업, 미혼모 쉼터, 입양 사업, 보호 사업 등

ⓒ 가족 정책의 핵심과제
- 가족 기능 강화 : 아이돌보미 서비스를 통한 가족 양육 지원, 가족에 대한 상담, 교육 문화 사업 확대
- 다양한 가족의 자립 역량 강화 : 다문화 가족의 생애주기별 서비스 지원, 한부모·조손 가족의 자녀 양육 지원, 보호가 필요한 아동 등에게 건강한 가정 마련 지원
- 일과 가정의 양립 지원 : 가족 친화적 직장 분위기 조성, 가족 친화적 지역사회 조성
- 가족 정책 인프라 확충 : 가족 서비스 전달 체계 효율화, 지역사회, 관련 기관 가족 돌봄 자원의 연대 구축

③ 가족 정책의 가치
ⓐ 전반적인 정책 대응의 방향 : 건강 가정의 강화를 지향할 수도 있고, 돌봄의 사회화를 지향할 수도 있다.
ⓑ 사회적 문제를 해결하기 위해 정책이 필요하고, 정책의 효과를 구현하기 위한 정책 수단은 다양하게 적용될 수 있다.

④ 건강 가정 정책 중 건강가정기본계획의 수립 : 여성가족부 장관은 관계 중앙행정기관의 장과 협의하여 건강가정기본계획을 5년마다 수립하여야 한다.

⑤ 건강 가정 정책 중 건강가정기본계획에 포함될 사항
ⓐ 가족 기능 강화 및 가정의 잠재력 개발을 통한 가정의 자립 증진 대책
ⓑ 사회 통합과 문화 계승을 위한 가족 공동체 문화 조성
ⓒ 다양한 가정의 욕구 충족을 통한 건강 가정 구현
ⓓ 민주적인 가족 관계와 양성평등적인 역할 분담
ⓔ 가정 친화적인 사회 환경의 조성
ⓕ 가족의 양육·부양 등의 부담 완화와 가족 해체 예방을 통한 사회 비용 절감
ⓖ 위기 가족에 대한 긴급 지원책
ⓗ 가족의 건강 증진을 위한 건강 사회 구현
ⓘ 가족 지원 정책의 추진과 관련한 재정 조달 방안
ⓙ 1인 가구의 복지 증진을 위한 대책

⑥ 건강 가정 정책의 문제
ⓐ 가정학계와 사회복지학계는「건강가정기본법」에 관해 입장 차이를 나타내고 있다.
ⓑ 지역의 가족 정책은 경제, 사회복지 시책 등에 비해 상대적으로 우선순위가 낮고, 자치단체장의 관심도가 적으며 여성가족부의 정책 지침을 지역에서 실현할 행정 체계가 견고하지 못하다.
ⓒ 가정생활 교육에 해당하는 관리적 프로그램은 빈약한 불균형 상태이다.
ⓓ 지역 내 분포되어 가족 복지 서비스를 제공하는 기관들 간의 관계가 개별적이고,

> **추가 설명**
> 우리 사회의 가족문제
> 이혼율의 증가, 출산율의 저하, 제1세대 가구의 증가, 재혼율의 증가, 다양한 가족 형태의 증가 현상 등이 새로운 양상으로 전개되고 있다.

> **추가 설명**
> 가족 정책 비전과 핵심 과제
> - 비전 : 가족 모두가 평등하고 행복한 사회
> - 정책 목표 : 가족과 사회에서의 남녀 간·세대 간 조화 실현, 가족 및 가족 구성원의 삶의 질 증진
> - 핵심 과제 : 가족 기능 강화, 다양한 가족의 자립 역량 강화, 일과 가정의 양립 지원, 가족 정책 인프라 확충

비공식적 접촉 관계 속에서 형성되므로 네트워크 구조 면에서 볼 때 비효율성이 잠재될 수 있다.
ⓜ 협의체의 구성에서부터 지역복지 자원 간의 이해관계가 표출되기 시작하여 운영의 어려움이 있을 수 있다.

03 건강 가정 사업

1 건강 가정 사업의 개념과 목적

① 건강 가정 사업의 개념
  ㉠ 건강 가정 사업은 가족 복지를 실천하는 한 방법으로 개별적이고 심리적이며 미시적인 접근 방법이다. 즉, 가족의 개인 및 구성원들이 원만한 인간관계를 맺을 수 있도록 도와주는 서비스이다.
  ㉡ 건강 가정 사업은 건강 가정을 저해하는 문제의 발생을 예방하고 해결하기 위한 여러 가지 조치와 가족의 부양·양육·보호·교육 등의 가정 기능을 강화하기 위한 사업을 말한다.

② 건강 가정 사업의 목적
  ㉠ 가정 기능의 강화 : 건강 가정 사업은 가족 전체에 주목하면서 가정의 보호와 강화를 도모하는 데 목적이 있다. 가정의 역량 강화와 자원 개발, 즉 가정 스스로 그 기능을 잘 수행할 수 있도록 하는 가정의 자원화이다.
  ㉡ 가정 문제의 예방 : 가족 문제의 예방과 치료를 위한 상담 서비스 뿐만 아니라 가족의 기능 조정과 역할 개발을 위한 관련 서비스 및 기술 교육, 가정생활의 역할 대행 및 역할 지원, 가치관 정립을 위한 가정 교육 및 사회 교육, 가족생활의 보장과 보호를 위한 제도적 지원 등이 필요하다.
  ㉢ 지역사회 중심의 서비스 제공 : 지역사회가 중심이 되어 지역 특성을 고려한 체제 구축과 기반 조성을 통한 복지 실현을 해야 한다.

2 건강 가정 사업의 내용

건강 가정 사업은 「건강가정기본법」의 제3장에 제시되고 있는데, 제21조 가정에 대한 지원에서부터 제33조 자원봉사활동 지원에 이르기까지 총 13조항으로 구성되어 있다.

① 가정에 대한 지원
② 자녀 양육 지원의 강화
③ 가족 단위 복지 증진
④ 가족의 건강 증진
⑤ 가족 부양의 지원
⑥ 민주적이고 양성 평등한 가족 관계 증진
⑦ 가족 단위의 시민적 역할 증진
⑧ 가정생활 문화의 발전
⑨ 가정의례
⑩ 가정 봉사원

추가 설명

가정에 지원해야 할 사항
- 가족 구성원의 정신적·신체적 건강 지원
- 소득 보장 등 경제생활의 안정
- 안정된 주거 생활
- 태아 검진 및 출산·양육의 지원
- 직장과 가정의 양립
- 음란물·유흥가·폭력 등 위해 환경으로부터의 보호
- 가정 폭력으로부터의 보호
- 가정 친화적 사회 분위기 조성
- 그 밖의 건강한 가정의 기능을 강화·지원할 수 있는 관련 사항

추가 설명

건강 가정 사업의 특성
- 한 단위로서의 가정과 그 가정의 건강성 증진의 관점에 입각한 가정 단위이다.
- 서비스는 보편적이며 예방적이어야 한다.
- 대상은 다양한 가정 형태를 포괄한다.
- 영유아, 아동, 청소년, 중·장년 등 생애 주기에 따르는 종합적인 건강 증진 대책을 마련한다.

⑪ 이혼 예방 및 이혼 가정 지원　　　　⑫ 건강 가정 교육
⑬ 자원봉사활동의 지원

3 건강 가정 사업 실천 접근 방향

① 가족 지원 서비스
  ㉠ 가족 지원 서비스는 가족에 문제가 발생한 뒤 서비스를 제공하는 전통적인 방법을 탈피하여 가족의 안녕을 증진하고 문제가 발생하기 전 예방 차원에서의 개입을 의미한다.
  ㉡ 가족 지원 서비스의 이념은 모든 가족이 강점을 가지고 있음을 강조하고 있다.
  ㉢ 가족 지원 서비스는 가족의 전통적인 역할인 보호 제공의 역할을 강화시키기 위한 노력에서 출발한 것이다.
  ㉣ 건강가정사는 가족의 욕구에 따라 적절한 연계를 할 수 있도록 시도해야 하며, 가족 구성원과는 평등한 파트너십 관계를 갖도록 하여야 한다. 또한 궁극적인 의사결정의 권한은 가족에게 있다는 것을 잊어서는 안 된다.
  ㉤ 가족 지원 서비스의 특성
    • 지역사회의 공식적 · 비공식적 자원 : 지역사회에 존재하는 공식적 · 비공식적 자원을 찾아 새로운 서비스 전달 체계와 통합하는 노력이 필요하다.
    • 강점 관점과 임파워먼트 : 강점을 중심으로 하는 서비스에서는 임파워먼트, 회복력, 강점과 같은 용어들을 선호한다.
    • 생애 주기에 걸친 서비스 : 가족 지원 서비스는 전 생애 주기에 걸친 서비스, 가족 체계에 대하여 강조하고 있다.
    • 협동적 파트너십 : 가족 지원 서비스는 협동적 파트너십을 통하여 통합되고 조정된 지역사회 중심의 서비스를 제공하는 것을 지향한다.
    • 서비스의 통합 : 한 가지의 서비스에 치중하는 것이 아니라 통합적인 서비스가 이루어져야 한다.

② 가족 중심 서비스
  ㉠ 가족 중심 서비스의 개념
    • 가족 중심 서비스의 기본 가치 : 가족은 아동 발달에 있어 기본적인 역할을 담당한다, 가족은 체계의 부분이다, 클라이언트는 동료이다, 강점이 강조되어야 한다, 가족이 가장 중요한 환경이다, 가족의 욕구에 기초한 서비스를 제공한다.
    • 가족 중심 서비스는 문제가 있는 가족을 위한 사례 관리, 상담 · 치료, 교육, 기술 구축, 옹호, 구체적 서비스 제공 등과 같은 서비스를 포괄한다.
  ㉡ 가족 중심 서비스의 유형
    • 가족 중심 서비스 : 가족 기반 서비스라고 불리기도 하며, 주로 아동복지기관에서 많이 활용하고 있다. 현재 가족 중심 서비스는 소년범죄, 발달 장애, 입양,

> **추가 설명**
> 가족 지원 서비스의 특성
> 강점 관점과 지역사회 임파워먼트 준거틀의 활용, 서비스의 통합, 생애 주기에 걸친 서비스, 정부 서비스 기관과 지역사회의 협동적 파트너십, 지역사회의 공식적 · 비공식적 자원 등으로 나누고 있다.

> **추가 설명**
> 건강 가정 사업 실천 접근 방향
> • 예방적 차원 : 보편적, 즉 모든 국민을 대상으로 하는 서비스를 실시하게 되는 것이다. 예 가족 지원 서비스
> • 사후적 차원 : 문제가 발생한 뒤 그 문제를 해결하기 위한 치료적인 개입으로서 요보호자를 대상으로 한다. 예 가족 중심 서비스 및 가족 치료

위탁보호 재결합 프로그램 등 새로운 영역에서 시행되고 있다.
- 집중적 가족 중심 서비스 : 아동의 가정 외 보호가 시급히 이루어져야 하거나 가정 외 보호로부터 아동의 귀가가 고려되는 시점에 있는 위기 가족을 위해 마련된 서비스이다.

ⓒ 가족 중심 서비스의 특성
- 서비스는 1개월에서 4개월 정도 시간 제한적으로 제공된다.
- 부모는 1차적 보호 제공자, 양육자, 교육자로서 가족에 대한 책임을 진다.
- 가정은 일차적 서비스의 장소이며, 가족, 확대가족, 이웃, 지역사회를 포함한 자연적 원조 자원이 최대한 활용된다.
- 응급 시에는 24시간 이용 가능하다.
- 한 명 혹은 그 이상의 보조원이 서비스의 주 책임자를 보조한다.
- 포괄적인 원조가 이루어진다.
- 가족과 지지적이며 임파워먼트적 관계를 수립하고 유지한다.

③ 가족 치료
㉠ 가족 치료의 정의 : 가족을 하나의 체계로 보고, 그 체계 속에서 발생하는 상호 교류 상황에 개입함으로써 개인의 증상이나 행동에 새로운 변화가 일어나도록 개입하는 치료적 접근법이다.

가족 치료의 개념
개인의 문제를 그 개인의 내적인 문제로만 인식하는 것이 아니라 개인을 둘러싼 전체로서의 가족 체계를 이해함으로써 개인과 가족 전체 사이에 존재하는 고정된 상호작용의 패턴을 변화시키려는 노력이다.

㉡ 가족 치료의 특성
- 가족 치료는 가족들의 세대 간 역동성을 통하여 개인의 행동을 이해하려는 관점을 가지고 있다.
- 가족 치료는 가족의 위기에 적절하게 대처하고 극복할 수 있도록 문제해결 능력을 강화시켜 주는 데에 주력한다.
- 가족들이 믿고 있는 가족 내 신화로부터 자유로워질 수 있도록 돕는다.
- 가족이 가지고 있는 고정적인 패턴 양식의 변화에 초점을 맞춘다.
- 가족 구성원 가운데 증상을 가지고 있는 개인 치료와는 다른 관점으로 이해한다.
- 가족 구성원들의 상호 관계성을 중요시한다.

4 건강 가정 사업의 실제

① 건강가정지원센터의 건강 가정 사업이 체계적으로 운영된 것은 2006년부터이다.
② 각 지역 센터에서 시행되는 공통 필수 사업 : 가족친화문화 조성사업, 가족돌봄 지원 서비스, 다양한 가족 통합 서비스, 가족교육사업, 가족상담사업, 지역사회연계사업으로 중앙건강가정지원센터의 지침에 따라 시행하여야 하며, 지침에 근거하지 않는 경우 공통 필수 사업이 아닌 선택 사업으로 분류된다.

04 건강가정사의 정의와 역할

1 건강가정사의 정의
① 건강가정사는 건강가정사업을 수행하는 데 필요한 관련 분야의 학식과 경험을 가진 전문가이다.
② 가정의 실질적인 상태를 파악하는 조사자이기도 하며, 지역사회의 여러 기관과 연계하는 조정자이다.
③ 전반적인 가정 문제에 대하여 전문 지식을 갖추고 있는 전문가인 건강 가정을 위한 실천가이다.
④ 건강 가정 이념의 실천자인 동시에 건강가정사업의 전달자이다.
⑤ 건강가정지원센터를 운영하는 주체이다.

> **추가 설명**
> 건강가정사(「건강가정기본법」)
> - 대학 또는 이와 동등 이상의 학교를 졸업할 것
> - 여성가족부 장관이 인정하는 방법으로 사회복지학, 가정학, 여성학 등 여성가족부령으로 정하는 관련 과목을 이수하는 것

2 건강가정사의 역할
① 건강가정사는 건강가정사업의 수행자로서 사업의 목적과 의미를 이해하고, 목적 달성을 위한 효율적인 방안을 모색하며, 사업을 실행할 수 있는 역량과 지식을 갖추어야 한다.
② 건강가정사는 「건강가정기본법」에서 제시하는 기본 이념과 철학을 명확히 이해해야 한다.
③ 건강가정사는 건강가정지원센터를 조직적이고 체계적으로 운영하는 경영자가 되어야 한다.
④ 건강가정사는 국민과 국가 및 지방자치단체의 유기적인 연계를 인식하고 가족 구성원의 복지를 증진시킬 수 있는 지원책을 실현하는 데 전문가적 자질을 발휘해야 한다.
⑤ 건강가정사는 민주적이고 양성평등적인 이념을 바탕으로 가정생활에 실제적으로 도움을 주는 교육가의 역할이 필요하다.

> **추가 설명**
> 건강가정사의 역할
> - 건강가정지원센터의 운영자
> - 건강가정사업의 수행자
> - 건강 가정 이념의 실천가

3 건강가정사의 직무
① 가정생활 문화 운동의 전개
② 건강 가정 실현을 위한 교육(민주적이고 양성평등한 가족 관계 교육을 포함)
③ 건강 가정의 유지를 위한 프로그램의 개발
④ 가정 문제의 예방·상담 및 개선
⑤ 아동보호전문기관 등 지역사회 자원과의 연계
⑥ 가정에 대한 방문 및 실태 파악
⑦ 가정 관련 정보 및 자료 제공
⑧ 그 밖에 건강 가정 사업과 관련하여 여성가족부 장관이 정하는 활동

실전예상문제

1 건강 가정의 개념에 대한 설명으로 옳지 않은 것은?

① 건강한 가족이란 개인적 차원에서 가족원 개개인의 성장과 발달을 도모하고, 가족 체계가 잘 유지되면서 가족 가치관을 지속적으로 발전시키고 있는 가족이다.
② 건강한 가족이란 가족원 상호 간의 규칙적이고 다양한 상호작용을 통하여 가족의 공동체적·정서적·도덕적 관계 향상을 도모하는 가족이다.
③ 가정의 건강성에 대해 모든 가정은 잠재적 성장 영역을 가지고 있다는 의미에서 건강성을 가지고 있다.
④ 가정의 건강성은 가정의 기능을 말하는 것이 아니라 그것의 구조와 형태를 말하는 것이다.

해설 가정의 건강성은 가정의 구조나 형태를 말하는 것이 아니라 그것의 기능을 말하는 것이다.

2 다음의 〈보기〉와 같이 주장한 사람은?

> 보기 모든 가정은 잠재적인 성장 영역을 가지고 있다는 의미에서 건강성을 가지고 있으며, 가정의 건강성은 가정의 구조나 형태를 말하는 것이 아니라 그것의 기능을 말하는 것이다.

① 짐머만(Zimmerman)
② 캐머먼과 칸(Kamerman & Kahn)
③ 모엔과 쇼어(Moen & Schorr)
④ 올슨과 드프레인(Olson & DeFrain)

해설 올슨과 드프레인(Olson & DeFrain) : "모든 가정은 잠재적인 성장 영역을 가지고 있다는 의미에서 건강성을 가지고 있으며, 가정의 건강성은 가정의 구조나 형태를 말하는 것이 아니라 그것의 기능을 말하는 것이다."라고 하였다.

3 가족체계이론에 대한 설명으로 옳지 않은 것은?

① 일반적으로 가족에 대해 체계론적 관점을 적용한 이론이다.
② 가족이 복잡한 내·외적 환경 속에서 어떻게 적응하고 성장해 가는지를 중요하게 다룬다.
③ 가족 안에서 가족원들이 어떻게 관계를 맺으며, 외부 체계와는 어떻게 교류하는지를 밝히고자 한다.
④ 가족 체계 내부에서 발생하는 스트레스만 이해하고 이에 대처하는 가족의 적응 방식이다.

해설 가족 체계 이론은 가족 체계 내부 혹은 가족과 외부 체계 사이에서 발생하는 스트레스를 이해할 뿐 아니라 이에 대처하는 가족의 적응 방식을 다룬다.

4 가족의 하위 체계 중 자녀에 초점을 두고 전체 가족을 이끌어 가는 책임과 리더십을 갖는 것은?

① 부부 하위 체계
② 부모 하위 체계
③ 형제자매 하위 체계
④ 부모-자녀 하위 체계

해설 가족의 하위 체계
- 부부 하위 체계 : 가족의 중심 체계로서 사랑과 친밀성을 전제로 상호 지지와 협동이 있어야 하고, 동시에 서로 독립적으로 행동할 수 있는 능력이 있어야 한다.
- 부모 하위 체계 : 자녀에 초점을 두고 전체 가족을 이끌어 가는 책임과 리더십을 갖는다.
- 형제자매 하위 체계 : 대부분 같은 세대로 이루어지므로 동년배 정신과 우정을 발달시킨다.
- 부모-자녀 하위 체계 : 세대가 다른 가족원들로 구성되므로 부모는 자녀에게 엄격함과 허용의 수준을 적절히 조화시켜야 한다.

5 환경 체계 중 일상적으로 겪게 되는 상황이면서 동시에 개인이 직접 접촉하는 물리적 환경은?

① 미시 체계
② 중간 체계
③ 외체계
④ 거시 체계

해설 환경 체계
- 미시 체계 : 일상적으로 겪게 되는 상황이면서 동시에 개인이 직접 접촉하는 물리적 환경 **예** 가족과 놀이터, 학교, 동아리, 또래 친구, 교회 친구, 형제자매, 학교 선생님 등
- 중간 체계 : 상호작용하고 있는 여러 개의 미시 체계 **예** 가정과 학교의 관계, 학교와 직장의 관계 등
- 외체계 : 개인이 직접 참여하고 있지는 않지만 그 개인의 발달에 일정한 영향을 주는 환경 체계
- 거시 체계 : 일반적으로 문화, 정치, 사회, 종교, 경제 정책과 같이 광범위한 사회적 맥락 포함

6 환경 체계 중 중간 체계에 해당되는 것은?

① 가족과 놀이터
② 또래 친구
③ 형제자매
④ 학교와 직장의 관계

해설 문제 5번 해설 참조

7 개인이 직접 참여하고 있지는 않지만 그 개인의 발달에 일정한 영향을 주는 환경 체계는?

① 미시 체계
② 중간 체계
③ 외체계
④ 거시 체계

해설 문제 5번 해설 참조

8 상징적 상호작용 이론의 기본 전제로 바르지 못한 것은?

① 비환원주의적 인간관으로서 인간은 그들이 부여하는 사물의 의미에 근거하여 행동한다.

정답 1.④ 2.④ 3.④ 4.② 5.① 6.④ 7.③ 8.③

② 개인이 사물을 다루면서 사용하는 해석적 과정을 통해 조직되고 수정된다.
③ 개인들은 자아 개념을 갖고 태어나는 것이다.
④ 일단 발달된 자아 개념은 행동에 중요한 동기를 부여한다.

해설 상징적 상호작용 이론의 기본 전제
- 비환원주의적 인간관으로서 인간은 그들이 부여하는 사물의 의미에 근거하여 행동한다.
- 사람들이 상호작용하는 과정에서 형성되는 것으로 인간 행동의 이해는 그 행위의 동기 및 의미를 통해 파악된다.
- 개인이 사물을 다루면서 사용하는 해석적 과정을 통해 조직되고 수정된다.
- 개인들은 자아 개념을 갖고 태어나는 것이 아니라 사회적 상호작용을 통해 발달시킨다.
- 일단 발달된 자아 개념은 행동에 중요한 동기를 부여한다.
- 개인과 소집단은 문화적이고 사회적인 과정의 영향을 받는다.
- 개인들은 일상에서의 사회적 상호작용을 통해 사회구조의 미세한 부분들을 이루어 간다.

9 자아 형성의 단계가 바르게 나열된 것은?
① 준비 단계 — 놀이 단계 — 게임 단계
② 준비 단계 — 게임 단계 — 놀이 단계
③ 놀이 단계 — 준비 단계 — 게임 단계
④ 게임 단계 — 준비 단계 — 놀이 단계

해설 자아 형성의 단계
- 1단계 준비 단계 : 아이들은 아무런 의미를 모르고 무조건 모방을 한다.
- 2단계 놀이 단계 : 비로소 실질적인 역할 담당이 일어난다.
- 3단계 게임 단계 : 아이의 자아가 제대로 형성된다.

10 기대된 행위에 대한 지식뿐 아니라 문화적으로 적절한 가치관과 감정도 포함하는 것은?
① 자아   ② 지위   ③ 역할   ④ 상호작용

해설 상징적 상호작용 이론의 주요 개념인 지위와 역할
- 지위(status) : 어떤 구조 내에서 개인이 차지하는 위치를 말하는데, 한 개인은 연령, 성, 종교, 국적 등에 따른 지위를 갖는다.
- 역할(role) : 기대된 행위에 대한 지식뿐 아니라 문화적으로 적절한 가치관과 감정도 포함한다.

11 가족 발달 이론(family development theory)에 대한 설명으로 옳지 않은 것은?
① 가족이란 보다 거시적인 차원에서 가족이 처한 시간과 공간의 차원, 그리고 사회적, 역사적인 맥락의 차원에서 존재한다는 것을 강조한다.
② 한 인간의 발달과 마찬가지로 같은 시대의 대부분의 가족들은 일정한 단계를 거치면서 발달해 간다는 점을 전제로 한다.
③ 가족의 생애 과정의 단계가 이동할 때 경험하는 체계적이고 유형화된 변동과정에 초점을 둔다.

④ 내부적으로는 가족원의 요구, 외부적으로는 사회의 요구에 의해서 정해진 일련의 단계로 가족의 변화 과정을 설명한다.

> **해설** 생애주기적 관점(life course perspective) : 가족이란 보다 거시적인 차원에서 가족이 처한 시간과 공간의 차원, 그리고 사회적, 역사적인 맥락의 차원에서 존재한다는 것을 강조한다.

12 2세대 핵가족을 중심으로 8단계의 가족생활 주기를 제시한 사람은?

① 듀발(Duvall)　　② 카터(Carter)　　③ 올슨(Olson)　　④ 오토(otto)

> **해설** 듀발(Duvall) : 2세대 핵가족을 중심으로 8단계의 가족생활 주기를 제시하였다.

13 유영주가 제시한 가족생활 주기에 해당되지 않는 것은?

① 형성기　　② 자녀 교육기　　③ 자녀 결혼기　　④ 축소기

> **해설** 가족생활 주기(유영주)
> - 형성기 : 결혼부터 첫 자녀의 출산 전까지
> - 자녀 출산 및 양육기 : 첫 자녀의 출산부터 첫 자녀의 초등학교 입학 전까지
> - 자녀 교육기 : 첫 자녀의 초등, 중, 고등학교 교육 시기
> - 자녀 성인기 : 첫 자녀가 대학에 다니거나 취업, 군 복무, 가사를 협조하는 시기
> - 자녀 결혼기 : 첫 자녀의 결혼부터 막내 자녀의 결혼까지
> - 노년기 : 막내 자녀의 결혼 후부터 양쪽 배우자의 사망까지

14 여권주의 이론에 대한 설명으로 옳지 않은 것은?

① 보다 거시적인 차원에서 가족과 가족의 문제를 바라본다.
② 가족은 단일한 이해와 목적을 가진 하나의 행위체이다.
③ 가족을 가족원 간에 갈등과 이해관계의 대립이 존재하는 사회적인 장으로 이해한다.
④ 가족은 성별 분업에 의한 역할 분리에 따라 남성을 위한 가족 서비스를 보장한다.

> **해설** 여권주의 이론에서는 가족이 단일한 이해와 목적을 가진 하나의 행위체가 아니라 가족을 가족원 간에 갈등과 이해관계의 대립이 존재하는 사회적인 장으로 이해한다.

15 여권주의 이론의 기본 전제에 대한 설명으로 옳지 않은 것은?

① 가족을 개인적이거나 사적인 관계라고 본다.
② 가족을 사회역사적, 정치적인 측면에서 주목한다.

정답 9.❶　10.❸　11.❶　12.❶　13.❹　14.❷　15.❶

③ 기존의 가족 연구에 대해 재분석을 시도한다.
④ 여성과 가족을 동일시하는 것에 이의를 제기하고 여성의 경험에 기초하여 가족 내 여성의 문제를 쟁점화한다.

해설 여권주의 이론의 기본 전제
- 가족을 개인적이거나 사적인 관계라고 보는 시각에서 벗어나 사회역사적, 정치적인 측면에서 주목한다.
- 기존의 가족 연구에 대해 재분석을 시도한다.
- 여성과 가족을 동일시하는 것에 이의를 제기하고 여성의 경험에 기초하여 가족 내 여성의 문제를 쟁점화한다.

16 가족 문제를 해결하는 방안에 있어 각 하위 이론마다 이념적 편차가 커서 그 실효성이 떨어지는 이론은?

① 가족체계 이론 ② 상징적 상호작용 이론
③ 가족발달 이론 ④ 여권주의 이론

해설 여권주의 이론의 단점
- 전체 여성을 아우를 수 있는 보편적 가족 개념을 제시하는 데 한계가 있다.
- 가족 문제를 해결하는 방안에 있어 각 하위 이론마다 이념적 편차가 커서 그 실효성이 떨어진다.

17 여권주의 이론이 우리나라 가족 연구에 주는 시사점으로 옳지 않은 것은?

① 다양성의 관점에서 가족의 변화를 이해하고 연구하도록 촉진한다.
② 우리 사회에서 제기되고 있는 '가족 위기' 혹은 '가족 해체' 현상에 대해서 진보적인 입장을 취한다.
③ 가족 체계 이론이나 구조기능주의에 기초하여 현재 가족의 문제를 위기나 해체로 간주하면서 전통 가족 혹은 기능적인 가족 질서를 회복하려는 기존 입장과 같다.
④ 최근 우리 사회가 당면하고 있는 가족 변화와 다양한 가족 형태에 대해 어느 수준까지 다양성과 개방성의 측면에서 수용해야 하는지, 분명한 정책적 대안을 제시하지 못하고 있다.

해설 여권주의 이론은 가족 체계 이론이나 구조기능주의에 기초하여 현재 가족의 문제를 위기나 해체로 간주하면서 전통 가족 혹은 기능적인 가족 질서를 회복하려는 기존 입장과는 분명 차이가 있다.

18 사회적 행동을 두 사람 간에 교환 자원을 주고받는 반복적인 행위가 이루어지는 것으로 간주하는 이론은?

① 가족 발달 이론 ② 상징적 상호작용 이론
③ 가족 체계 이론 ④ 교환이론

해설 교환이론은 사회적 행동을 두 사람 간에 교환 자원을 주고받는 반복적인 행위가 이루어지는 것으로 간주한다.

19 문화인류학 영역의 집단주의적 교환이론과 관계가 깊은 사람은?
① 호만스(Homans) ② 레비스트로스(Lévi-Strauss)
③ 쿨리(Cooley) ④ 미드(Mead)

해설 교환이론의 구분
- 레비스트로스(C. Lévi-Strauss)를 중심으로 한 문화인류학 영역으로 집단주의적 교환이론
- 호만스(G. Homans)를 중심으로 한 개인주의적 교환이론

20 교환이론의 기본 전제에 대한 설명으로 옳지 않은 것은?
① 인간은 보상을 추구하고 처벌은 회피한다.
② 타인과의 상호작용에서 인간은 이익의 극대화 – 비용의 최소화를 추구한다.
③ 인간이 보상과 비용을 평가하는 기준은 항상 일정하다.
④ 보상의 가치는 개인의 기대가 클수록 크고, 그 이후에 이러한 보상의 가치는 낮아진다.

해설 교환이론의 기본 전제
- 인간은 보상을 추구하고 처벌은 회피한다.
- 타인과의 상호작용에서 인간은 이익의 극대화 – 비용의 최소화를 추구한다.
- 인간은 합리적 행위자로서 행동하기 전에 그들이 소유한 제한된 정보의 범위 내에서 보상과 비용을 계산하고 대안을 고려한다.
- 인간이 보상과 비용을 평가하는 기준은 사람마다 그리고 시간의 흐름에 따라 변화한다.
- 보상의 가치는 개인의 기대가 클수록 크고, 그 이후에 이러한 보상의 가치는 낮아진다.

21 교환이론에서 문제 발생 시 문제에 대한 해결 방안으로 옳지 않은 것은?
① 동등한 가치의 다른 자원으로 보상 ② 새로운 자격이나 지위의 획득
③ 강제력의 금지 ④ 취약한 교환 당사자들의 연합 활동

해설 교환이론에서 문제에 대한 해결 방안 : 교환 관계에 균형을 추구하는 것이다. 즉, 동등한 가치의 다른 자원으로 보상, 다른 보상 원천의 개발, 새로운 자격이나 지위의 획득, 강제력의 사용, 취약한 교환 당사자들의 연합 활동, 소유한 교환 자원의 질을 높이는 것 등을 포함한다.

22 「건강가정기본법」이 제정된 시기는?
① 1999년 ② 2000년 ③ 2004년 ④ 2008년

해설 건강가정기본법은 2004년 2월 9일에 제정되어 2005년 1월 1일자로 시행되고 있다.

정답 16.④ 17.③ 18.④ 19.② 20.③ 21.③ 22.③

23 「건강가정기본법」에 대한 설명으로 옳지 않은 것은?

① 「건강가정기본법」의 시행은 가족과 가정생활에 대한 새로운 전환이며, 통합적 가정 정책으로 가족의 삶의 질을 증진시키는 계기가 되었다.
② 「건강가정기본법」은 추상적인 가족 복지 정책이 구체적으로 구현된 것이다.
③ 「건강가정기본법」은 다른 여타 법의 대상인 노인이나 아동 등에 대해서처럼 가족을 위한 서비스를 제공한다.
④ 「건강가정기본법」은 현행 법체계에서는 「사회복지사업법」 내에 규정되어 있다.

해설 「건강가정기본법」은 다른 여타 법의 대상인 노인이나 아동 등에 대해서처럼 가족을 위한 서비스를 제공한다. 하지만, 현행 법체계에서는 「사회복지사업법」 내에 규정되어 있지 않다.

24 「건강가정기본법」의 체계 중 법령 전체에 관한 원칙적인 내용을 다루고 있는 것은?

① 제1장 총칙
② 제2장 건강가정정책
③ 제3장 건강가정사업
④ 제5장 보칙

해설 「건강가정기본법」의 개관
- 제1장 총칙 : 법령 전체에 관한 원칙적인 내용
- 제2장 건강가정정책 : 위원회와 기본계획의 수립에 관한 내용
- 제3장 건강가정사업 : 구체적인 사업
- 제4장 건강가정전담조직 등 : 전문인력에 관한 내용
- 제5장 보칙 : 보조금에 대한 내용
- 부칙 : 부수적인 내용

25 다음 〈보기〉의 「건강가정기본법」 규정에서 (   ) 안에 들어갈 것은?

보기 국가와 지방자치단체는 개인과 가족의 생활 실태를 파악하고 건강 가정 구현 및 가정 문제 예방 등을 위한 서비스의 욕구와 수요를 파악하기 위해 (   )마다 가족 실태 조사를 실시하고 그 결과를 발표하게 되어 있다.

① 1년
② 3년
③ 5년
④ 7년

해설 가족 실태 조사 : 국가와 지방자치단체는 개인과 가족의 생활 실태를 파악하고 건강 가정 구현 및 가정 문제 예방 등을 위한 서비스의 욕구와 수요를 파악하기 위해 5년마다 가족 실태 조사를 실시하고 그 결과를 발표하게 되어 있다.

26 「건강가정기본법」의 한계에 대한 설명으로 옳지 않은 것은?

① 가족에 대한 통합적 복지 정책의 비전이 미약하다.
② 양성평등적 관점에 근거한 가족 정책의 비전이 미약하다.
③ 생활공동체의 개념에 근거한 가족의 다양성을 포함하지 못하고 있다.
④ 동법 제정 과정에서 시민사회의 다양한 의견 수렴에 집중하다 보니 전담 인력 문제에 미흡하다.

해설 「건강가정기본법」의 제정 과정에서 전담 인력 문제에 집중하다 보니 시민사회의 다양한 의견 수렴에 미흡했다.

27 가족 정책을 "국가가 가족을 대상으로, 가족을 위하여 행하는 모든 활동이다."라고 정의한 사람은?

① 짐머만(Zimmerman) ② 캐머먼과 칸(Kamerman & Kahn)
③ 모엔과 쇼어(Moen & Schorr) ④ 올슨과 드프레인(Olson & DeFrain)

해설 캐머먼과 칸(Kamerman & Kahn) : 가족 정책을 "국가가 가족을 대상으로, 가족을 위하여 행하는 모든 활동이다."라고 정의했다.

28 카두신(Kadushin)이 지적한 복지 서비스의 모형에 해당하지 않는 것은?

① 지원적 서비스 ② 보완적 서비스 ③ 계획적 서비스 ④ 대리적 서비스

해설 카두신(Kadushin)이 지적한 가족 복지 서비스 모형 : 복지 서비스의 모형을 1차적으로 지원적 서비스(supportive service), 2차적으로 보완적 서비스(supplementary service), 3차적으로 대리적 서비스(substitutes service)의 3S로 나누고 있다.

29 카두신(Kadushin)이 지적한 가족 복지 서비스 모형 중 소득 보완 사업, 보육 사업, 주간노인보호센터, 장애와 비행가족 복지사업 등과 관계가 깊은 것은?

① 지원적 서비스 ② 보완적 서비스
③ 계획적 서비스 ④ 대리적 서비스

해설 보완적 서비스 : 가정 내의 자녀 양육 및 노인을 부양하기에 어려움이 있는 경우, 이를 보조해 주는 서비스를 말한다. 예 소득 보완 사업, 보육 사업, 주간노인보호센터, 장애와 비행가족 복지사업, 학대와 방임 가족의 보호 사업 등

30 카두신(Kadushin)이 지적한 가족 복지 서비스 모형 중 가족의 유지가 어려워 해체되거나 보호가 필요하여 일시적 또는 영구적으로 대리 보호해 주는 서비스는?

① 지원적 서비스 ② 보완적 서비스

정답 23.④ 24.① 25.③ 26.④ 27.② 28.③ 29.② 30.④

③ 계획적 서비스   ④ 대리적 서비스

해설 대리적 서비스 : 가족의 유지가 어려워 해체되거나 보호가 필요하여 일시적 또는 영구적으로 대리 보호해 주는 서비스를 말한다. **예** 미혼모 쉼터, 가정폭력보호시설, 가정 위탁 사업, 입양 사업, 보호 사업 등

31 가족 정책 기본 방향 중 가족 기능 강화와 거리가 먼 것은?
① 경제 위기로 약화되기 쉬운 가족 기능의 역량 강화 주력
② 가족 돌봄을 위한 다양한 서비스 확대
③ 다문화 가족의 사회 통합을 위한 사회 적응 서비스 제공
④ 가족 친화 지역 환경 조성 촉진

해설 가족 정책 기본 방향
- 가족 기능 강화 : 경제 위기로 약화되기 쉬운 가족 기능의 역량 강화 주력, 가족 돌봄을 위한 다양한 서비스 확대, 다문화 가족의 사회 통합을 위한 사회 적응 서비스 제공, 가족에 대한 보편적·예방적 지원 서비스 확대, 가족으로부터 이탈된 요보호 아동 등에게 건강한 가정 마련 서비스 지원 제공
- 가족 친화적 사회 환경 조성 : 지역사회 중심의 통합적 가족 지원 네트워크 강화, 기업의 가족 친화 경영 활성화 유도, 가족 친화 지역 환경 조성 촉진, 가족에 대한 보편적·예방적 지원 서비스 확대
- 관련 서비스 연계 및 효율화로 가족 정책 체감도 향상 : 다양한 민·관 서비스 전달체계의 효율화, 대상별·기능별 관련 서비스와 연계 강화

32 우리 사회에 새로운 양상으로 전개되고 있는 가족 문제가 아닌 것은?
① 확대가족 형태의 증가   ② 제1세대 가구의 증가
③ 출산율의 저하   ④ 이혼율의 증가

해설 이혼율의 증가, 출산율의 저하, 제1세대 가구의 증가, 재혼율의 증가, 다양한 가족 형태의 증가 현상 등이 우리 사회에 새로운 양상으로 전개되고 있는 가족 문제이다.

33 가족 정책의 핵심 과제에 해당되지 않는 것은?
① 가족 기능강화   ② 일과 가정의 양립지원
③ 가족정책 인프라 확충   ④ 가족구성원의 삶의 질 증진

해설 가족 정책의 핵심 과제
- 가족 기능 강화 : 아이돌보미 서비스를 통한 가족 양육 지원, 가족에 대한 상담, 교육 문화 사업 확대
- 다양한 가족의 자립 역량 강화 : 다문화 가족의 생애주기별 서비스 지원, 한부모·조손 가족의 자녀 양육 지원, 보호가 필요한 아동 등에게 건강한 가정 마련 지원
- 일과 가정의 양립 지원 : 가족 친화적 직장 분위기 조성, 가족 친화적 지역사회 조성
- 가족 정책 인프라 확충 : 가족 서비스 전달 체계 효율화, 지역사회 및 관련 기관의 가족 돌봄 자원의 연대 구축

34 우리나라 건강 가정 정책 중 건강 가정 기본 계획에 포함될 사항이 아닌 것은?

① 위기 가족에 대한 긴급 지원책
② 가족 해체 예방을 위한 사회 비용 증가
③ 가정 친화적인 사회 환경의 조성
④ 사회 통합과 문화 계승을 위한 가족 공동체 문화 조성

해설 우리나라 건강 가정 정책 중 건강 가정 기본 계획에 포함될 사항
- 가족 지원 정책의 추진과 관련한 재정 조달 방안
- 위기 가족에 대한 긴급 지원책
- 민주적인 가족 관계와 양성평등적인 역할 분담
- 1인 가구의 복지 증진을 위한 대책
- 가족의 건강 증진을 위한 건강 사회 구현
- 가정 친화적인 사회 환경의 조성
- 다양한 가정의 욕구 충족을 통한 건강 가정 구현
- 사회 통합과 문화 계승을 위한 가족 공동체 문화 조성
- 가족 기능 강화 및 가정의 잠재력 개발을 통한 가정의 자립 증진 대책
- 가족의 양육·부양 등의 부담 완화와 가족 해체 예방을 통한 사회 비용 절감

35 우리나라 건강 가정 정책의 문제라고 볼 수 없는 것은?

① 지역 내 가족 관련 서비스 기관 간의 관계가 개별적이고, 비공식적 접촉 관계 속에서 형성된다.
② 가정생활 교육에 해당하는 관리적 프로그램이 너무 많다.
③ 여성가족부의 정책 지침을 지역에서 실현할 행정 체계가 견고하지 못하다.
④ 가정학계와 사회복지학계는 「건강가정기본법」에 관해 입장 차이를 나타내고 있다.

해설 가정생활 교육에 해당하는 관리적 프로그램은 빈약한 불균형 상태이다.

36 건강 가정 사업의 목적으로 옳지 않은 것은?

① 가정 기능의 강화
② 가정 문제의 예방
③ 지역사회 중심의 서비스 제공
④ 정부 주도적 복지 서비스 제공

해설 건강 가정 사업의 목적 : 가정 기능의 강화, 가정 문제의 예방, 지역사회 중심의 서비스 제공

37 가정이 원활한 기능을 수행하도록 지원해야 할 정책 사항이 아닌 것은?

① 가족 구성원의 정신적·신체적 건강 지원
② 풍요로운 식생활
③ 직장과 가정의 양립
④ 음란물·유흥가·폭력 등 위해 환경으로부터의 보호

정답 31.④ 32.① 33.④ 34.② 35.② 36.④ 37.②

해설 가정에 지원해야 할 정책 사항
- 가족 구성원의 정신적·신체적 건강 지원
- 소득 보장 등 경제생활의 안정
- 태아 검진 및 출산·양육의 지원
- 가정 친화적 사회 분위기 조성
- 그 밖의 건강한 가정의 기능을 강화·지원할 수 있는 관련 사항
- 직장과 가정의 양립
- 음란물·유흥가·폭력 등 위해 환경으로부터의 보호
- 가정 폭력으로부터의 보호

38 「건강가정기본법」에 근거한 건강 가정 사업의 내용으로 옳지 않은 것은?
① 가정에 대한 지원
② 개인 단위 복지 증진
③ 자녀 양육 지원의 강화
④ 가족 단위의 시민적 역할 증진

해설 「건강가정기본법」에 근거한 건강 가정 사업의 내용 : 가정에 대한 지원, 자녀 양육 지원의 강화, 가족 단위의 시민적 역할 증진, 가족 단위 복지 증진, 가족의 건강 증진, 가족 부양의 지원, 민주적이고 양성 평등한 가족 관계 증진, 가족 단위의 시민적 역할 증진, 가정 생활 문화의 발전, 가정 의례, 가정 봉사원, 이혼 예방 및 이혼 가정 지원, 건강 가정 교육, 자원봉사활동의 지원

39 건강가정사업의 특성에 대한 설명으로 옳지 않은 것은?
① 한 단위로서의 가정과 그 가정의 건강성 증진의 관점에 입각한 가정 단위이다.
② 아동과 노인 중심만의 접근이 필요하다.
③ 서비스는 보편적이며 예방적이어야 한다.
④ 대상은 다양한 가정 형태를 포괄한다.

해설 건강가정사업의 특성
- 한 단위로서의 가정과 그 가정의 건강성 증진의 관점에 입각한 가정 단위이다.
- 서비스는 보편적이며 예방적이어야 한다.
- 대상은 다양한 가정 형태를 포괄한다.
- 영유아, 아동, 청소년, 중·장년 등 생애 주기에 따르는 종합적인 건강 증진 대책을 마련한다.

40 건강가정사업을 실천하는 접근 방향에 대한 설명으로 옳지 않은 것은?
① 크게 예방적 차원의 방향과 사후적 차원의 방향으로 나눌 수 있다.
② 사후적 차원은 문제가 발생한 뒤 그 문제를 해결하기 위한 치료적인 개입으로서 요보호자를 대상으로 한다.
③ 예방적 차원이라고 하는 것은 보편적, 즉 모든 국민을 대상으로 하는 서비스를 실시하게 되는 것이다.
④ 예방적 차원에서는 가족 중심 서비스 및 가족 치료가, 사후적 차원에서는 가족 지원 서비스가 있다.

해설 건강가정사업 실천의 접근 방향 : 예방적 차원에서는 가족 지원 서비스가, 사후적 차원에서는 가족 중심 서비스 및 가족 치료가 있다.

41 가족 지원 서비스에 대한 설명으로 옳지 않은 것은?

① 가족의 전통적인 역할인 보호 제공의 역할을 강화시키기 위한 노력에서 출발한 것이다.
② 가족에게 문제가 발생한 뒤 서비스를 제공하는 방식으로 심각한 역기능 가족에게 개입하는 방법이다.
③ 가족 지원 서비스의 이념은 모든 가족이 강점을 가지고 있음을 강조하고 있다.
④ 건강가정사는 궁극적인 의사결정의 권한은 가족에게 있다는 것을 잊어서는 안 된다.

해설 전통적인 가족 지원은 가족에게 문제가 발생한 뒤 서비스를 제공하는 방식으로 심각한 역기능 가족에게 개입하는 방법이었다면, 가족 지원 서비스는 전통적인 방법을 탈피하여 가족의 안녕을 증진하고 문제가 발생하기 전 예방 차원에서의 개입을 의미한다.

42 가족 중심 서비스의 기본적인 가치라고 볼 수 없는 것은?

① 가족은 체계의 부분이다.
② 클라이언트는 동료이다.
③ 약점이 강조되어야 한다.
④ 가족이 가장 중요한 환경이다.

해설 가족 중심 서비스의 기본적인 가치
- 가족의 욕구에 기초한 서비스를 제공한다.
- 가족이 가장 중요한 환경이다.
- 강점이 강조되어야 한다.
- 클라이언트는 동료이다.
- 가족은 체계의 부분이다.
- 가족은 아동 발달에 있어 기본적인 역할을 담당한다.

43 가족 중심 서비스의 일반적인 특성에 대한 설명으로 옳지 않은 것은?

① 서비스는 무제한적으로 제공된다.
② 부모는 1차적 보호 제공자, 양육자, 교육자로서 가족에 대한 책임을 진다.
③ 한 명 혹은 그 이상의 보조원이 서비스의 주 책임자를 보조한다.
④ 포괄적인 원조가 이루어진다.

해설 가족 중심 서비스의 일반적인 특성
- 서비스는 1개월에서 4개월 정도 시간 제한적으로 제공된다.
- 부모는 1차적 보호 제공자, 양육자, 교육자로서 가족에 대한 책임을 진다.
- 가정은 일차적 서비스의 장소이며, 가족, 확대가족, 이웃, 지역사회를 포함한 자연적 원조 자원이 최대한 활용된다.

정답 38.❷ 39.❷ 40.❹ 41.❷ 42.❸ 43.❶

- 응급 시에는 24시간 이용 가능하다.
- 한 명 혹은 그 이상의 보조원이 서비스의 주 책임자를 보조한다.
- 포괄적인 원조가 이루어진다.
- 가족과 지지적이며 임파워먼트적 관계를 수립하고 유지한다.

44 가족 치료의 특성이 아닌 것은?

① 가족 치료는 가족들의 세대 간 역동성을 통하여 개인의 행동을 이해하려는 관점을 가지고 있다.
② 가족들이 믿고 있는 가족 내 신화로부터 자유로워질 수 있도록 돕는다.
③ 가족 구성원 가운데 증상을 가지고 있는 개인을 개인 치료와 같은 관점으로 이해한다.
④ 가족 구성원들의 상호관계성을 중요시한다.

해설 가족 치료의 특성
- 가족 치료는 가족들의 세대 간 역동성을 통하여 개인의 행동을 이해하려는 관점을 가지고 있다.
- 가족 치료는 가족의 위기에 적절하게 대처하고 극복할 수 있도록 문제 해결 능력을 강화시켜 주는 데 주력한다.
- 가족들이 믿고 있는 가족 내 신화로부터 자유로워질 수 있도록 돕는다.
- 가족이 가지고 있는 고정적인 패턴 양식의 변화에 초점을 맞춘다.
- 가족 구성원 가운데 증상을 가지고 있는 개인을 개인 치료와는 다른 관점으로 이해한다.
- 가족 구성원들의 상호 관계성을 중요시한다.

45 건강가정사에 대한 설명으로 옳지 않은 것은?

① 전반적인 가정 문제에 대하여 전문 지식을 갖추고 있는 전문가이다.
② 건강 가정 이념의 실천자인 동시에 건강 가정 사업의 전달자이다
③ 건강가정지원센터를 운영하는 보조 역할만 할 뿐이다.
④ 건강 가정 사업을 수행하는 데 필요한 관련 분야의 학식과 경험을 가진 전문가이다.

해설 건강가정사는 건강가정지원센터를 운영하는 주체가 되며, 건강 가정 이념의 실천자인 동시에 건강 가정 사업의 전달자이다.

46 건강가정사의 역할이라고 보기 힘든 것은?

① 가정 관련 법 추진자
② 건강가정지원센터의 운영자
③ 건강 가정 사업의 수행자
④ 건강 가정 이념의 실천가

해설 건강가정사의 역할 : 건강 가정 이념의 실천가, 건강 가정 사업의 수행자, 건강가정지원센터의 운영자

정답 44.③ 45.③ 46.①

09 가정학의 역사

 단원 개요

보다 나은 가정학의 미래로 지향하기 위해서는 가정학의 과거와 현재를 아는 것이 무엇보다 중요하다고 본다. 또한 우리나라의 가정학을 발전시키기 위해서는 전 세계 여러 나라의 가정학을 더불어 학습해야만 가정학 발전에 효율적으로 기여할 수 있다. 이 단원에서는 세계가정학회를 중심으로 전 세계 각국의 가정학 동향을 몇 개국의 예를 들어가며 설명한다. 또 우리나라의 가정학의 역사적 배경과 발달사를 대한가정학회의 역사를 통해 정리해 보았다.

 출제 경향 및 수험 대책

이 단원에서는 세계가정학회, 아시아가정학회 및 세계 각국의 가정학의 역사 및 동향, 우리나라 가정학의 역사 및 최신 동향 중 여성 교훈서의 소개와 우리나라 가정학 교육의 변천 등에 대해서 묻는 문제들이 출제될 수 있는 바, 자세하고 철저한 학습이 요구된다.

9

01 세계 가정학의 역사 및 최신 동향

1 세계가정학회(국제가정학회)

① 세계가정학회(International Federation for Home Economics, IFHE)는 1908년에 설립되어 본부를 프랑스 파리에 두고 있으며, 세계 회의는 4년마다 개최하고 있는 국제 비정부기구이다.

② 세계가정학회는 세계 각국의 200여 가정학회 및 가정학 관련 단체가 단체 회원으로 가입되어 있는 세계적으로 가장 정통성이 있고 영향력이 큰 가정학 연합 단체이다.

③ 세계가정학회는 세계를 5개 지역으로 나누어 운영하고 있다. 즉 유럽 지역, 아메리카 지역, 아시아 지역, 아프리카 지역 및 태평양 지역으로 분류하여 각 지역 별로 IFHE 부회장과 상임이사를 각 1명씩 두고 4년간 집무한다.

④ 세계가정학회의 총회 및 학술대회(IFHE World, Congress)는 1908년 스위스에서 제1회 대회가 개최된 이래 2000년에는 아프리카 가나(Ghana)에서 개최되었고, 2004년에는 일본 교토(Kyoto), 2008년에는 스위스 루체른(Lucerne), 2012년에는 호주 멜버른(Melberne), 2016년에는 우리나라 대전에서 개최되었다.

⑤ IFHE는 그 성질상 순수 과학인 여러 학문의 일반 학회와는 달라 대사회적 활동의 필요성이 절실히 요구된다. 특히 비정부기구로서 국제연합본부(UN)를 비롯하여 UNICEF, UNESCO, FAO 등과 같은 여러 기관에 대해 자문의 역할을 하고 있다.

⑥ 세계가정학회(IFHE)의 설립 목적 : 세계 가족과 가정의 생명 유지 및 복지 증진을 주축으로 100여 년간 활동을 계속해 오고 있다.
   ㉠ 전문가들에게 글로벌 네트워킹 기회를 제공
   ㉡ 개인과 가족의 일상생활에서 가정학에 대한 인식 증진
   ㉢ 가정학에서의 평생교육 촉진
   ㉣ 전 세계의 개인, 가족 및 가정의 삶의 질 향상을 선도할 수 있는 연구 및 실천에 대한 소통의 장 마련

⑦ 세계가정학회의 역할
   ㉠ 글로벌 네트워킹 기회 마련
   ㉡ 국제 정보 및 출판물 발간 예 가정학 소식지
   ㉢ 학술 대회 및 워크샵 개최

⑧ 우리나라에서는 대한가정학회가 단체 회원으로 가입(1958년)되어 있다.

2 아시아가정학회

① 아시아가정학회(Asian Regional Association for Home Economics)는 1983년 9월에 일본에서 창설하였으며, 임원의 임기는 4년이고 본부는 회장이 있는 나라에 두

추가 설명

세계가정학회
- 목적 : 세계 가족과 가정의 생명유지 및 복지 증진
- 특색 : 학회 본부를 중심으로 하는 내부조직 편성과 역할 강화
- 대사회적 활동 : UNICEF, UNESCO, FAO 등의 자문 역할
- 세계 회의 : 4년마다 개최
- 100여 년의 역사를 지님

기로 회칙을 정했다.
② 아시아가정학회(ARAHE)는 아시아 지역 20여 개국의 가정학회와 가정학 관련 단체로 구성되어 있으며, 우리나라는 대한가정학회와 연세대학교가 단체 회원으로 등록되어 있다.
③ 아시아가정학회(ARAHE)는 개인, 가족, 사회생활에 관한 연구·교육을 통해 아시아 지구에서의 가정학 발전을 추진하며, 더불어 회원 상호 간의 친목 향상과 결속을 꾀할 것을 목적으로 하고 있다. 아시아가정학회에서 우리나라가 중추적인 역할을 담당하고 있다.
④ 총회 및 학술 대회는 매 2년마다 개최되고 있으며 1983년에 일본에서 창설되었고, 제19회는 2017년 일본에서 개최되었다.
⑤ 아시아가정학회의 직면 문제는 가정학의 사상적 빈곤 문제 이전에 생활의 빈곤 문제 해결이 필연적으로 우선되어야 한다는 것이다.

3 세계 각국의 가정학의 역사 및 동향

① 아시아 지역 각국의 가정학의 역사 및 동향
  ㉠ 일본의 가정학
    - 여성의 교육 및 가정학이 확실하게 싹트기 시작한 것은 일본의 근대화 및 경제적 기반이 구축되었다고 보여지는 명치유신(1868~1912)이다.
    - 명치유신 이후 여성 교육을 중심으로 가정학이 발달하였다.
    - 1870년 키더(Kidder)에 의해 요코하마에 최초의 여학교가 설립되었다.
    - 일본 가정학 교육의 획기적인 계기는 1901년 일본여자대학교가 설립되고 여기에 가정학부가 설치되면서부터라고 볼 수 있다.
    - 1909년 제국여자전문학교(현 상모여자대학) 등이 설립되었으며 이후 전국 각지에 여자전문학교가 설립되어 가정학 교육이 본격적으로 시작되었다.
    - 1913~1945년에는 의·식·주·육아·가정경제 각 분야의 저서가 출간되었고 가정학 연구가 본 궤도에 올랐다.
    - 일본의 가정학회는 1949년 10월 임의 단체로 발족되었다.
  ㉡ 필리핀의 가정학
    - 가정학 명칭의 변화 순서 : 1699년 'Household Arts' → 1900년 경 'House keeping' → 1911년 'Domestic Science' → 1920년 'Home Economics'란 명칭을 사용
    - 특징 : 사회 요구에 따른 교과 내용의 꾸준한 개선과 사회 봉사를 통하여 제반 사회문제 해결에 크게 이바지해 왔다.
② 아메리카 대륙의 가정학의 역사 및 동향
  ㉠ 브라질 가정학
    - 농어촌의 생활개선(Pural Extension) 활동이 1948년 개시되어 지도자의 양

추가 설명

아시아가정학회(ARAHE)
- 본부는 회장이 있는 나라에 두기로 한다.
- 창립 원년의 활동은 네트워크를 만드는 일에 전념했다.
- 현재의 당면 문제는 아시아 지역의 빈곤 문제 해결이다.
- 1983년 일본에서 창설되었다.
- 우리나라가 중추적인 역할을 담당하고 있다.

추가 설명

필리핀 가정학의 특징
가정 내의 문제뿐만 아니라 교육 내용을 사회적 요구에 맞게 개선하고 사회봉사를 하는 등 생활개선이나 사회적 문제 해결에 직접 기여하고 있다.

성이 급선무가 되어 1952년에 처음으로 고등교육 수준으로 'School of Home Science'가 개설되었다.
- 브라질의 가정학회 ABED, BAHE가 1969년에 창설되었다.
- 가정학의 사회적 공헌은 타국과 같이 교육과 연구를 기반으로 지방·도시 개발 추진, 소비자 교육, 식품 산업, 기업 촉진, 서비스 등이 주요한 대상이 되었다.

ⓒ 캐나다의 가정학
- 캐나다의 가정학회(CHEA : Canadian Home Economics Association)는 1960년대에 가정학을 "의·식·주와 인간관계에 관한 자연과학, 사회과학, 인문과학의 상호 관계에 의해 성립하는 학문 영역이고, 가족, 지역, 세계에 걸쳐 그 효과적 적용을 도모한다"라고 정의하였다.
- 주목할 것은 제13회 IFHE 회의가 오타와에서 개최되었을 때 선진국과 발전도상국이 같이 어울려 상호 협력해서 활동을 촉진하는 제창이 있었다.

③ 미국의 가정학
㉠ 존 듀이(John Dewey)의 실용주의 철학의 영향으로 1751년 최초의 여자고등 교육기관인 프랭클린 아카데미(Franklin Academy)가 설립되었다.
㉡ 캐서린 비처(Catharine Beecher)
- 여성 교육에서 조화 있는 사고력, 통찰력, 인식력, 창조력이 길러져야 한다.
- 여성 교육은 이론적 학습에 그치지 말고 여러 과학을 가정적 관점에서 학습하여, 이것을 기본으로 가정학을 과학적·실천적으로 학습하는 것이 필요하다고 주장하였다.
- 초기 미국 가정학 교육에 크게 공헌하였다.
㉢ 미국의 가정학 운동은 톰프슨(Benjamin Thompson)으로부터 시작(1780년경)되었다.
㉣ 미국에서는 1820년대 이후 현대 가정관리학의 일부 내용을 학교 교육에서 다루기 시작하였다.
㉤ 랜드그랜트 칼리지(Land-Grant College) 설립
- 지역사회의 공헌과 실천 교육을 주요 목적으로 하여 설립되었다.
- 1862년 모릴 랜드그랜트 법(Morrill Land-Grant Act)이 모체가 된다.
- 국유지 무상 교부 대학으로서 가정학이 발달하였으며, 뚜렷한 직업교육을 목표로 하기 때문에 여성 진학이 촉진되었다.
- 설립 목표 : 대학 과정의 교육, 지역사회에의 봉사, 실험 연구소의 연구 조사
㉥ 리처즈(E.H. Richards)의 추진에 의해 1899년 개최된 제1회 레이크 플래시드 회의(Lake Placid Conference)에서 '홈 이코노믹스(Home Economics)'라는 가정학 명칭이 탄생되었다. 1899~1908년에 이르는 10회의 레이크 플래시드 회의에서 가정관리학이 가정학의 극히 중요한 분야로서 인정되었다.

추가 설명

모릴 랜드그랜트 법(Morrill Land-Grant Act, 1862)
산업 계층에 일반 교양 교육과 직업 교육을 실시하여 문제 해결 능력을 습득하도록 하는 것이 목적이다.

추가 설명

홈 이코노믹스(Home Economics) 운동
리처즈(Richards)가 주장했으며, 초기에 미국가정학회(AHEA)를 이끌었던 가정 운동이다.

- ⓐ 미국의 가정학은 유동적·실리적으로 사회의 진보에 적응하는 원리를 초점으로 하는 현대 과학론을 분기점으로 하므로 가정학의 목적·대상·방법도 유동적이다.
- ⓞ 1960년대의 가정학 동향
  - 가사 노동의 경제적·사회적 평가를 둘러싼 문제
  - 미국 내 기업에 종사하는 가정학 출신자의 문제
- ⓩ 1980년대의 가정학 동향
  - 가정학의 일반 교과목 이수자 격감, 전문 교과목 이수자 증대
  - 대학 내외의 전문가로서 학위 취득자 증대
  - 각 전문학과 영역 중에서의 지식의 복합, 확대화 현상
  - 비전통형 및 신인류형의 학생 수 증가 추세
  - 가정학의 강화를 위해 각 대학의 교수와 톱 관리직 사람이 기업·행정과의 연계성에 대한 인식 증대
- ⓩ 1909년 미국 가정학회 결성
  - 학회 명칭 : American Home Economics Association(AHEA)
  - 1대 회장 : 리처즈(E.H. Richards)
  - 학회 목적 : 가정과 가정에 준하는 시설 또는 지역의 생활 개선
④ 아프리카 대륙 가정학의 역사 및 동향
  - ㉠ 전 아프리카가정학회(Home Economics Association for Africa : HEAA)가 1983년에 설립되었다.
  - ㉡ 1987년 4월에 전 아프리카가정학회가 가나(Ghana)의 아크라 시에서 개최되었다.
  - ㉢ 아프리카 대륙의 가정학은 가나(Ghana)와 나이지리아(Nigeria)가 주도적인 역할을 하고 있다.
⑤ 유럽 가정학의 역사 및 동향
  - ㉠ 대사회적 활동이 크다.
  - ㉡ 영국은 매년 'International H.E. Research Conference'를 개최하고 있다.
  - ㉢ 노르딕 카운실(Nordic Council) : 북유럽 4개국의 정부 기관으로 구성되어 있으며, 가정학의 연구 교육을 강화하기 위해서 종래의 영양학과 피복섬유학과 소비자교육을 구체화하는 움직임이 보인다.
  - ㉣ 북유럽 4개국은 스칸디나비아 연합의 가정 종합 대학을 조직하여 종합 관리해 오고 있다.
⑥ 태평양 지역의 가정학의 역사 및 동향
  - ㉠ 오스트레일리아, 뉴질랜드, 남태평양의 섬들을 포함해서 가정 교육 활동에 힘을 기울이고 있다.
  - ㉡ 오스트레일리아 : 대부분이 미국에서 박사 학위를 받은 학자들로 구성되었으며, 계간지를 발간하였다.

> **추가 설명**
>
> 미국 가정학의 발달 과정 랜드그랜트 칼리지(Land-Grant College)의 모체가 되는 모릴 랜드그랜트 법(Morrill Land-Grant Act)이 1862년 제정되며 설립되었고, 1895년까지 랜드그랜트 칼리지에 10개의 가정학부가 설치되었다. 그후 1899년 제1회 레이크 플래시드 회의(Lake Placid Conference)가 개최되어 1899~1908년 사이에 10회에 걸쳐 LPC 회의가 열렸고 1909년 2월 1일에 AHEA가 결성되었다.

ⓒ 뉴질랜드 : 1911년 'School of Home Science'를 개설하였다.

02 우리나라 가정학의 역사 및 최신 동향

1 우리나라 가정학 교육의 사적 배경

① 여성 교훈서의 소개 : 여성 교육은 가정 중심의 부덕과 가사 기술의 습득에 치중하였다.
　㉠ 『내훈(內訓)』: 조선 중기 소혜왕후의 저술로, 궁중 비빈 및 일반 부녀자들을 위한 책으로 여성 교육, 자녀 교육, 가정 교육을 다루고, 여성 행실의 실제와 규범을 가르친다. 우리나라 여성 교육을 위한 전통적인 문헌으로 최초의 교양 서적이다.
　㉡ 『여사서(女四書)』: 부녀자들을 위한 서책으로, 중국의 『여계』·『여논어』·『내훈』·『여범』 중에서 이덕수가 언역하여 합책한 것이다.
　㉢ 『규중요람(閨中要覽)』: 이퇴계의 저술로, 『소학』, 『시경』, 『논어』, 『춘추』 및 중국의 고사를 인용한 사대부가 중심의 부녀자를 위한 교훈서이다.
　㉣ 『계녀서(戒女書)』: 송시열의 저술로, 출가하는 여성을 위한 교훈서이다.
　㉤ 『사소절(士小節)』: 이덕무의 저술로, 성행(性行), 언어, 복식, 동지, 교육, 인륜, 제사, 사물에 관한 실생활 중심의 교훈서이다. 『청장관전서』에 수록되어 있다.
　㉥ 『규범(閨範)』: 해평 윤씨 부인의 윤씨 문중의 가훈을 적은 내훈서이다.
　㉦ 『내훈여계서(內訓女戒書)』: 안동 김씨의 저술로 부녀자의 교훈서이다.
　㉧ 『산림경제(山林經濟)』: 홍만선의 저술로, 16세기의 식품 저장법과 조리 방법이 과학적으로 기록·정리되어 있으며, 전원의 일상생활에서 부딪치는 사항을 설명한 가정 보감이다.
　㉨ 『규합총서(閨閤叢書)』: 빙허각 이씨의 저술로 주식·봉임·산업·의복을 가정 실용의 견지로 저술한 부녀자 생활 지침서이다.
　㉩ 『부인필지(婦人必知)』: 저자 미상으로, 일반 부녀자 대상의 글이다.

② 조선시대 여성 교훈서의 특징
　㉠ 현모양처의 인간상과 덕성 교육, 기술 교육을 내용으로 하고 있다. 덕성 교육에는 수신과 예절을 익히는 일, 인간관계를 화목하게 하는 일, 국가에 보은하는 일로 구분하며, 기술 교육에는 봉제사하는 일, 자녀를 교육하는 일, 가사를 익히는 일, 재물과 금전을 관리하는 일, 주택을 선택하고 관리하는 일 등이다.
　㉡ 부덕 교육의 내용과 생활 교육의 내용으로 되어 있으며 부덕 교육으로 사행(부덕, 부신, 부용, 부공)에 힘쓰고, 덕성을 함양함을 강조했고, 생활 교육으로 봉제사의 예법을 중시하고 검소함과 자녀 교육의 교훈을 주내용으로 하고 있다.

③ 우리나라 근대 이전의 가정 교육(여성 교육)

추가 설명

『내훈』
- 소혜왕후가 부녀자들의 무지를 깨우치기 위해 『열녀전』, 『소학』, 『여교』, 『명감』의 사서 중에서 부녀자의 행실에 알맞은 중요한 부분만을 뽑되 천자의 윤리·도덕관을 바탕으로 1475년(성종 6년)에 지은 것이다.
- 여성은 기본적인 사행(부덕, 부언, 부용, 부공)을 갖추는 것이 가장 이상적인 모습이라고 보았다.

추가 설명

조선 시대 여성 교훈서에 나타난 교육 내용의 특색
- 여자에게 정숙·정열 및 올바른 정조관을 가지도록 가르쳤다.
- 효친하는 며느리, 경순 인종(공경하는 마음으로 순종하고, 묵묵히 참고 따르는 것)의 아내, 그리고 시가의 친척과 화목하는 도리를 가르쳤다.
- 봉제사와 접빈의 예절을 가르쳤다.
- 가사 기술과 근검절약의 생활을 훈계하였다.
- 육아법과 자녀 교육에 대한 몸가짐 태도를 가르쳤다.

㉠ 가정을 중심으로 이루어지고 비형식적인 교육이었다.
㉡ 남존여비 사상의 강조로 여성의 지위는 존중되지 않았다.
㉢ 구전과 전수 및 교훈 실습으로 가사 기술을 습득하는 교육, 즉 생활 교육을 받았다.
㉣ 여성 교육은 가정 중심의 여성 생활에 관한 모든 것을 가르치는 현장 교육이었다.
㉤ 조선 중기 이후 여성을 위한 문헌이 나타나기 시작하였다.

2 우리나라 가정학 교육의 변천

① 우리나라의 경우 1886년 이화학당이 문을 열기 전까지는 여성 교육이 비형식적 교육으로서 가정 중심의 생활 교육이었다. 봉건 사회의 유교적인 문화 풍토에서 여자의 생활은 외부 세계와 차단되었고, 여자는 가사를 돌보면서 남편과 시부모에게 순종하고 화목을 도모하는 것을 중요한 역할로 삼았다.

② 우리나라 여성 교육은 구전과 가사의 실기로만 전수되어 오다가 1886년 5월 31일 미국 감리교 선교사인 스크랜턴(M. Scranton) 부인이 자택에서 한 사람의 학생으로 시작하여 1887년 우리나라 최초의 여성 교육 기관인 '이화학당'으로 학교교육이 시작되었다.

③ 1904년에는 중등과, 1910년에는 대학과를 신설, 1912년에는 조선총독부령에 의해 보통과, 중등과, 고등과, 대학과를 인가 받았고, 1914년에는 조기교육의 필요성을 느껴 이화 유치원을 개원하는 등 여성 교육이 학문적으로 조직화되었다.

④ 1900년대부터 각처에 기독교 학교로 사립학교가 창설되고 조선총독부에서 각도에 공립여자 보통학교를 설립하여 여자 교육이 체계화되었으나 가정학 과목은 실기 교육의 일부인 재봉, 수예(자수, 편물), 요리 등을 위주로 가르치며 가사 과목을 두어 여자 교육에는 필수과목으로 가르쳐 왔다.

⑤ 1918년에 이화여자 고등보통학교로 분립하여 3년제로 하여 왔고 1922년부터 4년제이던 보통학교를 6년제로 변경하였다. 1920년대 후반에는 이화여자 전문학교가 설립되면서 가사과가 창설되었다.

⑥ 1920년대 후기부터 일본어로 된 가사 교과서를 가지고 공사립여자 고등보통학교에 가사 이론을 가르치게 되었다.

⑦ 1922년부터 일본에서 가사과를 수학하고 온 유학생들이 각 학교에서 가사과목을 가르치게 되었다.

⑧ 1946년 이화 여자 대학에서 가정관리학과를 설치하여 가정관리학이 하나의 학문으로서, 전공 분야로서 최초로 독립하였다.

⑨ 1964년 연세대학교에 가정대학이 신설되면서 우리나라 가정학의 가정과 혹은 가정교육과가 각 대학에 설치되고 학문적 분야로서 그 지위를 확보하게 되었다.

3 대한가정학회의 역사

대한가정학회는 1947년에 창립되어 일제강점기하, 한국전쟁 등 역사의 탁류 속에서

> **추가 설명**
> 우리나라 가정학 교육의 초기 모습
> - 동양의 생활 문화를 토대로 하였다.
> - 학문적 이론과 함께 생활 개선에 중점을 두었다.
> - 살림살이를 좀 더 능률적이고 과학적으로 하기 위한 것이었다.
> - 주로 서구의 선교사들에 의해 시작되었다.

> **추가 설명**
> 가정학의 발달 과정
> - 조선 시대 : 초창기에는 선교사를 중심으로 생활 개선에 중점을 두어 가정학 교육을 실시하였다.
> - 일제강점기 : 재봉, 수예, 요리 등의 기능적 측면을 중시하였다.
> - 해방 이후 : 주로 미국 가정학의 영향을 많이 받았다.
> - 현대 : 가정학이 전문직으로 보급되고 있다.

도 고유의 얼과 생활방식으로 꾸준히 이어져 왔던 물질문화, 정신문화를 활성화하는 데 전념하였다. 대한가정학회는 가정학의 모(母)학회로 우리나라 학회 설립 초창기에 설립되어 가정학의 학문적 초석을 다져온 학술단체이다. 사회의 다양화와 전문화에 따라 가정학도 그 영역이 의, 식, 주 뿐만 아니라 소비자, 가족자원, 가족, 아동, 가정교육 등 많은 세부 전공 학문으로 분화해 왔다.

① 창립기(1947~1954)
  ㉠ 우리의 전통문화에 대한 정체를 일깨워 우리 생활 방식으로 정착시키는 데 주력하였다.
  ㉡ 물질문화·정신문화의 활성화에 전념하였다.
  ㉢ 전시회·견학·교사들의 재교육이 학회의 주요 사업 내용이었다.

② 재건기(1954~1959)
  ㉠ 과학적·경제적 가정생활 선도에 기여하고자 생활의 합리화를 위한 교육 연구·계몽을 추진하였다.
  ㉡ 대한가정학회의 기반 확립 : 미국 가정학회에 참석, 학회지 창간

③ 1960년대
  ㉠ 1963년 6월 사단법인체로 인가를 받았다.
  ㉡ 1960년대에는 정부의 강력한 경제개발 추진과 함께 가정학 내에서 생활의 과학화가 본격적으로 구현된 시기로 보인다. 1960년대 학회는 계몽 사업과 연구 사업에 중점을 두었다.
  ㉢ 각 대학에 가정대학·가정학과가 신설되고, 가정학이 하나의 학문 분야로 뿌리를 내리기 시작하였다.
  ㉣ 주요 활동 : 학회지 발간, 월례회 개최, 전시회 및 바자회 개최, 사단법인 대한가정학회로 설립, 세계가정학회 가입

④ 1970년대
  ㉠ 대한가정학회가 명실공히 연구 단체로서의 면모가 확고해진 시기이며, 연구 활동에 비중을 높여 학문 단체로서의 성격을 강화하였다.
  ㉡ 주요 활동 : 학술 대회 개최, 세미나 개최, 장학 사업 및 국제 학술 교류, 학회지를 연 4회로 증간

⑤ 1980년대
  ㉠ 1980년대 들어서는 현대사회에서 가정학이 기여할 수 있는 분야를 보다 세분화하여 다루기 시작하였다.
  ㉡ 국제학회와의 교류에 있어서도 1977년에는 한·일가정학회 창립을 주도하고 아시아가정학회가 창립된 1983년 이래로 더욱 활발한 활동을 지속하였다.

⑥ 1990년대 이후
  ㉠ 다양한 컴퓨터 통계 패키지의 보급으로 연구 방법이 정교화됨으로써 가정학의 영

추가 설명

가정학 교육기관의 설립
- 1886년 이화학당 설립
- 1887년 정동여학당 설립
- 1908년 한성 고등여학교 설립
- 1910년 경성여자 기예학교 설립
- 1929년 이화여전 가사과 신설
- 1936년 성신여학교 설립
- 1946년 국립서울대 발족, 사범대학에 가사과 설치
- 1947년 대한가정학회 창립
- 1963년 서울대학교 사범대학 가정과 신설
- 1965년 이화여대 가정대학으로 인가
- 1968년 세계가정학회에 가입

역이 더욱 세분화되고 전문화되었으며, 질적 연구도 증가하여 가정생활 문제에 대한 다양한 접근이 이루어져 개인과 가족 생활의 심도 있는 분석이 가능해졌다.

ⓛ 창립된 이후 현재까지 매년 2회씩 학술 대회를 개최하여 1999년 10월 현재 제52차 학술 대회에 이르렀고, 초창기 학회 월보의 발간은 1959년 『대한가정학회지』의 발간 이후 계속해서 꾸준히 간행되고 있다.

ⓒ 학술지의 제호는 창간 당시에는 '대한가정학회지'였으나, 2013년부터는 학술지의 국제화를 위하여 'FER(Family and Environment Research)'로 변경하여 발행하고 있다. 또한 춘계와 추계 연 2회의 학술 대회를 개최하고 있다.

실전예상문제

1 세계가정학회(IFHE)에 대한 설명으로 옳지 않은 것은?

① 본부는 프랑스 파리에 있다.
② 우리나라도 가입되어 있다.
③ 세계 회의는 4년마다 개최된다.
④ 회원국은 선진국으로만 구성되어 있다.

해설 세계가정학회(IFHE)는 1908년 스위스에서 제1회 세계가정학회(국제가정학회)가 개최되었으며, 우리나라를 포함해 세계 많은 나라가 회원국으로 구성되어 있다.

2 세계가정학회(국제가정학회)에 대한 설명으로 옳은 것은?

① 매년 대륙별로 세계 회의를 개최하고 있다.
② 1950년대에 조직되었다.
③ 학술 단체로서 가정학 이론 구축에 치중한 활동만 주로 한다.
④ 우리나라도 회원국이다.

해설 문제 1번 해설 참조

3 세계가정학회는 비정부기구로서 여러 국제기구에 자문 역할을 하고 있는데, 다음 중 세계가정학회가 자문을 하는 국제기관은?

① ARAHE   ② AHEA   ③ ABED   ④ UNICEF

해설 세계가정학회(IFHE)는 UN 및 UNICEF, UNESCO, FAO 등의 기관에 자문 역할을 하고 있다.

4 세계가정학회가 비정부기구로서 자문의 역할을 하는 대표적 국제기구는?

① IFHE   ② ARAHE   ③ UN   ④ AHEA

해설 문제 3번 해설 참조

5 세계가정학회에 대한 설명으로 옳은 것은?

① 50여 년 이상의 역사를 지니고 있다.
② 4년마다 세계 회의를 개최하고 있다.
③ 1908년 프랑스에서 제1회 대회가 개최되었다.
④ 동양 지역과 서양 지역으로 나누어 운영하고 있다.

해설 세계가정학회(IFHE)는 1908년 스위스에서 제1회 대회가 개최되었으며, 파리에 본부가 있고 많은 회원국으로 구성되었으며 세계 회의는 4년마다 개최되고 있다.

6 세계가정학회가 다른 순수 과학 학회와 다르게 중요시하고 있는 활동은 무엇인가?

① 연구 발표
② 국제상설위원회의 구성
③ 국제기구에 대한 자문
④ 국제 학술 대회 개최

해설 세계가정학회(IFHE)는 그 성질상 순수 과학인 여러 학문의 일반 학회와는 달리 대사회적 활동의 필요성이 절실히 요구된다. 특히 비정부기구(NGO)로서 국제연합본부를 비롯하여 여러 기관에 대해 자문의 역할을 하고 있다.

7 오늘날 국제적으로 NGO의 기능이 크게 강화되고 있는데, 세계가정학회가 NGO로서 참여하고 있는 기관은?

① ARAHE
② IFHE
③ LPC
④ FAO

해설 세계가정학회가 NGO로서 참여하고 있는 기관 : UNICEF, UNESCO, FAO 등

8 세계가정학회(IFHE)의 설립 목적으로 옳지 않은 것은?

① 연구 및 실천에 대한 소통의 장 마련
② 가정학에서의 평생교육 촉진
③ 개인과 가족의 일상생활에서 가정학에 대한 인식 증진
④ 일반인에게 글로벌 네트워킹 기회 제공

해설 세계가정학회의 설립 목적
- 가정학에서의 평생교육 촉진
- 개인과 가족의 일상생활에서 가정학에 대한 인식 증진
- 전문가들에게 글로벌 네트워킹 기회 제공
- 전 세계의 개인·가족 및 가정의 삶의 질 향상을 선도할 수 있는 연구 및 실천에 대한 소통의 장 마련

9 아시아가정학회(ARAHE)에 대한 설명으로 옳은 것은?

① 회장의 임기는 6년으로 한다.
② 아시아 지역은 동일한 문화를 가지고 있어 단일한 운영으로 발전할 수 있다.
③ 1983년에 창설되었다.
④ 한국에서 창설되었다.

정답 1.④ 2.④ 3.④ 4.③ 5.② 6.③ 7.④ 8.④ 9.③

해설 아시아가정학회(ARAHE)는 1983년 9월 일본에서 창설하였고, 본부는 회장이 있는 나라에 두기로 하였으며, 임기는 4년으로 한다.

10 아시아가정학회(ARAHE)에 대한 설명으로 옳지 않은 것은?
① 현재의 당면 문제는 아시아 지역의 빈곤 문제 해결이다.
② 창립 원년의 활동은 네트워크를 만드는 일에 전념했다.
③ 본부는 회장이 있는 나라에 두기로 하였다.
④ 1883년 필리핀에서 창설되었다.

해설 아시아 가정학회(ARAHE)는 1983년 일본에서 창설되었다.

11 세계 가정학의 동향에 대한 설명으로 옳은 것은?
① 세계가정학회는 순수 학술 단체로서 대사회적 활동은 하지 않는다.
② 아시아가정학회에서 우리나라가 중추적인 역할을 담당하고 있다.
③ 1990년대 이후 세계가정학회가 창립되었으나 우리나라는 회원이 아니다.
④ 선진국에서는 가정학이 발달하고 있으나 아직 국제적인 조건은 없다.

해설 아시아가정학회(ARAHE)는 개인, 가족, 사회생활에 관한 연구·교육을 통해 아시아에서의 가정학 발전을 추진하며, 더불어 회원 상호의 친목 향상과 결속을 꾀할 것을 목적으로 하고 있다. 아시아가정학회에서 우리나라가 중추적인 역할을 담당하고 있다.

12 아시아가정학회의 창설 연도와 장소는?
① 1920년, 필리핀　② 1988년, 한국　③ 1983년, 일본　④ 1935년, 일본

해설 아시아가정학회(ARAHE)는 1983년 일본에서 창설되었다.

13 아시아가정학회(ARAHE)가 앞으로 해결해야 할 가장 큰 문제는?
① ARAHE의 결속　　　　　　② 아시아 각국의 학회 설립
③ 아시아 각국의 생활 빈곤　　④ 가정학의 사상적 빈곤

해설 ARAHE의 직면 문제 : 가정학의 사상적 빈곤 문제 이전에 생활의 빈곤 문제 해결이 필연적으로 우선되어야 한다.

14 일본에 최초의 여자 교육기관이 설립되어 학교교육이 시작된 때는?

① 대정 시대　　② 1945년　　③ 1934년　　④ 명치 시대

해설 명치 시대인 1870년 키더(Kidder)에 의해 요코하마에 여학교를 설립한 것이 일본 최초의 여자 교육기관이다.

15 각국의 가정학 발달 과정에 대한 설명으로 옳은 것은?
① 일본에서는 명치유신 이후 여성 교육을 중심으로 가정학이 발달하였다.
② 아프리카에는 아직 가정학이 보급되어 있지 않다.
③ 미국의 경우 실용주의의 발달로 가정학 이론이 존재하지 않는다.
④ 유럽에는 이론 과학의 발달로 가정학이 존재하지 않는다.

해설 일본의 가정학은 명치유신 이후 여성 교육을 중심으로 발전하였다.

16 필리핀의 초기 가정학의 명칭으로 옳은 것은?
① Home Economics　　② Domestic Science
③ Household Arts　　④ House Keeping

해설 필리핀의 가정학 명칭의 변화 순서 : Household Arts(1699년) → House Keeping (1900년경) → Domestic Science(1911년) → Home Economics(1920년)

17 프랭클린 아카데미(Franklin Academy)에 대한 설명으로 바른 것은?
① 세계 최초의 대학 교육기관이다.
② 미국 최초의 여자고등 교육기관이다.
③ 가정학 교과과정을 최초로 개설한 남녀공학 교육기관이다.
④ 1886년에 설립되었다.

해설 미국에서는 존 듀이(John Dewey)의 실용 · 실천 교육의 영향으로 최초의 여자고등 교육기관이라 할 수 있는 프랭클린 아카데미(Franklin Academy)가 1751년에 문을 열게 되었다.

18 가정학을 과학적 · 실천적으로 학습하는 것이 필요하다고 주장하고, 초기 미국 가정학 교육에 크게 공헌한 인물은?
① 비처(C. Beecher)　　② 톰프슨(E. Tompson)
③ 피치(M. Fitch)　　④ 리처드(S. Richard)

정답 10.④　11.❷　12.❸　13.❸　14.④　15.❶　16.❸　17.❷　18.❶

해설 비처(C. Beecher)는 여성 교육은 이론적 학습에 그치지 말고 여러 과학을 가정적 관점에서 학습하며, 이것을 기본으로 가정학을 과학적·실천적으로 학습하는 것이 필요하다고 주장하였다.

19 미국에서 지역사회에의 공헌과 실천교육을 주요 목적으로 설립된 기관은?

① Franklin Academy
② Lake Placid Conference
③ Land-Grant College
④ Rensselar School of Practical Science

해설 랜드그랜트 칼리지(Land-Grant College) : 지역사회의 공헌과 실천 교육을 주요 목적으로 설립되었으며, 설립 목표는 대학 과정의 교육, 지역사회에의 봉사, 실험 연구소의 연구 조사 등이다.

20 초기에 미국가정학회(AHEA)를 이끌었던 리처즈(Richards)의 홈 이코노믹스(Home Economics) 운동에 대한 설명으로 옳은 것은?

① 홈 이코노믹스 운동은 남성 운동이다.
② 홈 이코노믹스 운동은 가정 운동이다.
③ 홈 이코노믹스 운동은 여성 해방 운동이다.
④ 홈 이코노믹스 운동은 평생 교육 운동이다.

해설 홈 이코노믹스(Home Economics) 운동 : 리처즈(Richards)가 주장했으며, 초기에 미국가정학회(AHEA)를 이끌었던 가정 운동이다.

21 산업 계층에게 일반 교양 교육과 직업 교육을 실시하여 문제 해결의 능력을 습득하도록 하는 것을 목적으로 하며, 가정학 발달에 큰 공헌을 한 랜드그랜트 칼리지(Land-Grant College) 탄생의 모체가 된 법은 무엇인가?

① Smith-Hughes Act(1917)
② Smith-Lever Act(1914)
③ Morrill Land-Grant Act(1862)
④ Home Economics Act(1903)

해설 랜드그랜트 칼리지(Land-Grant College) 탄생의 모체가 된 것은 1862년 모릴랜드 그랜트 법(Morrill Land-Grant Act)인데, 이 법은 산업 계층에 대한 일반 교양 교육과 직업 교육을 실시하여 문제 해결능력의 습득이 목적이다.

22 미국의 랜드그랜트 칼리지(Land-Grant College)의 주요 설립 목표에 해당되지 않는 것은?

① 대학 과정의 교육
② 지역사회의 봉사
③ 생활의 과학화
④ 실험 연구소의 연구 조사

해설 미국 랜드그랜트 칼리지(Land-Grant College)의 주요 설립 목표 : 대학 과정의 교육, 지역사회의 봉사, 실험 연구소의 연구 조사

23 1980년대 이후 미국 가정학의 동향에 대한 설명으로 옳은 것은?

① 전문 교과목 이수자가 감소하고 있다.
② 비전통형 및 신인류형 학생 비율이 증가하고 있다.
③ 전문가로서의 학위 취득이 감소하고 있다.
④ 일반 교과목 이수자가 증가하고 있다.

해설 1980년대 이후 미국 가정학의 동향
- 전문직 교과목 이수자 증대
- 일반적인 교과목 이수자 격감
- 전문가로서 학위 취득자 증대
- 비전통형 및 신인류형 학생 비율 증가

24 미국 가정학의 발달 과정이 바르게 나열된 것은?

① Lake Placid Conference 개최 → AHEA의 결성 → Land-Grant College의 설립
② AHEA의 결성 → Land-Grant College의 설립 → 전문직업화의 자각기
③ Land-Grant College의 설립 → Lake Placid Conference 개최 → AHEA의 결성
④ Land-Grant College의 설립 → 가정학의 과학적 자각 → 대학에 있어서의 가정학 Course의 발전

해설 미국 가정학의 발달 과정 : 랜드그랜트 칼리지(Land-Grant College)의 모체가 되는 모릴 랜드그랜트 법(Morrill Land-Grant Act)이 1862년에 제정되었고, 1895년까지 랜드그랜트 칼리지에 10개의 가정학부가 설치되었다. 그후 1899년 제1회 레이크 플래시드 회의(Lake Placid Conference)가 개최되어 1899~1908년 사이에 10회에 걸쳐 LPC회의가 열렸고 1909년 2월 1일에 AHEA가 결성되었다.

25 각 나라의 가정학회가 바르게 연결되지 못한 것은?

① 미국의 가정학회 — AHEA
② 아프리카의 가정학회 — IFAE
③ 브라질 가정학회 — ABED
④ 캐나다 가정학회 — CHEA

해설 아프리카의 가정학회는 HEAA(Home Economics Association for Africa)이다.

26 아프리카 대륙의 가정학 발전에 주도적 역할을 하는 나라는?

① 케냐
② 가나
③ 탄자니아
④ 리베리아

해설 전 아프리카가정학회(HEAA)는 1983년에 설립되었으며, 가나와 나이지리아가 주도적인 역할을 하고 있다.

정답 19.❸ 20.❷ 21.❸ 22.❸ 23.❷ 24.❸ 25.❷ 26.❷

27 노르딕 카운실(Nordic Council)에 대한 설명으로 옳은 것은?

① 영양학과 피복섬유학, 소비자교육을 구체화하여 가정학의 연구 교육을 강화하려 한다.
② 독일어 통용국을 중심으로 순수 학습 단체로 구성되었다.
③ 스칸디나비아연합의 가정 종합 대학이다.
④ 북유럽 6개국의 정부 기관으로 구성되어 있다.

> **해설** 노르딕 카운실(Nordic Council) : 북유럽 4개국의 정부 기관으로 구성되어 있으며, 가정학의 연구 교육을 강화하기 위해서 종래의 영양학과 피복섬유학, 소비자교육을 구체화하는 움직임이 보인다.

28 각국의 가정학 역사 및 동향에 대한 설명으로 옳은 것은?

① 북유럽 4개국은 스칸디나비아 연합의 가정 종합 대학을 조직하여 종합 관리해 오고 있다.
② 미국의 가정학 운동은 리처즈(Richards)로부터 시작되었다.
③ 세계가정학회의 본부는 영국 런던에 있다.
④ 일본에서는 1950년대부터 대학에 가정학부가 설립되어 가정학 인재를 다수 배출해 오고 있다.

> **해설** 북유럽 4개국은 스칸디나비아 연합의 가정 종합 대학을 조직하여 종합 관리해 오고 있다.

29 오스트레일리아 가정학회의 활동 양상으로 옳은 것은?

① 가정학자의 대다수는 미국에서 박사 학위를 받고 있다.
② 지역의 생활 개선에 힘을 기울이고 있다.
③ 가정학회는 월간지를 발간하고 있다.
④ 가정학회의 연구는 영국의 연구를 반영하고 있다.

> **해설** 오스트레일리아의 가정학회는 대부분이 미국에서 박사 학위를 받은 학자들로 구성되어 있으며, 계간지를 발간하였다.

30 조선 시대 읽혀진 여성 교훈서에 대한 설명으로 옳지 않은 것은?

① 전문직 교육을 중시하였다.
② 덕성 교육에 초점을 두고 있다.
③ 현모양처의 교육적 인간상을 묘사한다.
④ 기술 교육을 다루고 있다.

> **해설** 조선 시대 여성 교훈서의 특징 : 조선 시대 초기에는 중국에서 전래된 서책을 통해 교육을 받은 이들은 사대부 가정의 귀족 출신 규수들뿐이었고, 교훈서를 통한 그 교육내용은 현모양처의 인간상과 덕성 교육, 기술 교육을 내용으로 하고 있다. 덕성 교육에는 수신과 예절을 익히는 일, 인간관계를 화목하게 하는 일, 국가에 보은하는 일로 구분하며, 기술 교육에는 봉제사하는 일, 자녀를 교육하는 일, 가사를 익히는 일, 재물과 금전을 관리하는 일, 주택을 선택하고 관리하는 일 등이다.

31 우리나라 가정학의 발달 과정에서 근대 이전의 가정교육에 대한 설명으로 틀린 것은?

① 여성 교육용 책이 없었다.
② 가정 중심의 현장 교육이었다.
③ 가족으로부터 가사 기술을 습득하는 생활 교육이었다.
④ 현모양처의 인간상을 추구했다.

> 해설 조선 시대 초기에는 중국에서 전래된 서책이 사대부 가정의 귀족 출신 규수들에 의해 읽혀지다가 조선 중기 성종 6년 소혜왕후가 『내훈』을 지어 통용되었다. 주 내용은 현모양처의 인간상, 덕성 교육, 기술 교육이 중심이었으나 대부분이 가정 중심으로 구전과 가사 기술의 전술로서 생활 교육이었다.

32 성종 6년(1475)에 소혜왕후 한씨가 궁중 비빈 및 일반 부녀자들을 위해서 편집한 책으로서 여성 교육 내지 자녀 교육, 가정 교육을 다루고 있는 책은?

① 『여사서(女四書)』 ② 『내훈(內訓)』 ③ 『여훈(女訓)』 ④ 『계녀서(戒女書)』

> 해설 소혜왕후는 성종 6년(1475)에 궁중 비빈 및 일반 부녀자들을 위해서 여성 교육, 자녀 교육, 가정 교육을 다루는 『내훈(內訓)』을 편집하였다.

33 조선 시대 여성 교훈서의 내용으로 적절하지 않은 것은?

① 사행에 힘쓰라.
② 봉제사에 정성을 기우려라.
③ 건강에 유의하라.
④ 덕성을 함양하라.

> 해설 조선 시대 여성 교훈서의 내용 : 부덕 교육의 내용과 생활 교육의 내용으로 되어 있으며 부덕 교육으로 사행(부덕, 부신, 부용, 부공)에 힘쓰고, 덕성을 함양함을 강조했고, 생활 교육으로 봉제사의 예법을 중시하고 검소함과 자녀 교육의 교훈을 주 내용으로 하고 있다.

34 조선 시대의 여성 교훈서에 대한 설명으로 바르게 연결된 것은?

① 『규중요람』 — 송시열이 지은 책으로 출가하는 맏딸을 위하여 적어준 교훈서이다.
② 『계녀서』 — 이퇴계의 저술로서 사대부가의 부녀자들을 위한 교훈서이다.
③ 『여사서』 — 홍만선의 저술로 일반 부녀자들을 위한 교훈서이다.
④ 『내훈』 — 소혜왕후가 엮은 책으로 여성 행실의 실제와 규범을 가르치는 내용을 실었다.

> 해설 『내훈』 : 소혜왕후가 부녀자들의 무지를 깨우치기 위해서 한서로 전해 오는 『열녀전』, 『소학』, 『여교』, 『명감』의 사서 중에서 부녀자의 행실에 알맞은 중요한 부분만을 뽑되 천자의 윤리·도덕관을 바탕으로 1475년(성종 6년)에 지은 것이다.

정답 27.❶ 28.❶ 29.❶ 30.❶ 31.❶ 32.❷ 33.❸ 34.❹

35 『내훈』은 여성의 기본적인 사행을 갖추는 것이 가장 이상적인 여성의 모습이라 보았다. 그 사행에 해당되지 않는 것은?

① 부효(婦孝)   ② 부언(婦言)   ③ 부용(婦容)   ④ 부덕(婦德)

해설 사행(四行) : 부덕, 부언, 부용, 부공

36 우리나라에서 부녀자들의 교육을 위한 문헌이 등장하기 시작하던 때는?

① 고려 말   ② 고려 중기   ③ 조선 초기   ④ 조선 중기

해설 우리나라 여교서(女敎書)로는 조선 중기 소혜왕후의 『내훈』(1475)이 최초로 나오면서부터였다. 이 책은 우리나라 여성교육을 위한 전통적인 문헌으로 최초의 교양서적이다.

37 우암 송시열 선생이 출가하는 맏딸을 위하여 적어준 교훈서는?

① 『여논어』   ② 『사소절』   ③ 『규중요람』   ④ 『계녀서』

해설 송시열의 『계녀서』 : 출가하는 맏딸을 위해 우암이 손수 지은 교훈서이다.

38 『사소절(士小節)』의 내용으로 옳지 않은 것은?

① 동지(動止)   ② 교육   ③ 효행(孝行)   ④ 성행(性行)

해설 『사소절』 : 이덕무(1741~1793)의 저술로서, 『청장관전서』에 수록되어 있다. 그 내용은 성행(性行), 언어, 복식, 동지, 교육, 인륜, 제사, 사물에 관한 실생활 중심의 교훈서이다.

39 다음 전통적인 여성 교훈서의 설명으로 옳지 않은 것은?

① 『내훈여계서』 — 빙허각 이씨가 편찬한 부녀자의 생활 지침서이다.
② 『사소절』 — 이덕무의 저술로, 『청장관전서』에 수록되어 있다.
③ 『규범』 — 해평 윤씨 부인이 윤씨 문중에 내려오는 가훈을 적은 것이다.
④ 『산림경제』 — 종합적인 농서이며 홍만선이 저술한 것이다.

해설 『내훈여계서』 : 안동 김씨의 저술인 부녀자의 교훈서이다. 내용은 부의효행(婦儀孝行), 남편 섬기는 도리, 봉제사(奉祭祀), 자녀 교육 행동거지 등 여러 방면에 걸쳐 기록되었으며, 『소학』, 『주역』, 『시경』에서 인용되었다.

40 16세기의 식품 저장법과 조리 방법이 과학적으로 기록, 정리되어 있는 조선시대 여성 교훈서는?

① 『규범』   ② 『산림경제』   ③ 『규중요람』   ④ 『계녀서』

해설 『산림경제』: 홍만선의 저술로 전원의 일상생활에서 부딪치는 갖가지 사항을 자세히 설명한 가정 보감이다. 종합적인 농서일 뿐 아니라 일반 자연과학에 관한 박물지이기도 하다.

41 조선 시대의 이상적인 아내상으로 옳은 것은?

① 시와 문장에 능란한 아내
② 지아비의 정치적 진출을 도울 수 있는 아내
③ 경순 인종(敬順忍從)의 아내
④ 집안의 가풍이 훌륭한 아내

해설 조선시대 여자는 집안의 화목에 헌신하기를 가르쳤다.

42 조선 시대 여성 교훈서에 나타난 교육 내용의 특징이 아닌 것은?

① 여자에게 정숙, 정열 및 올바른 정조관을 갖도록 가르친다.
② 봉제사와 접빈의 예절을 가르친다.
③ 가사 기술 및 가정 관리 경영 기술을 가르쳤다.
④ 육아법과 자녀 교육에 대한 몸가짐 태도를 가르친다.

해설 조선 시대 여성교훈서에 나타난 교육 내용의 특징: ①, ②, ④ 이외에 효친하는 며느리, 경순 인종(敬順忍從)의 아내 등이 있다.

43 우리나라의 문헌을 통해 본 전래의 여성 교육의 내용으로 옳지 않은 것은?

① 봉건적 전통 사회에서의 부덕을 강조하고 있다.
② 현모양처의 전형적인 여성상을 함양코자 한다.
③ 가정생활 및 사회생활 중심의 생활 범절을 강조하고 있다.
④ 유교 정신의 제례와 자녀 교육이 주가 된다.

해설 우리나라의 교육은 재래의 여성 교육에 있어서 비형식적 교육이 취해져 왔다. 비형식 교육이란 학교교육 밖에서 전개되는 교육의 뜻으로, 재래의 여성 교육은 사회생활 중심이 아니었다.

44 우리나라 근대 이전의 가정 교육에 대한 설명으로 옳지 않은 것은?

① 가정을 중심으로 이루어지고 비형식적인 교육이었다.
② 가정 중심의 여성 생활에 관한 모든 것을 가르치는 이론 교육이었다.
③ 남존여비 사상의 강조로 여성의 지위는 존중되지 않았다.
④ 구전과 전수 및 교훈 실습으로 가사 기술을 습득하는 교육, 즉 생활 교육을 받았다.

정답 35.❶ 36.❹ 37.❹ 38.❸ 39.❶ 40.❷ 41.❸ 42.❸ 43.❸ 44.❷

해설 여성 교육은 현모양처의 교육적 인간상을 추구하며 부부, 효친, 화목, 검소, 모의(어머니로서 갖추어야 할 도리), 부의에 목표를 두고 가정 중심의 여성 생활에 관한 모든 것을 가르치는 현장 교육(생활 교육)이었다.

45 근대 서양 교육 제도가 수용되기 이전 여성 교육의 특성으로 옳은 것은?

① 여성 교육을 위한 문헌은 전무하였다.
② 서민도 양반의 생활 법도를 교육받았다.
③ 가정 중심의 생활 교육이 이루어졌다.
④ 성균관을 중심으로 여성에 대한 전통적 교육이 실시되었다.

해설 문제 44번 해설 참조

46 근대 서양 교육 제도가 도입되기 이전의 여성 교육의 특성으로 옳은 것은?

① 재래 여성 교육의 특성은 형식 교육이라고 할 수 있다.
② 조선 중기 이후 여성을 위한 문헌이 나타나기 시작하였다.
③ 국자감에서는 미혼 여성만 교육을 받았다.
④ 성균관을 중심으로 양반의 부녀만 교육을 받았다.

해설 부녀자들의 교육을 위한 문헌이 극히 산발적으로 나타나기 시작한 것은 조선 중기 이후의 일이었다.

47 가정학의 발달과정에 대한 설명으로 바르게 연결된 것은?

① 조선 시대 — 선교사 중심의 전문직 양성   ② 일제강점기 — 기능적인 면을 중시
③ 해방 후 — 일본 가정학의 영향을 크게 받음.   ④ 현대 — 내훈 등을 교재로 한 덕성 교육 중시

해설 가정학의 발달 과정
- 조선 시대 : 『내훈(內訓)』 등의 교훈서를 통해 부덕 교육과 생활 교육을 중시했으며 초창기에는 선교사를 중심으로 생활 개선에 중점을 두어 가정학 교육을 실시하였다.
- 일제강점기 : 재봉, 수예, 요리 등의 기능적 측면을 중시하였다.
- 해방 이후 : 주로 미국 가정학의 영향을 많이 받았다.
- 현대 : 가정학이 전문직으로 보급되고 있다.

48 우리나라 가정학 교육의 초기 모습에 대한 설명으로 옳지 않은 것은?

① 일제강점기의 조선총독부령에 의해 시작되었다.
② 살림살이를 좀 더 능률적이고 과학적으로 하기 위한 것이었다.
③ 학문적 이론과 함께 생활 개선에 중점을 두었다.

④ 동양의 생활 문화를 토대로 하였다.

해설 우리나라 초기의 가정학 교육은 주로 서구의 선교사들에 의해 시작되었다고 할 수 있다.

49 일제강점기하 가정학 교육에 대한 내용으로 옳은 것은?
① 선교사의 교육 활동이 활발하여 서구적인 교육이 주류를 이루었다.
② 1940년부터 학풍 쇄신을 단행하여 가정학이 크게 발달하였다.
③ 기술적인 면에 치중하였다.
④ 선진 외국과 학술적 교류가 빈번하였다.

해설 일제강점기 때는 가정학의 기능적 측면을 중시하였으며 가사 과목을 필수과목으로 가르쳤다.

50 우리나라 최초의 여성 교육기관, 즉 가정학 교육기관으로 옳은 것은?
① 숙명여전   ② 서울대학교   ③ 이화학당   ④ 성균관

해설 우리나라의 여성 교육은 구전과 가사의 실기로서만 전수되어 오다가, 1886년 5월 31일 미국 감리교 선교사인 스크랜튼(Scranton) 부인이 자택에서 한 사람의 학생으로 시작하여 1887년에 '이화학당'으로 학교교육이 시작되었다.

51 우리나라 가정학의 역사에 대한 설명으로 옳은 것은?
① 근대 서양교육제도가 수용되기 이전까지 우리나라의 가정학 교육은 남성 교육기관에서 남성 중심으로 이루어졌다.
② 조선 시대에는 『내훈』 등 여성 교훈서를 중심으로 여성의 평등 의식 개발에 관한 내용이 교육되었다.
③ 1980년대 이후 종합대학에서 가정 대학이 신설되기 시작했다.
④ 1920년대 후반 이화여자 전문학교가 설립되면서 가사과가 창설되었다.

해설 1920년대 후반에는 이화여자 전문학교가 설립되면서 가사과가 창설되었다.

52 일제강점기의 우리나라 가정학 교육에 대한 설명으로 옳은 것은?
① 학문적 발달이 중지되고 기술 교육에 치중하였다.
② 선교사들의 교육열 덕분에 서구식 가정학이 많이 소개되었다.
③ 일본의 억압으로 가정학 자체가 말살되었다.

정답 45.❸ 46.❷ 47.❷ 48.❶ 49.❸ 50.❸ 51.❹ 52.❶

④ 발달된 일본 가정과 교육의 교류를 갖게 됨으로써 학문적 발전이 컸다.

해설 일제강점기하에서의 가정학 교육은 주로 기술 교육에 치중된 것으로서 학문적 발달은 중지된 상태였다.

53 우리나라 최초의 여성 교육기관은 스크랜턴(M. Scranton)에 의하여 설립된 이화학당이다. 몇 년에 설립되었는가?

① 1796년   ② 1886년   ③ 1896년   ④ 1899년

해설 우리나라의 여성 교육은 구전과 가사의 실기로만 전수되어 오다가 1886년 5월 31일 미국 감리교 선교사인 스크랜턴 부인에 의해 설립되었는데, 여학생 한 명을 상대로 시작되었다. 그리고 1887년에 명성황후가 이화학당이란 이름을 내려주었다.

54 가정학의 발달과정에서 중요한 교육기관의 설립을 순서대로 연결한 것은?

① 정동여학당 — 이화학당 — 이화여전 가사과 — 서울대학교 사범대학 가정교육과 — 이화여자대학교 가정대학
② 경성여자 기예학교 — 이화여전 가사과 — 서울대학교 사범대학 가정과 — 이화여자대학교 가정대학
③ 경성여자 기예학교 — 이화학당 — 이화여전 가사과 — 대한가정학회 창립 — 서울대학교 사범대학 가정과
④ 이화학당 — 정동여학당 — 이화여전 가사과 — 서울대학교 사범대학 가정과 — 이화여자대학교 가정대학

해설 가정학 교육기관의 설립
- 1886년 이화학당 설립
- 1887년 정동여학당 설립
- 1908년 한성 고등여학교 설립
- 1910년 경성여자 기예학교 설립
- 1929년 이화여전 가사과 신설
- 1936년 성신여학교 설립
- 1946년 국립서울대 발족, 사범대학에 가사과 설치
- 1947년 대한가정학회 창립
- 1963년 서울대학교 사범대학 가정과 신설
- 1965년 이화여대 가정대학으로 인가
- 1968년 세계가정학회에 가입

55 우리나라의 가정 발전과 가장 관계가 깊은 것은?

① 대한가정학회   ② 대한교육학회
③ 한국가정관리학회   ④ 미국가정학회

해설 대한가정학회는 1947년에 창립되어 일제강점기하, 한국전쟁 등 역사의 탁류 속에서도 고유의 얼과 생활방식으로 꾸준히 이어져 왔던 물질문화, 정신문화를 활성화하는 데 전념하였다.

56 가정과 혹은 가정교육과가 각 대학에 설치되고 학문적 분야로서 그 지위를 확보하는 기점이 되었던 해는?

① 1945년 전후   ② 1950년대   ③ 1960년대   ④ 1970년대

해설 1964년 연세대학교에 가정대학이 신설되면서 우리나라 가정학의 가정과 혹은 가정교육과가 각 대학에 설치되고 학문적 분야로서 그 지위를 확보하게 되었다.

57 우리나라의 가정학 역사는 대한가정학회사를 통하여 살펴볼 수 있는 점이 많다. 대한가정학회의 역사에 관한 설명으로 옳은 것은?

① 1954년에 창립되었다.
② 창립기에는 우리 전통문화의 정체를 깨우는 데 많은 노력을 기울였다.
③ 재건기에는 연구 활동 지원에 비중을 두었다.
④ 1980년대 이후 사회의 계몽을 중시하게 되었다.

해설 대한가정학회 창립기(1947~1954) : 일제강점기에 의해 왜곡되어 내려온 우리의 전통문화에 대한 정체를 일깨워 우리 생활 방식으로 정착시키는 데 주력을 기울이던 시대

58 대한가정학회의 창립기의 활동으로 옳은 것은?

① 가정학을 하나의 학문으로 뿌리내림.
② 생활의 합리화를 위한 교육 · 연구 활동에 주력
③ 세계가정학회 가입
④ 왜곡된 전통문화의 정체를 일깨움.

해설 문제 57번 해설 참조

59 대한가정학회의 발달과정에 대한 설명으로 옳은 것은?

① 1970년대 이후 국제 학술 교류가 활발해졌다.
② 1960년대의 주요 활동은 일본 식민지의 영향을 불식시키는 것이었다.
③ 한국전쟁 중에 활동이 재개되었다.
④ 일제시대 캐나다에서 교육을 받은 선각자들이 창립하였다.

해설 1970년대는 연구 활동에 비중을 높여 학술 단체로서의 성격을 더욱 강화하였다. 또한 1970년대부터는 장학 사업 및 국제 학술 교류도 활발해졌으며, 종전 소수의 회원만이 참여해 온 해외 학회에 많은 회원들이 참가하고 있다.

정답 53.❷ 54.❹ 55.❶ 56.❸ 57.❷ 58.❹ 59.❶

60 대한가정학회 역사를 통하여 우리나라 가정학 발전 과정의 일부를 알 수 있다. 대한가정학회사에 관한 내용으로 옳은 것은?

① 한국전쟁 이후인 1955년에 창립되었다.
② 1960년대에는 연구 부서별로 전시회를 많이 개최하였다.
③ 1980년대에 와서 연구 활동에 비중을 높여 학술 단체로서의 성격이 강화되었다.
④ 창립기에 대한가정학회지를 창간하였다.

해설 1960년대의 대한가정학회 : 각 대학에 가정대학 및 가정학과가 활발하게 신설되고 가정학이 하나의 학문으로 뿌리를 내리기 시작하였다. 또한 학회는 학회지의 발간, 월례회 개최, 전시회 및 바자회 등을 활발히 개최하였다.

61 우리나라 가정학 교육의 변천 과정에 대한 설명으로 옳은 것은?

① 1960년대 이후 각 대학에 가정대학, 가정학과가 활발히 신설되었다.
② 1920년대에는 우리나라 고유의 가치가 강조되었다.
③ 가정학 교육의 초기에는 집단 육아 등 직업교육이 중시되었다.
④ 1900년 숙명학당에서 가정학이 처음으로 교육되었다.

해설 1960년대는 각 대학에 가정대학, 가정학과 및 가정교육과가 활발하게 신설되고, 가정학이 하나의 학문분야로서 뿌리를 내리기 시작한 시기였다.

62 1960년대 대한가정학회가 주력했던 주요 활동에 속하지 않는 것은?

① 가정과 교사들의 재교육 ② 학회지의 발간
③ 월례회 개최 ④ 전시회 및 바자회 개최

해설 1960년대 학회가 주력하였던 주요 활동 : 학회지의 발간, 월례회 개최, 전시회 및 바자회 개최 등을 꼽을 수 있다.

63 대한가정학회의 역사에 대한 설명으로 옳은 것은?

① 1970년대 이후 계몽 사업에 중점을 두었다.
② 1905년 창립되었다.
③ 1960년대 이후 학회지 발간 등 활동이 활발하였다.
④ 해방 이후 1940년대 후반부터 재건되었다.

해설 문제 62번 해설 참조

64 1970년대 대한가정학회의 특징으로 적합한 것은?

① 왜곡된 우리의 생활 방식 개선에 힘썼다. ② 대한가정학회의 기반 확립에 힘썼다.
③ 학회지 발간, 월례회 개최에 주력하였다. ④ 연구 활동에 비중을 높였다.

해설 1970년대는 연구 활동의 비중을 높여 학술 단체로서의 면모가 확실해진 시기였다.

65 대한가정학회의 역사에 대한 설명으로 옳은 것은?

① 1980년대에는 전시회 및 바자회 등 대중을 계몽하기 위한 활동을 주로 하였다.
② 1970년대 이후 명실공히 연구단체로서의 면모가 확고해졌다.
③ 일제시대에 창립되었으나 활동이 미비하다가 해방 후 본격적으로 발전하였다.
④ 1960년대에 창립되었다.

해설 1970년대 대한가정학회 : 대한가정학회가 명실공히 연구 단체로서의 면모가 확고해진 시기라고 볼 수 있다. 1960년대의 학회가 계몽사업과 연구 사업에 중점을 두었다면, 1970년대는 연구 활동에 비중을 높여 학술 단체로서의 성격을 더욱 강화하였다.

정답 60. ❷ 61. ❶ 62. ❶ 63. ❸ 64. ❹ 65. ❷

MEMO

10 가정학 전공자의 진로 및 가정학의 과제

단원 개요

오늘날은 산업의 발달로 인하여 전통적으로 가정에서 수행되어 오던 많은 기능들이 사회로 이전됨에 따라 가정학의 내용도 전문 분야별로 분화되어 직업교육을 지향하는 특성을 나타내고 있다. 또한 여대생들의 진로 희망에 관한 연구들을 종합해 보면 90% 이상의 여대생들이 취업을 희망하는 것으로 보고된 점을 고려할 때도 현실적으로 여성이 많이 전공하고 있는 가정학에서의 진로 문제는 깊이 고려해야 할 시점이라고 할 수 있다.

출제 경향 및 수험 대책

이 단원에서는 전문직의 특성, 가정학 전공자의 직종(8가지의 성질, 자격 및 장·단점), 가정학 전공자의 사회 진출 문제와 해결 방법, 진로 개발을 위한 방안, 가정학의 금후의 과제 등에 대해서 묻는 문제들이 출제될 수 있는 바, 자세하고 철저한 학습이 요구된다.

10

01 전문직으로서의 가정학

1 전문직의 특성

① 전문직은 사회에 유익한 서비스를 제공할 것을 지향한다. 다시 말하면 사회적 목적을 갖는다.
② 전문직 서비스는 실천적 판단을 포함한 지적 활동을 수반하는데, 이는 전문가가 그 직업 상황에 관련된 이론적 지식을 충분히 습득할 것을 필요로 한다. 전문직에 종사하는 모든 사람들은 특정한 구체적 상황에서 서비스를 제공하게 된다.
③ 전문직 내의 조직은 그 구성원들로 하여금 그 전문직 내의 일이 본질이나 수행에 있어서 도덕적으로 정당하다는 것을 확신할 수 있도록 해야 한다. 전문직의 교육은 전문직 내에서 엄하게 감독되고 통제된다.
④ 실무에는 어느 정도의 능력 및 독립적 사고가 필요하므로 전문직의 범위나 목표는 필연적으로 일정한 범위로 제한된다. 습득하고 사용해야 할 지식의 양이 막대할 뿐만 아니라 각 분야에서 지식이 급속히 팽창하고 있으므로 전문직의 목표와 지식 및 실무 범위를 제한하는 것이 필요하다.

2 전문직에 관한 연구에서 살펴본 문제점

① 전문가는 지식의 사회적 수호자로서의 자신의 역할을 항상 인식하고 있음에도 불구하고 그들은 거의 그 역할에 부합하는 기능을 하지 않고 있다.
② 오늘날 전문직은 대가에 따라 서비스를 공급하거나 보류하는 하나의 기업이다.
③ 전문직을 위한 학교는 더 이상 학습자(men of learning)를 배출하지 않는다. 오늘날 대학원이나 전문직 학교의 졸업생은 기술 직업인이 되고 있다.
④ 현재 기술이 전문직을 지배하고 있으며, 전문직은 그들의 서비스에 대한 이념적 통제를 상실하고 있다.
⑤ 인간을 돕는 전문직의 사회적 목표는 외면한 채, 기술적 도구로서 작용하기 시작하고 있다.
⑥ 단순한 기술자 또는 단순한 관리자로서 미래의 전문가는 현재의 전문가가 누리는 존경을 받지 못할 것이다. 만약 전문가가 고객을 교체할 수 있게 된다면, 고객도 역시 전문가를 교체할 수 있게 될 것이다.

3 전문직의 특성이 가정학에 주는 시사

가정학이 전문직이기 위해서는 다음과 같은 점이 충족되어야 한다.
① 가정학은 특정 영역의 사회적 문제에 대한 적절한 서비스를 제공하기 위해 범위를 충분히 제한하여 잘 규정된 사회적 목적을 가져야 한다.
② 직업(노동) 분화를 위한 하위 분야 또는 전문 영역과 습득된 지식 분야에서의 다양

추가 설명

우리나라 가정학 전공자의 취업 현황

우리나라 가정학 전공자들은 ⅰ) 교육·훈련, ⅱ) 국가행정, ⅲ) 연구소, ⅳ) 언론·보도·커뮤니케이션, ⅴ) 금융, ⅵ) 단체 급식, ⅶ) 사회복지 및 사회단체, ⅷ) 경영, ⅸ) 자문 위원·지도 위원·상담자와 같은 분야에서 사회 공헌을 하고 있다.

한 강조점들은 규정된 사명이나 목표에 기여해야 한다.
③ 가정학은 '가치중립적'인 이론 학문이 아니라 특정 가치를 가진 사회 목적·목표를 달성하기 위해 여러 학문이 만나는 접합점이다.
④ 가정학에서는 자의적으로 정해진 목적이나 무비판적으로 수용된 목표를 달성하기 위하여 그 수단을 찾고 적용하는 것이 정당화될 수 없다.
⑤ 가정학은 이론·실천에 모두 관계하므로 그 지식은 이론과 실천을 상호 관련시켜야 하며, 실천적 문제에 따라 어떤 지식이 그 전문직 수행에 적합한가를 결정해야 한다.
⑥ 가정학에 적합한 지식은 여러 학문으로부터 실용적 용도에 맞도록 독자적으로 선택, 조직, 변형된다.

02 가정학 전공자의 직종

1 가정관리

(1) 일의 성질

① 가정관리라는 직업은 개인 및 가족이 최적 생활을 할 수 있도록 하는 데 의미가 있으며, 이를 위해서는 필수적이고 상호 관련성 있는 지식과 기술이 필요하다.
② 가정관리를 하는 데 필수적인 기술
  ㉠ 생활 주기에 따른 개인 및 가족의 성장 촉진과 만족스런 가족 관계 형성
  ㉡ 가족원에게 알맞은 식생활 관리
  ㉢ 가족을 위한 주거 환경 조성(가구 선택, 보존, 시설 설비 등)
  ㉣ 가족원을 위한 의복 제공과 관리
  ㉤ 자녀 양육
  ㉥ 재정 및 자원 관리
③ 가정학이 전문직인 근거 : 퀴글리(E.E. Quigley)
  ㉠ 평생 직업이다.
  ㉡ 지적 활동 및 책임감을 포함한다.
  ㉢ 전문화된 지식, 기술 및 태도의 조직체를 필요로 한다.
  ㉣ 개인적 이익을 초월한 서비스를 고양한다.
  ㉤ 계속적인 성장을 필요로 한다.

(2) 가정 관리자의 자격

전문적인 가정 관리자는 가정관리, 가족 관계, 아동 발달, 식품, 영양, 의류, 직물, 주거, 실내장식, 가정 기기, 예술, 심리학, 사회학, 정치학, 경제학, 소비자 경제학에서 광

> **추가 설명**
> 미국의 직업교육연맹에서 가정관리를 하나의 직업으로 인정하는 이유
> 가정관리라는 직업은 개인 및 가족이 최적 생활을 가능하도록 하는 데 의무가 있으며, 이를 위해서는 필수적이고 상호 관련성 있는 지식과 기술이 필요하다. 즉, 가치관, 관리, 대인관계와 같은 중요 개념은 아동 및 가족 관계, 의복 및 섬유, 식품 및 영양, 소비자교육 및 자원 관리 그리고 주거학 등의 학과 내용을 통합시켜 준다.

범한 훈련을 받아야 한다.

(3) 가정 관리자의 장점
① 자신이 속한 가정의 가정 관리자라는 전문직과 임금을 받는 전문직을 동시에 준비하는 것이 비교적 쉬우며, 시간제 직업과도 잘 연결된다.
② 개인적으로 만족스럽고 행복한 생활을 달성하고, 성공적인 가족생활에서 사회적·경제적·미적·과학적 가치를 성취하기 위하여 창의적인 방법으로 자신의 지식을 활용할 수 있으며, 임금노동보다 더 큰 보상을 받을 수도 있다.

(4) 가정 관리자의 단점
① '그저 주부'라는 개인적·사회적 태도가 가정 관리직에 대한 매력을 잃게 할 수 있다.
② 가정생활은 자극이 적을 수도 있고, 집에 있는 여성은 자신의 외모나 문화적 관심사를 소홀히 할 수도 있다.
③ 피로, 긴 노동시간, 정서적 긴장을 초래할 수 있다.

2 의류와 직물 분야

(1) 의상 디자인(apparel design)
① 일의 성격
  ㉠ 의상 디자이너는 최근의 스타일을 관찰하고 새로운 아이디어를 개발하며, 그 아이디어를 패턴 제작이나 드레이핑(draping) 및 재봉으로 구체화시키는 일을 한다.
  ㉡ 활동 영역 : 디자이너(designer)와 패션 일러스트레이터(fashion illustrator)로서의 영역으로 나눌 수 있다.
② 의상 디자이너의 자격
  ㉠ 의상 디자인 분야에서는 창의적인 상상력과 능력이 필요하다. 여기에는 미래를 조망하는 선견 능력뿐만 아니라 예술적인 능력과 실제적인 기술까지 포함한다. 또한 스케치, 패턴 제작, 그레이딩(grading), 의류 제작에 관한 지식과 기술을 가져야 한다. 스타일 감각과 융통성도 중요하다.
  ㉡ 디자이너는 옷감(fabrics)과 직물(textiles)에 관한 지식(예 명칭, 특성, 가격, 제작될 의복의 형태에 적절한 섬유의 색상 등)을 가져야 하며, 의복 구성과 체형(體型)에 관한 지식 또한 필요하다.
  ㉢ 머천다이징(merchandising)의 감각을 개발하고, 사람들의 욕구와 관심을 예측해야 하며, 팔 수 있는 스타일을 디자인할 수 있어야 한다.
③ 의상 디자인 분야의 장점
  ㉠ 디자이너는 아름다운 옷감을 사용하여 독창적으로 일할 기회를 가진다.
  ㉡ 옷차림과 패션의 경향에 관한 정보를 접할 수 있다.
  ㉢ 독창적이고, 유능하며, 열심히 일하면 진급이 빠르다.

추가 설명

가정학 전공자가 가정관리의 과학적 원리를 이해하는 행위의 의미
- 가정 관리직을 수행하는 가정학 전공자는 가정관리에 필요한 과학적 원리를 이해하고 적용하는데, 이는 계획 및 수행에 있어서의 효율성을 의미한다.
- 가정관리를 위한 교육 및 훈련에서는 가치 판단 능력 및 건전한 의사결정을 할 수 있는 능력을 개발해야 한다.

추가 설명

생활 지도사
의식주 생활과 가정관리, 생활문화 지도에 종사하고 있는 공무원이다.

ⓔ 성별에 따른 차별이 없어 양성 평등의 수준이 높다.
ⓜ 더 큰 패션 중심지로 여행할 기회도 가질 수 있다.
ⓗ 의류 분야에서는 보수가 높은 직종의 하나이다.
④ 의상 디자인 분야의 단점
  ㉠ 취업 경쟁이 심한 분야이므로 계속적인 생산의 압박을 받게 된다.
  ㉡ 디자이너는 디자인실 보조나 스케치하는 사람, 패턴 제작자와 같은 말단직에서 시작하는 것이 일반적이고, 판매 분야에서부터 시작하기까지 한다.
  ㉢ 초임과 복리후생이 낮으며 단조로움과 긴장이 되풀이된다.
  ㉣ 근무 시간이 길고 불규칙하며 정신적 스트레스가 심한 편이다.
  ㉤ 능력이나 훈련이 부족하면 이 분야에서 실패하기 쉽다.

(2) 의류와 직물 머천다이징

① 일의 성질
  ㉠ 머천다이징(merchandising)이란 상품의 구입 및 판매와 관련되는 모든 활동을 의미한다.
  ㉡ 의류와 직물의 판매는 소매상, 백화점, 특판점(speciality shop), 우편 판매점 등을 통하여 이루어진다.
② 머천다이저의 자격
  ㉠ 이 분야에서 일하는 사람들은 소비자의 요구를 예측하는 능력이 있어야 하며, 할당 받은 것을 계획·조직·수행할 수 있어야 한다.
  ㉡ 압박하에서도 일할 수 있는 능력이 필요하고, 상식과 좋은 판단력으로 신속하게 결정할 수 있어야 한다.
  ㉢ 책임감, 사업적 감각, 미적 감상력, 건강 등도 필요하다.
  ㉣ 여러 종류의 사람들과 함께 일하는 것을 즐길 수 있어야 한다.
  ㉤ 이 분야에서 일하고 있는 많은 사람들이 이와 관련하여 특별한 교육을 받지는 않았지만, 가정학 전공자로서 의류와 직물을 전공했으면 더욱 좋다.
③ 머천다이징의 장점
  ㉠ 상당한 활동 영역을 제공해 주며, 개인의 아이디어와 판단력을 이용할 기회가 많고, 그 능력이 인정된다.
  ㉡ 많은 사람들과 함께 일할 수 있고, 최근의 패션 경향에 민감하며, 남과 다른 것을 볼 수 있고 다룰 수 있다.
  ㉢ 자극이 강하고 도전적이며, 수입이 비교적 많다.
④ 머천다이징의 단점
  ㉠ 대부분의 경우 이 직종은 판매원과 같은 말단의 일부터 시작해야 한다.
  ㉡ 경쟁이 매우 심하고, 업무 시간이 길며, 불규칙적이다.

> **추가 설명**
> 머천다이저(merchandiser)
> 상품화 계획 또는 상품 기획을 전문적으로 하는 사람으로, 약자로 'MD'라고도 한다. 상품이라는 의미인 'merchandise'와 사람을 지칭하는 어미 '-er'을 합하여 상품화 계획, 구입, 가공, 상품 진열, 판매 등에 대한 결정권자 및 책임자를 의미한다. 일반적으로 의류업체의 머천다이저는 정보 분석, 상품 기획, 생산, 판매 촉진 업무를 담당한다.

3 식품과 영양 분야

(1) 영양사

① 일의 성질
  ㉠ 영양학이란 인간의 영양학적 보호를 위한 과학과 기술을 다루는 전문 분야이다.
  ㉡ 영양사는 개인 및 단체를 영양학적으로 돌보는 데 책임을 지도록 교육 받은 전문가이며, 건강증진 및 질병 치료를 목적으로 영양 기법 및 응용에 관하여 연구 개발하고 전문적인 영양 서비스를 제공한다.

② 영양사의 자격 : 우리나라에서 영양사가 되기 위해서는 다음 각호에 해당하는 자로서 영양사 국가시험에 합격한 후 보건복지부 장관의 면허를 받아야 한다.
  ㉠ 「국민영양관리법」에 따른 대학, 산업대학, 전문대학 또는 방송통신대학에서 식품학 또는 영양학을 전공한 자로서 교과목 및 학점 이수 등에 관하여 보건복지부령으로 정하는 요건을 갖춘 사람
  ㉡ 외국에서 영양사 면허(보건복지부 장관이 정하여 고시하는 인정 기준에 해당하는 면허)를 받은 사람
  ㉢ 외국의 영양사 양성학교(보건복지부 장관이 정하여 고시하는 인정 기준에 해당하는 학교)를 졸업한 사람

③ 영양사의 장점
  ㉠ 타인의 건강을 회복시키는 데 조력하고 건강유지를 위해 노력한다는 점이 직업적인 만족을 높인다.
  ㉡ 시간제로도 취업할 수 있다.
  ㉢ 병원이나 단체급식이 필요한 기관에서 영양사를 필요로 하는 경우가 점차 늘어나고 있다.
  ㉣ 전문 지식을 바탕으로 업무에서의 자율성과 권한이 일정 수준 부여되며, 사회봉사 및 소명 의식의 수준이 높은 편이다.
  ㉤ 양성평등과 고령자 친화성이 높은 편으로 고용 평등이 비교적 잘 지켜지는 편이다.

④ 영양사의 단점
  ㉠ 대부분의 영양사들은 평일에만 근무하고 그 시간도 규칙적인 것이 보통이지만, 병원영양사는 가끔 주말에도 근무하며, 식당·호텔 등 상업적 업소에서 일하는 영양사는 근무가 다소 불규칙적이다.
  ㉡ 정규직 비율이 낮은 편이고 승진 가능성과 직장 이동 가능성이 낮아 발전 가능성 영역에서 낮은 점수를 보인다.
  ㉢ 물리적 환경이 좋지 않고 정신적 스트레스가 있는 편이다.

(2) 시설 관리(institution management)

① 일의 성질

추가 설명

영양사에게 요구되는 자격
영양학뿐만 아니라 경영학에 관한 지식도 갖추어야 하고, 매일 여러 종류의 사람들과 함께 일을 해야 하기 때문에 따뜻하면서도 객관적인 태도를 갖고 커뮤니케이션도 잘 할 수 있어야 한다. 영양사는 필요한 영양을 충족시키기 위해 식품을 이용하기 때문에 식품과 그 구성요소, 개인에게 미치는 식품의 효과와 질, 필요한 영양분을 섭취할 수 있는 방법 등에 관한 지식과 관심이 필요하다.

추가 설명

영양사 자격을 가질 수 없는 사람
정신질환자, 감염병환자, 마약·대마 또는 향정신성 의약품 중독자는 영양사가 될 수 없다.

㉠ 시설 관리란 식당, 호텔, 모텔, 항공사, 학교, 양로원, 장애자 시설, 보육 시설, 기업체 등에서 식품과 관련된 서비스를 제공하는 분야이다.
㉡ 시설 관리자는 종업원을 고용·훈련·지시하며, 고객의 선호를 연구하고 새로운 요리법을 개발하는 한편, 음식의 질을 유지하기 위해 노력해야 한다.
㉢ 학교급식은 시설 관리의 가장 큰 분야 중의 하나이다.

② 시설 관리자의 자격
㉠ 시설 관리나 식품 영양학을 전공해야 한다.
㉡ 시설 관리 분야에서 일하고자 하는 사람에게는 양질의 음식에 관한 과학적·기술적인 관심과 지식, 사람들과 함께 일하고 사람들에게 봉사하는 것에 대한 관심과 거기에 필요한 개인적 자질 및 식품 산업에 대한 관심과 지식 등이 필요하다.

③ 시설 관리자의 장점
㉠ 타인에게 음식을 제공하여 신체적 복지를 향상시켜 줌으로써 만족감을 느낄 수 있다.
㉡ 가사노동이 점차 산업화되면서 외식이 증가하고 시설 관리에 대한 사회적 수요도 증가함에 따라 이 직종의 전망이 밝다.
㉢ 시설 관리자는 경영상 자유스럽다.

④ 시설 관리자의 단점
㉠ 성공을 위해서는 항상 긴장해야 한다.
㉡ 상업적인 시설에서는 이익을 내기 위하여 정부나 비영리단체에서도 최소한 수지의 균형을 맞추기 위하여 압력을 받는다.
㉢ 대인 관계에 항상 관심을 기울여야 하며, 생산 계획에 맞추기 위하여 상당한 압력을 받으므로 시간 관리를 잘해야 한다.

(3) 영양학자(the nutritionist)

① 일의 성질
㉠ 영양학자는 사회복지 기관이나 공공 보건 기구, 대학, 식품 회사나 가정 기기 회사, 신문사와 잡지사, 광고 기관 등에 취업한다.
㉡ 식품과 건강과의 관계를 연구하고 이를 타인에게 해설해 주는 사람이다.

② 영양학자의 자격
㉠ 최소한 식품영양학을 전공한 학사이어야 하며, 과학과 사회봉사에 큰 관심을 가져야 한다.
㉡ 간단 명료하며 효과적으로 말하고 쓸 수 있는 능력이 요구된다.
㉢ 많은 사람들을 대상으로 하는 일이므로 대인 관계에 유익한 자질이 필요하다.

③ 영양학자의 장점 : 직업을 통하여 인간의 복지 증진에 기여한다는 점에서 만족을 얻을 수 있다.

영양학자가 하는 일
식이 연구, 교육 자료 준비, 라디오와 텔레비전 및 대중 강의, 잡지와 신문 기고 등 다양하다. 다른 기관과 합동하여 영양학적 문제를 해결하는 것도 중요한 임무이다.

④ 영양학자의 단점 : 영양학자는 자신의 성취 여부를 측정하기가 어렵고, 이 점이 의욕을 상실하게 할 수가 있다.

4 실내장식

(1) 일의 성질

① 실내 장식가란 훈련과 경험에 의하여 실내와 가구의 디자인 및 제작을 계획·감독하고 그 수행에 필수적인 여러 가지 기술과 기능을 갖춘 사람을 말한다.

② 실내 장식업의 두 분야
  ⊙ 상업적 실내장식 : 사무실, 호텔, 장식, 공장, 병원, 선박, 은행, 쇼핑센터, 학교 건물 등과 같은 공적인 장소를 위한 것이다.
  ⓒ 주택 실내장식 : 아파트이거나 단독주택이거나 관계없이 가정과 관련된 것이다.

> **추가 설명**
> **실내장식가에 요구되는 자질**
> 창의적인 능력과 특별한 심미안뿐만 아니라 예술적 재능과 미적 감식력이 매우 중요하다.

(2) 실내 장식가의 자격

① 가정학 또는 실내장식 관련 분야의 과정을 이수해야 하며, 창의적인 능력, 예술적인 재능과 미적 감식력이 매우 중요하다.
② 실내장식에 관련된 지식이 있어야 하고, 디자인한 것을 실제 만들 수 있는 기술도 필요하다.
③ 고객의 취향을 충족시켜 줄 수 있어야 하고 타인을 이해할 수 있어야 하며, 개인으로 영업할 경우 경영자로서의 자질이 필요하다.

(3) 실내 장식가의 장점

① 다양한 재료를 사용하며, 다양한 사람들과 일할 기회를 가질 수 있다.
② 능력 있는 사람은 높은 보수를 받을 수 있다.

(4) 실내 장식가의 단점

① 하위직으로부터 출발하는 경우가 많고, 초봉이 낮고 경쟁이 심하다.
② 작업 시간이 불규칙하고 길다.
③ 육체적으로 피로하기도 하며, 세부적인 것에도 주의를 기울여야 하는 일이 많다.
④ 고객을 대하는 일이 힘들 수도 있다.

5 아동발달과 가족 관계 분야

(1) 아동발달 전문가

① 일의 성질
  ⊙ 아동발달을 전공한 사람은 공·사립 유치원, 유아원, 보건 관계 기구나 장애자를 위한 프로그램, 병원, 고아원, 아동복지관, 아동이나 청소년을 위한 사회 기관에서 일할 수 있다.

> **추가 설명**
> **아동발달 전문가의 요건**
> 아동교육을 위해서는 어린이를 존경하고, 어린이의 성격 발달을 고려하며, 어린이 부모와 밀접하게 관련을 갖고 일하는 데 관심을 가져야 한다.

ⓒ 공부를 더 많이 한 사람을 위한 높은 직위에는 아동 센터의 감독이나 아동 양육 전문가, 연구직 등이 있다.
② 아동발달 전문가의 자격
　　㉠ 아동의 이해에 필요한 관련 과목을 이수해야 하며, 교사 자격증을 취득해야 한다.
　　ⓒ 보다 높은 수준의 아동발달 전공자가 되기 위해서는 석사나 박사 학위가 필요하다.
③ 아동발달 전문가의 장점
　　㉠ 아동의 사회적·정서적·신체적·지적 발달을 지켜보면서 보상을 경험할 수 있다.
　　ⓒ 아동발달 종사자들이 부모됨 및 전반적인 삶을 준비할 수 있도록 해준다.
　　ⓒ 전반적으로 작업 환경이 밝고 매력적이다. 근무 시간도 길지 않다.
④ 아동발달 전문가의 단점 : 아동이 아프거나 신체적인 요구가 있을 때 돌보아 주는 일을 해야 하므로 힘들 수 있다.

(2) 가족 관계 전문가

① 일의 성질
　　㉠ 우리나라에서는 아직 이 분야가 많이 발달되어 있지 못한 현황이다.
　　ⓒ 상담자는 내담자가 자신을 이해하고 자신의 욕구를 파악하여 그 욕구를 충족시키고 가족이나 집단생활에 효과적으로 적응할 수 있도록 도와준다.
② 가족 관계 전문가의 자격
　　㉠ 자신의 개인 생활에 잘 적응하는 사람이어야 한다.
　　ⓒ 인간에 대한 성실한 관심과 이해심·동정심이 필요하고, 개방적이고 친밀한 성격과 상황을 객관적으로 볼 수 있는 능력이 필요하다.
③ 가족 관계 전문가의 장점 : 타인을 돕는 데서 만족을 얻을 수 있으며, 보수도 비교적 많다.
④ 가족 관계 전문가의 단점 : 타인의 문제에 깊이 개입됨으로써 정신적 부담을 가질 수 있으나 이는 객관적인 위치를 고수함으로써 피할 수 있다.

가족 상담
가족 관계 전문가가 하는 대표적인 일이다.

6 가정학 교육

(1) 일의 성질

① 중·고등학교 교사
　　㉠ 학생들에게 가정학의 여러 전문 분야에 걸친 지식을 가르치며, 현재 및 미래의 가정생활을 잘 할 수 있도록 돕는다.
　　ⓒ 실업고등학교에서는 가정학과 관련된 직업을 가질 수 있도록 기술을 가르친다.
② 성인교육을 의한 교사
　　㉠ 지역사회의 주부를 대상으로 그들이 보다 이해심 있는 부모가 될 수 있도록 돕는다.

ⓒ 그들에게 새롭고 효율적인 가정 관리 방법을 가르친다.
③ 대학교수
  ㉠ 학생들이 기본 지식을 습득하고 직업에 대비할 수 있도록 도와준다.
  ㉡ 연구를 통하여 가정학 발전에 공헌하고 교과서 및 논문 집필 등 저술 활동을 하며, 전문적 학술 모임에 참여한다.

(2) 가정학 교사의 자격
중·고등학교의 교사가 되기 위해서는 사범대학 가정교육과를 졸업하거나 가정과·가정관리학과에서 교직 과목을 이수하여 중등학교 교사자격증을 취득해야 한다.

(3) 가정학 교사의 장점
① 방학을 유용하게 이용할 수 있으며 또한 교육 활동을 가사와 쉽게 연결시킬 수 있다.
② 보수도 좋은 편이며, 안정성이 있는 직업이다.

(4) 가정학 교사의 단점
① 가르치는 일 이외의 잡무가 많다.
② 새로운 지식과 방법을 흡수하기 위하여 끊임없이 노력하고 준비를 해야 한다.

7 가정학 연구

(1) 일의 성질
① 가정학 연구자의 일반적인 목적은 가정 및 가족생활의 향상을 위해서 사용될 수 있는 새로운 지식을 제공하는 것이다.
② 개인과 가족원의 복지, 인간관계의 향상, 가정생활의 향상 또는 가족원의 욕구 충족을 위하여 가정학자의 연구가 수행된다고 할 수 있다.

(2) 가정학 연구자의 자격
① 연구직에 취업하기 위해서는 기본적으로 석사 학위가 필요하다.
② 가정학 전반에 걸친 폭넓은 지식과 전공 분야에 관한 깊은 지식 또한 전공 기초에 관한 지식이 필요하다.
③ 수학, 통계학, 컴퓨터프로그래밍, 연구 방법 등 연구 활동에 필요한 기초 지식이 필요하다.

(3) 가정학 연구 활동의 장점
① 가족생활을 향상시킬 수 있는 새로운 사실·방법·재료를 발견함으로써 만족감을 얻을 수 있다.
② 보수도 비교적 높은 편이며, 대학원 과정을 가르치는 교수는 교육과 연구를 연결시킬 수 있다.

가정학 교사
학습 지도적일 뿐 아니라 학생의 개인 문제를 해결해 준다는 점에서 상담자라고도 할 수 있다.

가정학 연구에서 사용하는 연구 방법 : 연구 문제에 따라 달라질 수 있으며, 전공 분야에 따라 주로 사용되는 방법들이 다르다.
- 식품·영양·직물 분야 : 실험
- 가정과 교육·가정경제·가정 관리 분야 : 조사 연구
- 의류(복식사), 가족 관계(가족사), 주거(주거사) 분야 : 역사적 연구 방법

(4) 가정학 연구 활동의 단점

① 연구 활동과 같은 일을 반복하고 정밀한 작업이기 때문에 단조로울 수 있다.
② 연구 과제에 따라 장시간을 요할 수도 있으며, 연구 결과가 만족스럽지 못하여 좌절하거나 실망하는 수도 있다.
③ 기록·분석·보고서 작성과 같은 연구 활동에는 정밀성이 필요하며, 이로 인하여 스트레스를 받는 수도 있다.

8 사회복지와 공중보건

(1) 일의 성질

① 사회복지와 공중보건 분야에서 일하는 가정학 전공자는 장애자 주부나 문제 가족을 돕고, 임상이나 지역사회에서 영양학적 지식을 제공한다.
② 노인을 돌보고, 새로 이사 온 시민들에게 지도를 해주며, 가족이나 지역사회기관에게 복지 및 보건과 관련된 여러 가지 서비스를 제공한다.
③ 공중보건 분야에서 가정학 전공자들이 하는 일
  ㉠ 사람들에게 좋은 영양은 어떠한 것이며, 그것이 왜 중요한 것인가를 알도록 도와준다.
  ㉡ 이 분야의 종사자 훈련을 위하여 동료와 협동한다.
  ㉢ 진료소에서 영양상의 문제점을 도와주면서 가르친다.
  ㉣ 교육 자료·시청각 자료를 제작·평가한다.
  ㉤ 라디오·텔레비전의 프로그램을 제공한다.
  ㉥ 클럽이나 지역사회 모임에서 연설한다.
  ㉦ 관련 시설 및 기관에 서비스를 제공한다.
  ㉧ 지역사회 보건을 위하여 다른 단체들과 협동한다.
④ 사회복지기관에서 가정학 전문가들이 하는 일
  ㉠ 복지기관의 경영자에게 가족이 필요로 하는 식품·의류·기타 생활품에 대한 정보를 제공한다.
  ㉡ 관리, 가족 재무 계획, 작업 간소화 방법 및 구매법에 관하여 가족이나 동료와 협의한다.
  ㉢ 장애자 가족이나 부채가 있는 가족 또는 이중 역할을 해야 하는 취업 주부 등과 같이 특별한 문제를 가진 가족을 위하여 특별 프로그램을 제안한다.
  ㉣ 가정생활의 향상을 위하여 다른 가정학 전공자와 협력한다.
  ㉤ 지역사회의 복지 프로그램을 계획·수행하기 위하여 다른 단체들과 협력한다.

(2) 사회복지와 공중보건 전문가들의 자격

① 가정경제, 식품·영양, 가정 관리, 아동 양육·아동 발달, 주거·기기, 직물·의류,

> **추가 설명**
> **사회복지사의 역할**
> - 청소년, 노인, 여성, 가족, 장애인 등 다양한 사회적, 개인적 욕구를 가진 사람들의 문제에 대한 사정과 평가를 통해 문제 해결을 돕고 지원한다.
> - 사회적, 개인적 문제로 어려움에 처한 의뢰인을 만나 그들이 처한 상황과 문제를 파악하고, 문제를 처리, 해결하는 데 필요한 방안을 찾기 위해 관련 자료를 수집, 분석하여 대안을 제시한다.

> **추가 설명**
> **영양학자**
> 사회복지 및 공중보건 분야에서는 특히 영양학자가 많이 요구된다.

가족 관계의 교과목을 이수하는 것이 중요하다.
② 사회학, 저널리즘, 인류학, 대중 연설, 원고 작성법 등의 교과목을 이수하는 것이 바람직하다.

(3) 사회복지와 공중보건 전문가들의 장점

① 사회복지, 공중보건 분야는 타인에게 봉사하고, 모든 사람들의 건강·복지·안전에 기여하기 때문에 매우 도전적이고 만족스러운 기회를 제공할 수 있다.
② 주도권을 갖고 상상력·창조력을 사용할 기회가 있고 전문적인 발전의 기회가 있다.

(4) 사회복지와 공중보건 전문가들의 단점

① 이 분야는 훈련 기간이 길고 보수가 적을 수 있다.
② 정신적·육체적 피로로 인하여 일의 능률에 손실을 가져올 수 있다.

> **추가 설명**
> 사회복지사의 장·단점
> - 고용에서 양성평등의 정도가 평균에 비해 높았고 고령자 친화성도 높게 나타난다.
> - 업무 자율성 및 권한이 제한적이나 사회적 평판과 봉사 의식, 소명 의식이 높게 나타난다.
> - 근무 시간이 길고 정신적·육체적 스트레스가 심한 편이다.
> - 사회복지의 중요성이 커지면서 일자리 창출이 활발하게 일어나고 있으나 취업 경쟁은 치열한 편이다.
> - 다른 직업과 비교하여 임금과 복리 후생이 낮은 편이다.

03 가정학 전공자의 사회 진출

1 가정학 전공자의 사회 진출에서의 문제점

(1) 문제의 제기

가정학 전공자의 사회 진출이라는 문제는 가정학의 발달 과정이나 여성의 고등교육 또는 대학의 기능 변천과 같은 몇 가지 중요한 문제들과 맥락을 같이 하는 것으로써 사회의 요구를 수용하고, 동시에 가정학의 미래를 위해서 검토해야 할 중요한 문제이다.

① 가정학의 발달 과정 : 1899년 11명의 학자들이 레이크 플래시드(Lake Placid)에 모여 생활의 질을 높이기 위해서 기초과학의 지식을 응용할 새로운 응용과학 분야에 대하여 처음으로 이야기하였고, 특히 인간과 환경과의 상호작용에 중점을 둔 가정학을 발달시켰다.
② 대학 기능의 변천 : 서구에 대학이라는 교육제도가 생기고 그 이후 수세기 동안 대학은 그 사회의 지도자를 길러내는 역할을 맡았다. 구체적인 지식이나 기능보다는 폭 넓게 사고하고 현명하게 판단하기 위한 인격적인 자질을 교육시켰으며, 교육의 기회란 지도자가 될 한정된 계층의 남성에 한하여 주어졌다. 그러나 현대 민주주의 이념에 입각해서 고등학교의 기회가 보다 많은 사람에게 주어지게 되었다.
③ 여성의 고등교육 : 18세기 이전에는 서양에서도 여성 교육이 불가능하다고 이야기하였지만 19세기에 들어서서 겨우 여성의 중등교육이 뿌리를 내리게 되었고, 중등교육에 있어서 가정 과목이 중요한 교과목으로 등장하게 되었다.

(2) 가정학 전공자의 외적 문제

① 가정학에 대한 인식 부족 : 가정학 전공자의 사회 진출에 가장 큰 문제점은 무엇보다

도 가정학에 대한 인식 부족을 들 수 있다.
② 대학 입시 제도 : 가정학의 학문적 특징은 문과와 이과를 근본적으로 분리시키는 현재의 대학입시제도 아래서는 그 기능을 충분히 발휘할 수 없다.
③ 여성에 대한 사회의 불평등 : 졸업생의 절대 다수가 여학생이라는 점을 고려하여 본다면 여성에 대한 사회의 불평등은 가정학 전공자의 사회 진출을 저해하는 중요한 요인임에 틀림없다.

(3) 가정학 전공자의 내적 문제

① 전문교육으로서의 교육과정 미비 : 가정학 전공자가 사회에 진출하기 위한 첫 번째 조건이 전문교육이다. 그러나 가정학 교육과정과 교육 내용이 이러한 교육 목표에 부합되는지 객관적으로 살펴볼 필요가 있다.
② 적극적인 직업 개발의 부족 : 사회 안에 있는 전문 직종의 수는 기하급수적으로 늘고 있다. 그러나 가정학 전공자를 위한 직종은 가정학 전공자가 개척하지 않는 이상 늘어나지 않는다.
③ 여성의 직업의식 부족 : 여학사들은 직장을 결혼 전에 잠시 머무는 곳 정도로 생각하고, 어려운 시련에 부딪히면 보다 편안하게 가정에 안주할 수 있는 가능성을 생각하고 어려움을 극복하지 못하는 경향이 있다. 그러나 현재는 이러한 직업의식에 변화가 나타나고 있다.

> **추가 설명**
> **가정학 전공자의 사회 진출과 관련된 문제점**
> 사회는 가정학 전공자를 필요로 하는데도 불구하고 가정학이 이에 대처하는 적극적인 전문교육의 미비, 직종 개발의 소극성, 직업의식의 부족 등으로 인하여 사회 진출에 어려움을 겪고 있다.

② 가정학 전문인 양성을 위한 방안

(1) 교육제도의 재정비

가정학 전공자를 양성하는 기관의 재정비가 필요하며, 젊은 학도들의 적극적인 사명 의식의 고취는 물론, 현직에 있는 사회인의 재입학이 허용되는 교육제도가 바람직하다.

(2) 학생들의 인지적 기술 개발과 지도력 양성

① 가정학 전문인의 양성에서 중요한 점은 비판적이고 창조적인 인지적 기술을 학부 과정에서 얻도록 하는 것이다.
② 모든 학생들은 언어나 문자를 통하여 자신의 의견을 설명하고 방어하는 능력을 개발하여야 하며, 현재의 문제점을 파악하고 복합적인 문제를 해결할 수 있어야만 한다.

(3) 산학협동(産學協同)에 의한 직업 개발의 필요

① 가정학 전공 영역에서의 직업 개발은 특별한 시간대에 특정 위치에 배치하는 것이 아니라 미래의 전문직 개발을 통하여 이루어질 수 있다.
② 가정학에 있어서 직업교육의 목표는 기존의 직업을 성취하는 것뿐만 아니라 현재의 직업에서 방향을 변화시켜 줄 수 있는 기술도 개발하는 것이어야 한다.

> **추가 설명**
> **가정학 전문인 양성을 위한 방안**
> • 교육제도의 재정비
> • 학생들의 인지적 기술 개발과 지도력 양성
> • 산학협동에 의한 직업 개발의 필요
> • 국공 정책 수립·협조 강화
> • 학문적 통합에서 본 새로운 연구개발
> • 가정학 전공자의 직업의식 고양

(4) 국공 정책 수립·협조 강화

① 가정학 전문가는 정부 및 국공 기관과 상호 관련을 갖고 대중 정책과 자원 분배의 책임을 맡은 입법부 및 행정안전부의 사람들과 상호작용을 해야만 한다.
② 대학과 정부기관과의 협력관계는 교수진 개발을 촉진하고, 가정학 교과개발과 프로그램의 생동감을 유지하여 교육 목표 달성을 위한 혁신적 정책 강화를 도모할 수 있다.

(5) 학문적 통합에서 본 새로운 연구 개발

날로 늘어가는 가정 문제, 또 이에 따른 사회복지의 문제 등 인간과 생활환경에 대응하여 가정학이 취하여야 할 연구의 내용과 영역도 점차로 변화하고 있으며 그 넓이도 증가되고 있다.

(6) 가정학 전공자의 직업의식 고양

① 가정학 전공자들의 직업을 구할 시 주의 사항
  ㉠ 구직자라면 기꺼이 집을 떠나 직장이 있는 곳으로 갈 수 있어야 한다.
  ㉡ 좋은 직장이나 자리를 확보하기 위하여 필요하다면 대학원 교육도 받을 각오를 해야 한다.
  ㉢ 구직자는 스스로 문을 두드려야 한다. 잘 알려져 있지 않은 가정학 전공자들의 능력, 교육 배경, 훈련과 경험 등을 고용주에게 과감하게 홍보하여 새로운 직업 기회를 갖도록 노력하여야 한다.

② 기업이 가정학 전공자를 필요로 하는 이유 : 스트레인(R.W. Strain)
  ㉠ 이윤을 얻기 위해
  ㉡ 판매량을 증가시키기 위해
  ㉢ 경쟁에 대응하기 위해
  ㉣ 소비자 문제를 처리하기 위해
  ㉤ 낮은 비용으로 보다 큰 효과를 얻기 위해

③ 가정학 전공자가 스스로 가치를 올리는 일
  ㉠ 자신이 일하고 있는 직장에 대한 지식을 충분히 갖고 관리 분야에서의 새로운 방법과 지식을 갖도록 노력한다.
  ㉡ 기업에 종사하는 가정학 전공자는 특히 윗사람이나 고용주에게 자신의 능력을 홍보할 필요가 있다.
  ㉢ 가정학 전공자가 얼마나 기업에 기여했나를 알 수 있도록 경영자에게 매달 보고서를 간결하게 작성하여 바쁜 경영자가 한눈에 빨리 읽을 수 있도록 하는 것이 좋다.
  ㉣ 건설적 태도를 갖는 일, 기업에서 무엇을 받으려는 자세보다 주려는 태도, 제출 기일보다 늦지 않고 오히려 일찍 내는 일, 일을 피하려 하는 것보다 오히려 일을 찾아서 하는 사람은 고용주에게 높은 평가를 받는다.

추가 설명

기업이 가정학 전공자를 고용하지 않는 이유
- 가정학 전공자가 할 수 있는 일에 대한 지식의 결핍
- 가정학 전공자가 갖고 있는 자질을 확실히 모름.
- 가정학 전공자가 기업에서 이윤을 올리는 데 공헌할 수 있는지 여부에 신념이 없음.

04 가정학의 과제

1 가정학의 현상과 문제점

(1) 연구 성과의 축적과 연구를 둘러싼 문제
① 1947년 대한가정학회가 창설된 이래 대한가정학회 학술지는 제276권이란 축적을 나타냈고, 2013년부터는 학술지의 국제화를 위하여 'FER(Family and Environment Research)'로 변경하여 발행하고 있으며, 학술 연구 업적이 다수 발표되었다.
② 가정학 연구는 대한가정학회 학술지뿐만 아니라 각 소속 대학의 교내 논문집, 다른 인접 학회의 학술지에도 발표되고 있다. 따라서 가정학 연구 성과를 체계적으로 정리하여 살펴볼 필요가 있다.

(2) 가정학 체계화의 노력
가정학의 체계화, 종합화는 많이 진전했다 해도 가정학 각 전문 분야 연구자의 금후 협력이 절대로 필요하다. 특히 '원론' 확립의 노력이 시급하다.

(3) 교육 활동의 문제점
① 가정학 출신은 거의가 여성이며 남성 가정학 연구자는 거의가 타 학문 출신이고 피교육자인 가정대학과 가정학과 학생은 여자뿐이다.
② 가정학은 현재 학문으로서의 가정학 교육과 지식 기능 전달 방법으로서 가정교육의 큰 문제에 부딪치고 있다.

(4) 사회 공헌
① 현대사회의 물질과 에너지의 흐름, 정보의 흐름의 행선지는 가정(家庭)이다. 이들의 수용은 개개인이나 선택은 가족 단위의 경제면이나 생활 가치에 입각하므로 생산, 공급, 에너지, 정보의 궁극 목표는 개인이라기보다 오히려 가정이라는 생활체이다.
② 많은 기업의 연구소나 소비자 부분에서 가정학 출신이 전문직으로 고용되는 기회가 증가하였다. 따라서 기업에 대한 사용자의 의견을 반영하고 발언할 수 있는 히브(HEIB)의 존재가 중요해진다.

(5) 국제적인 성과
대한가정학회는 정식 가입자가 해마다 늘어나고 있고, 세계가정학회에 가입하고 있으며 우리나라 대표가 이사진에 선출되고 있다. 한편 한일가정학회가 조직되어 학술 교류가 이루어지고 있으며, 아시아가정학회의 회장도 선출되어 세계가정학 발전의 동반자로 기여하고 있다.

추가 설명

가정학 교육체계의 문제점
- 성별 불균형 현상
- 학문으로서의 가정학 교육과 지식 기능 전달 방법으로서의 가정교육의 문제

추가 설명

히브(HEIB)
소비자의 가정을 찾아다니면서 그 기업의 상품이나 업무에 대한 정보를 제공하여 수요를 늘리거나 소비자의 의견을 제품 개발이나 광고 활동에 반영하는 사람

2 가정학 발전을 위한 과제

(1) 가정학원론의 연구

미국과 일본에서는 이미 가정학원론에 대한 연구가 많이 진전되어 왔다. 뒤늦게나마 이에 대한 연구가 우리나라에서도 대한가정학회를 중심으로 활발하게 추진되어야 할 것이다.

(2) 가정학의 체계화

가정학이 종합 학문으로서, 실천 학문으로서 또한 응용 학문으로서, 학문성 및 독자적인 가정성에 입각해서 체계화가 다시 조절될 필요가 있다.

(3) 가정학의 명칭

① 가정학의 목적, 대상, 연구 방법, 연구 현상, 사회 인류에 대한 공헌 등에 관하여 연구와 함께 가정학의 명칭 논의는 함께 이루어져야 한다.
② 학문적 사명과 그 학문의 기반은 무시하고 세계적 추세나 다른 나라가 가정학을 개칭한다고 하여 무조건 추종할 것이 아니라 우리나라 현실을 배경으로 한 학문 명칭을 연구할 필요가 있다.
③ 개칭 후 파생되는 여러 가지 문제를 신중하게 검토해야 한다.

(4) 대학 수준 가정학 교육과정 연구

① 대학은 연구 기관인 동시에 교육 기관이므로 가정학의 교육과정 편성의 재조정이 요망된다.
② 학문성의 신뢰를 받고 인식되는 대학의 가정학으로 발전되려면 교육과정 연구가 시급한 과제로 남아 있다.

(5) 사회의 요청에 대한 가정학의 대응

① 가정학의 사회적 요청 면에서 인간 생존에서 생활에 가장 가까운 학문인 가정학이 현 시대의 인간성 부활과 인간 생활의 안전을 위해 중시된다.
② 의식주 기타 영역의 과학적 연구를 기반으로 인간 생존과 육성 그리고 여러 가지 요인을 가진 인간의 생활을 지키는 경영체를 바르게 운영하는 가정학의 넓은 영역은 인간 생활의 본질을 향해 지금까지의 과학적 성과를 모아 종합시켜 생활 방위를 꾀함으로써 생활을 건전하게 하고 평화와 문화적 생활을 유지하고 앙양하는 데 기여해야 한다.

추가 설명

가정학을 발달시키기 위한 과제
- 가정학, 가정학원론의 체계화를 위해 노력해야 한다.
- 사회적 요청에 따른 교과목의 개발(편성)이 필요하다.
- 가정학의 학술 연구 활동과 국제적 활동이 활발해야 한다.

실전예상문제

1. 전문직의 특성에 대한 설명으로 옳은 것은?
① 전문직 종사자는 기술적 지식과 함께 이론적 지식을 충분히 습득해야 한다.
② 전문직 종사자는 이론적 지식이 아닌 기술적 지식을 갖추어야 한다.
③ 전문직의 활동 범위와 목표는 무제한으로 확대될 수 있다.
④ 전문직 내의 조직은 그 구성원들의 이익을 최대한 보장하기 위하여 구성된 것이다.

해설 전문직의 특성
- 전문직은 사회에 유익한 서비스를 제공할 것을 지향한다.
- 전문직 서비스는 실천적 판단을 포함한 지적 활동을 수반하는데, 이는 전문가가 그 작업 상황에 관련된 이론적 지식을 충분히 습득할 것을 필요로 한다.
- 전문직 내의 조직은 그 구성원들로 하여금 도덕적으로 정당하다는 것을 확신할 수 있도록 해야 한다.
- 전문직의 목표와 지식 및 실무의 범위를 제한하는 것이 필요하다.

2. 전문직에 대한 설명으로 옳은 것은?
① 이론적 지식이 아닌 실천적 지식을 갖는다.
② 전문직 내의 조직은 그 구성원들의 이익을 지키기 위한 것이다.
③ 사회에 유익한 서비스를 제공할 것을 지향한다.
④ 전문직의 활동 범위는 무제한적이다.

해설 문제 1번 해설 참조

3. 가정학이 전문직 분야가 되기 위해 충족시켜야 할 점으로서 가장 중요한 것은?
① 사회의 모든 문제에 해결책을 제시하여야 한다.
② 가치와는 상관없이 주어진 목표 달성에 효율적이어야 한다.
③ 가치중립적인 이론을 개발하여야 한다.
④ 특정 분야의 사회적 문제에 대하여 책임 있는 서비스를 제공하여야 한다.

해설 문제 1번 해설 참조

4. 가정학이 전문직이기 위해 갖추어야 할 요건이라 할 수 없는 것은?
① 가정학은 가치중립적인 이론학문이라는 데 기초한다.

정답 1.① 2.③ 3.④ 4.①

② 가정학은 이론과 실천을 상호 관련시켜야 한다.
③ 범위를 충분히 제한하여 잘 규정된 사회적 목적을 가져야 한다.
④ 직업 분화를 위한 하위 분야에서의 다양한 강조점들은 규정된 사명이나 목표에 기여해야 한다.

해설 전문직의 특성이 가정학에 주는 시사
- 범위를 충분히 제한하여 잘 규정된 사회적 목적을 가져야 한다.
- 직업 분화를 위한 하위 분야 또는 전문 영역과 습득된 지식 분야에서의 다양한 강조점들은 규정된 사명이나 목표에 기여해야 한다.
- 가정학은 '가치중립적'인 이론 학문이 아니라 특정 가치를 가진 사회적 목적이나 목표를 달성하기 위해 여러 학문들이 만나는 접합점이다.
- 가정학의 지식은 이론과 실천을 상호 관련시켜야 하며, 실천적 문제에 따라 어떤 지식이 그 전문직의 수행에 적합한 것인가를 결정해야 한다.
- 가정학에 적합한 지식은 여러 학문으로부터 실천적 용도에 맞도록 독자적으로 선택되고 조직되며 또한 변형된다.

5 전문직의 특성이 가정학에 주는 시사점으로 알맞은 것은?
① 실천보다는 이론적인 지식을 생성하고 교육해야 한다.
② 가정학에 적합한 모든 지식을 가정학 내에서 개발해야 한다.
③ 가치중립적인 이론을 충분히 개발하여야 한다.
④ 가정학의 범위를 제한하여 잘 규정된 사회적 목적을 가져야 한다.

해설 문제 4번 해설 참조

6 가정학이 전문 분야가 되기 위해 충족시켜야 할 사항으로 옳은 것은?
① 여러 학문 분야의 지식을 각 분야의 관점에 따라 종합해야 한다.
② 목표 설정 자체보다 특정 목표를 달성하기 위한 기술만 전문적으로 제공해야 한다.
③ 가치중립적이기보다 특정 가치를 가진 사회적 목적이나 목표를 달성시킬 수 있어야 한다.
④ 사회적 필요나 문제에 대한 서비스를 제공하기 위하여 광범위한 범위를 다루어야 한다.

해설 가정학이 전문 분야가 되기 위하여 충족시켜야 할 점은 가치중립적이기보다 특정 가치를 지닌 사회적 목적이나 목표를 달성할 수 있어야 한다.

7 미국 직업교육연맹에서 가정관리(homemaking)를 하나의 직업으로 인정한 이유는?
① 가정관리라는 직업은 개인 및 가족이 최적 생활을 가능하도록 하는 데 의무가 있으며, 이를 위해서는 필수적이고 상호 관련성이 있는 지식과 기술이 필요하다.
② 가정관리라는 직업은 가족의 행복을 추구하고 제3국의 가정과 상호 연합하는 데 필요하다.

③ 가정관리란 여성에게 있어서 가장 존귀한 일이며 세계 보건 관리와 밀접한 연계성이 있다.
④ 가정관리라는 직업은 인간의 심리적·사회적 발달에 기여하는 중요한 부문이다.

해설 미국의 직업교육연맹(Vocational Education Coalition)에서 가정관리를 하나의 직업으로 인정하는 이유 : 가정관리라는 직업은 개인 및 가족이 최적 생활을 가능하도록 하는 데 의무가 있으며, 이를 위해서는 필수적이고 상호 관련성 있는 지식과 기술이 필요하다. 즉 가치관, 관리, 대인 관계와 같은 중요 개념은 아동 및 가족 관계, 의복 및 섬유, 식품 및 영양, 소비자 교육 및 자원 관리, 주거학 등의 학과 내용을 통합시켜 준다.

8 가정관리를 하는 데 필수적인 기술에 해당되지 않는 것은?
① 지역사회 봉사
② 자원 관리
③ 가족을 위한 주거 환경 조성
④ 자녀 양육

해설 가정관리를 하는 데 필수적인 기술
- 자녀 양육
- 가족원에게 알맞은 식생활 관리
- 가족원을 위한 의복 제공과 관리
- 재정 및 자원 관리
- 생활 주기에 따른 개인 및 가족의 성장 촉진과 만족스런 가족 관계 형성
- 가족을 위한 주거 환경 조성(가구 선택, 보존, 시설설비 등)

9 가정관리가 하나의 전문직이 될 수 있는 이유로 적합한 것은?
① 단기적인 훈련을 통하여 가정관리에 필요한 기술을 습득할 수 있다.
② 가정관리는 가족의 행복을 추구하는 존귀한 활동이다.
③ 가정관리 활동은 가족 복지를 향상시키기 위하여 매우 중요하다.
④ 전문화된 지식, 기술 및 태도의 조직체를 필요로 한다.

해설 가정관리가 하나의 전문직이 될 수 있는 이유 : 퀴글리(E.E. Quigley)
- 평생 직업이다.
- 지적 생활 및 책임감을 포함한다.
- 계속적인 성장을 필요로 한다.
- 개인적 이익을 초월한 서비스를 고양한다.
- 전문화된 지식, 기술 및 태도의 조직체를 필요로 한다.

10 가정관리가 전문직이라고 볼 수 있는 조건에 해당하는 것은?
① 기혼자도 할 수 있다.
② 계속적인 성장을 필요로 한다.
③ 개인적 이익을 지향한다.
④ 신체적 활동을 주로 한다.

해설 문제 9번 해설 참조

정답 5.④ 6.③ 7.① 8.① 9.④ 10.②

11 퀴글리(E.E. Quigley)가 가정 관리직을 아마추어가 아닌 전문직이라고 한 이유에 해당하는 것은?

① 개인적 이익을 지향한다.
② 지적 생활 및 책임감을 포함한다.
③ 단기적인 훈련을 통하여 가정관리에 필요한 기술을 습득할 수 있다.
④ 일시적 직업이다.

해설 문제 9번 해설 참조

12 가정 관리직을 수행하는 가정학 전공자가 가정관리에 필요한 과학적 원리를 이해하고 적용하는 행위가 의미하는 것은?

① 계획 및 수행에 있어서의 효율성
② 교육 및 훈련에 있어서의 경제성
③ 교육 및 훈련에 있어서의 합리성
④ 계획 및 수행에 있어서의 정확성

해설 가정 관리직을 수행하는 가정학 전공자는 가정관리에 필요한 과학적 원리를 이해하고 적용하는데, 이는 계획 및 수행에 있어서의 효율성을 의미한다. 가정관리를 위한 교육 및 훈련에서는 가치 판단 능력 및 건전한 의사결정을 할 수 있는 능력을 개발해야 한다.

13 전문직으로서의 가정 관리자의 자격에 해당하는 것은?

① 자신의 어머니로부터 어릴 때부터 생활교육을 받아야 한다.
② 가정관리를 위한 전문 지식을 습득해야 한다.
③ 여성이어야 한다.
④ 결혼해야 한다.

해설 전문직으로서의 가정 관리자의 자격 : 전문적인 가정 관리자는 가정관리, 가족 관계, 아동 발달, 식품, 영양, 의류, 직물, 주거, 실내장식, 가정 기기, 예술, 심리학, 사회학, 정치학, 경제학, 소비자 경제학에서 광범위한 훈련을 받아야 한다.

14 가정 관리자의 단점에 해당되지 않는 것은?

① 긴 노동시간으로 인하여 피해를 받는다.
② 창의력이 낮아진다.
③ 문화적인 관심사가 경시된다.
④ 피로가 쌓이게 된다.

해설 가정 관리자의 단점 : 그저 주부라는 개인적·사회적 태도가 가정 관리직에 대한 매력을 잃게 할 수 있다. 가정 생활은 자극이 적을 수도 있고, 집에 있는 여성은 자신의 외모나 문화적 관심사를 소홀히 할 수도 있다. 피로, 긴 노동시간, 정서적 긴장 등이 지적되기도 한다.

15 가정 관리직의 장점으로 볼 수 없는 것은?

① 자신이 속한 가정의 가정 관리자라는 전문직과 시간제 직업과의 연결이 용이하다.
② 전문적인 교육을 받음으로써만이 정당한 임금을 받을 수 있다.
③ 개인적으로 만족스럽고 행복한 생활을 달성하는 기반이 된다.
④ 성공적인 가정생활에서 사회적, 경제적, 미적 가치를 성취할 수 있다.

해설 가정 관리직의 장점 : 가정관리를 위하여 교육을 받은 가정학 전공자는 개인적으로 만족스럽고 행복한 생활을 달성하고, 성공적인 가족생활에서 사회적·경제적·미적·과학적 가치를 성취하기 위하여 창의적인 방법으로 자신의 지식을 활용할 수 있으며, 임금노동보다 더 큰 보상을 받을 수도 있다.

16 의식주 생활과 가정 관리, 생활 문화 지도에 종사하고 있는 공무원은?

① 머천다이저   ② 시설 관리사   ③ 생활지도사   ④ 영양사

해설 생활 지도사 : 의식주 생활과 가정관리, 생활 문화 지도에 종사하고 있는 공무원이다.

17 의상 디자이너의 자격으로 적합치 않은 것은?

① 창의적인 상상력과 능력
② 미래를 조망하는 선견 능력
③ 스케치, 패턴 제작, 그레이딩 등에 관한 지식과 기술
④ 스타일 감각과 전통 의상의 고수

해설 의상 디자이너의 자격 조건 : 창의적인 상상력과 능력이 필요하다. 여기에는 미래를 조망하는 선견 능력뿐만 아니라 예술적인 능력과 실제적인 기술까지 포함된다. 디자이너는 스케치, 패턴 제작, 그레이딩, 의류 제작에 관한 지식과 기술을 가져야 한다. 스타일 감각과 융통성도 중요하다.

18 의상 디자인 분야의 단점으로 볼 수 없는 것은?

① 경쟁이 심하지 않아 취업이 쉽다.   ② 능력이나 훈련이 부족하면 실패하기 쉽다.
③ 초임이 낮아 일의 능률이 좋지 않을 수가 있다.   ④ 단조로움과 긴장이 되풀이된다.

해설 의상 디자인 분야의 단점
- 능력이나 훈련이 부족하면 이 분야에서 실패하기 쉽다.
- 경쟁이 심한 분야이므로 계속적인 생산의 압박을 받게 된다.
- 디자이너는 디자인실 보조나 스케치하는 사람, 패턴 제작자와 같은 말단에서 시작하는 것이 일반적이고, 판매 분야에서부터 시작하기까지 한다.

정답 11.❷ 12.❶ 13.❷ 14.❷ 15.❷ 16.❸ 17.❹ 18.❶

• 초임이 낮으며, 단조로움과 긴장이 되풀이된다.

19 가정학 전공자가 진출할 수 있는 분야와 장점이 옳게 연결된 것은?
① 시설 관리사 — 수지의 균형에 신경을 쓰지 않아도 된다.
② 아동발달 전문가 — 많은 전공자들과 함께 일할 수 있다.
③ 영양사 — 최근의 패션 경향에 민감하다.
④ 의상 디자이너 — 독창적으로 일할 기회가 있다.

해설 의상 디자인 분야의 장점
• 아름다운 옷감을 사용하여 독창적으로 일할 기회를 가진다.
• 옷차림과 패션의 경향에 관한 정보를 접할 수 있다.
• 더 큰 패션 중심지로 여행할 기회도 가질 수 있다.
• 독창적이고, 유능하며, 열심히 일하면 진급이 빠르다.
• 의류 분야에서는 보수가 높은 직종의 하나이다.

20 의류와 직물 머천다이징에 종사할 사람의 자격으로 적합치 않은 것은?
① 여러 종류의 사람들과 함께 일하는 것을 즐길 수 있어야 한다.
② 상식과 좋은 판단력으로 신속하게 결정할 수 있어야 한다.
③ 반드시 의류와 직물을 전공해야 한다.
④ 소비자의 요구를 예측하는 능력이 있어야 한다.

해설 의류와 머천다이징 분야에서 일하고 있는 많은 사람들이 이와 관련하여 특별한 교육을 받지는 않았지만, 가정학 전공자로서 의류와 직물을 전공했으면 더욱 좋다.

21 의류와 직물 머천다이징 분야의 장점으로 볼 수 없는 것은?
① 최근의 패션 경향에 동화되지 않는다.
② 많은 사람들과 함께 일할 수 있다.
③ 자극이 강하고 도전적이다.
④ 개인의 아이디어와 판단력을 이용할 기회가 많다.

해설 머천다이저는 최근의 패션 경향에 민감하며, 남과 다른 것을 볼 수 있고 다룰 수 있다. 수입이 많은 장점이 있다.

22 최근의 패션 경향에 민감하고, 아이디어와 판단력을 이용할 기회가 많으나 말단의 일부터 시작해야 하고, 업무 시간이 길며 불규칙적인 가정학 전문직은?

① 실내디자이너　　② 머천다이저　　③ 시설관리사　　④ 영양사

해설 머천다이저의 장·단점
- 최근의 패션 경향에 민감하다.
- 말단의 일부터 시작해야 한다.
- 아이디어와 판단력을 이용할 기회가 많다.
- 업무 시간이 길며 불규칙적이다.

23 영양사에게 요구되는 자격으로 바르지 않은 것은?

① 필요한 영양분을 섭취할 수 있는 방법에 대한 관심
② 인간성 및 인간 심리에 관한 이해
③ 경영학에 관한 지식 구비
④ 원만한 커뮤니케이션

해설 영양사에게 요구되는 자격 : 영양학뿐만 아니라 경영학에 관한 지식도 갖추어야 하고, 매일 여러 종류의 사람들과 함께 일을 해야 하기 때문에 따뜻하면서도 객관적인 태도를 갖고 커뮤니케이션도 잘 할 수 있어야 한다. 영양사는 필요한 영양을 충족시키기 위해 식품을 이용하기 때문에 식품과 그 구성 요소, 개인에게 미치는 식품의 효과와 질, 필요한 영양분을 섭취할 수 있는 방법 등에 관한 지식과 관심이 필요하다.

24 우리나라에서 영양사가 될 수 없는 사람은?

① 영양사 국가시험 합격 후 보건복지부 장관의 면허를 받은 자
② 외국의 영양사 양성학교를 졸업한 자
③ 「국민영양관리법」에 의한 대학, 산업대학, 전문대학 또는 방송통신대학에서 식품학 또는 영양학을 전공한 자
④ 외국에서 보건복지부 장관이 인정하는 영양사 면허를 받은 자

해설 외국의 영양사 양성학교 중 보건복지부 장관이 인정하는 학교를 졸업한 자라야 한다.

25 우리나라에서의 영양사 자격에 대한 설명으로 옳지 않은 것은?

① 「국민영양관리법」에 의한 대학 또는 전문대학에서 경영학을 전공한 사람은 영양사 국가시험을 볼 수 있다.
② 정신질환자는 영양사가 될 수 없다.
③ 외국에서 보건복지부 장관이 인정한 영양사 면허를 받은 사람은 영양사가 될 수 있다.
④ 영양사 국가시험에 합격해야 한다.

정답 19.❹　20.❸　21.❶　22.❷　23.❷　24.❷　25.❶

해설 우리나라에서 영양사 자격 : 아래에 해당하는 자로서 영양사 국가시험에 합격한 후 보건복지부 장관의 면허를 받아야 한다.
- 「국민영양관리법」에 의한 대학, 산업대학, 전문대학, 방송통신대학에서 식품학 또는 영양학을 전공한 자
- 외국에서 보건복지부 장관이 인정하는 영양사 면허를 받은 자
- 외국의 영양사 양성학교 중 보건복지부 장관이 인정하는 학교를 졸업한 자

26 영양사가 지닌 직업적인 단점으로 옳은 것은?
① 주말 근무 및 근무시간이 불규칙하기도 하다. ② 시간제 취업이 어렵다.
③ 직업적인 만족도가 낮다. ④ 직업의 선택 기회가 감소되고 있다.

해설 대부분의 영양사들은 평일에만 근무하고 그 시간도 규칙적인 것이 보통이지만, 병원 영양사는 가끔 주말에도 근무하며, 식당·호텔 등 상업적 업소에서 일하는 영양사는 근무가 다소 불규칙적인 단점이 있다.

27 시설 관리 분야에서 가장 큰 비중을 차지하는 것은?
① 양로원 급식 ② 기업체 급식 ③ 학교급식 ④ 조리의 방법

해설 시설 관리자는 종업원을 고용·훈련·지시하며, 고객의 선호를 연구하고 새로운 요리법을 개발하는 한편, 음식의 질을 유지하기 위해 노력해야 한다. 학교급식은 시설 관리의 가장 큰 분야 중 하나이다.

28 시설 관리 분야가 지닌 단점으로 옳지 않은 것은?
① 성공을 위한 긴장감의 증가 ② 대인 관계에 항상 관심을 가져야 한다.
③ 시간 관리를 잘해야 한다. ④ 사회적 수요의 감소

해설 시설 관리 분야의 단점 : 성공을 위해서는 항상 긴장해야 한다. 대인 관계에 항상 관심을 기울여야 하며, 생산 계획에 맞추기 위하여 상당한 압력을 받으므로 시간 관리를 잘해야 한다. 상업적인 시설에서는 이익을 내기 위하여 정부나 비영리단체에서도 최소한 수지의 균형을 맞추기 위하여 압력을 받는다.

29 영양학자가 지닌 단점으로 옳은 것은?
① 인간의 복지 증진에 기여하지 못한다.
② 자신의 성취 여부를 측정하기가 어렵다.
③ 이 분야에 대한 중요성이 인식되지 못하고 있다.
④ 개인의 이익 추구가 어려워진다.

해설 영양학자는 자신의 성취 여부를 측정하기가 어렵고, 이 점이 의욕을 상실하게 할 수도 있다.

30 가정학 전공자의 직종에서 요구하는 자질에 대한 설명이 바르게 연결된 것은?

① 실내 장식 — 창의적 능력과 심미안이 중요하다.
② 영양사 — 많은 사람을 상대하므로 의상 감각이 필수적이다.
③ 의류 머천다이징 — 시설 관리에 필요한 다양한 능력이 요구된다.
④ 의상 디자인 — 과학적 분석력이 가장 중요하게 요구된다.

해설 실내 장식은 창의력을 나타낼 수 있는 흥미있고 도전적인 분야이다.

31 실내 장식가가 구비해야 할 조건으로 잘못된 것은?

① 예술적 재능과 미적 감식력이 중요하다.
② 독창성을 배제하기 위한 확고한 주관을 지닌다.
③ 경영자로서의 자질이 필요하다.
④ 실내 장식 관련 분야의 과정을 이수해야 한다.

해설 실내 장식가는 창의적인 능력과 특별한 심미안뿐만 아니라 예술적 재능과 미적 감식력이 매우 중요하다.

32 실내장식 분야가 가진 단점이라 할 수 없는 것은?

① 지나치게 다양한 재료를 사용한다.
② 작업 시간이 불규칙하다.
③ 하위직부터 출발한다.
④ 육체적 피로가 크다.

해설 실내 장식가의 단점 : 하위직으로부터 출발하는 경우가 많고, 초봉이 낮고 경쟁이 심하다. 고객의 편의에 따라야 하기 때문에 작업 시간이 불규칙하고 길다. 육체적으로 피로하기도 하며, 세부적인 것에도 주의를 기울여야 하는 일이 많고, 고객을 대하는 일이 힘들 수도 있다.

33 아동발달 전문가가 지닌 장점으로 볼 수 없는 것은?

① 종사자들에게 전반적인 삶을 준비할 수 있도록 한다.
② 아동의 성장을 통해 보상을 경험할 수 있다.
③ 작업 환경이 밝고 매력적이다.
④ 전문가가 되기 위해 이수해야 할 자격 요건이 간단하다.

해설 아동발달 전문가의 장점 : 아동의 사회적·정서적·신체적·지적 발달을 지켜보면서 보상을 경험할 수 있으며, 이러한 경험은 아동발달 종사자들이 부모됨 및 전반적인 삶을 준비할 수 있도록 해준다. 전반적으로 작업 환경이 밝고 매력적이며 근무 시간도 길지 않다.

정답 26.❶ 27.❸ 28.❹ 29.❷ 30.❶ 31.❷ 32.❶ 33.❹

34 아동발달 전문가의 단점에 해당되는 것은?

① 능력이나 훈련이 부족하면 실패하기 쉽고 계속 경쟁이 심하다.
② 여행을 많이 해야 하므로 힘들 수 있다.
③ 아동을 돌보아 주어야 하므로 힘들 수 있다.
④ 아동의 편의를 따라야 하기 때문에 작업 시간이 불규칙하다.

해설 아동발달 전문가의 단점 : 아동이 아프거나 신체적인 요구가 있을 때 돌보아 주는 일을 해야 하므로 힘들 수 있다.

35 가족 관계 전문가가 담당하는 가장 대표적인 업무는?

① 가족 상담　　② 연구 활동　　③ 아동 성격의 파악　　④ 교육 사업

해설 가족 관계 전문가의 취업 기회는 아동 양육과 관련되어 있는 것이 많다. 중 · 고교 교사나 교수로 활동하거나 성인 교육이나 지역사회프로그램에 참여할 수 있다. 가족 상담은 가족 관계 전문가가 하는 대표적인 일이라 할 수 있다.

36 가족 상담자가 갖추어야 할 구비 요건으로 볼 수 없는 것은?

① 자신의 개인 생활에 잘 적응하는 사람이어야 한다.
② 자신 스스로가 많은 문제를 가진 사람이어야 한다.
③ 인간에 대한 성실한 관심과 이해심 · 동정심이 필요하다.
④ 개방적이고 친밀한 성격의 소유자이어야 한다.

해설 가족 관계 전문가의 자격 : 가족 상담을 하려는 사람은 우선 자신의 개인 생활에 잘 적응하는 사람이어야 한다. 인간에 대한 성실한 관심과 이해심 · 동정심이 필요하고, 개방적이고 친밀한 성격과 상황을 객관적으로 볼 수 있는 능력이 필요하다.

37 가정학 교육 분야의 장점으로 볼 수 없는 사항은?

① 새로운 지식과 방법을 흡수하기 용이하다.　② 방학을 유용하게 이용할 수 있다.
③ 교육 활동을 가사와 쉽게 연결시킬 수 있다.　④ 보수와 안정성이 보장된다.

해설 가정학 교육은 생활인을 돕는 것을 즐기는 사람에게는 도전적이고 보람있는 일이다. 방학을 유용하게 이용할 수 있으며, 또한 교육 활동을 가사와 쉽게 연결시킬 수 있다. 이러한 점은 실제 경험을 통하여 작업에 이점을 준다. 또한 보수가 좋고 안정성이 있는 직업이다.

38 각 전공 분야에 따른 연구 방법의 연결이 바르지 않은 것은?

① 가정 관리 — 실험　　　　　　　　② 식품 · 영양 — 실험

③ 가정경제 — 조사 연구 　　　　　　④ 가정과 교육 — 조사 연구

해설 가정학 연구에서 사용하는 연구 방법 : 연구 문제에 따라 달라질 수 있으며, 전공 분야에 따라 주로 사용되는 방법들이 다르다.
- 식품 · 영양 · 직물 분야 : 실험
- 가정과 교육 · 가정경제 · 가정 관리 분야 : 조사 연구
- 의류(복식사), 가족 관계(가족사), 주거(주거사) 분야 : 역사적 연구 방법

39 가정학 연구직에 종사하기 위해 갖추어야 할 자격으로 볼 수 없는 것은?

① 인간과 생물의 관계에 대한 지식　　② 전공 기초에 관한 지식
③ 가정학의 가치에 대한 신념　　　　 ④ 예리한 지적 호기심

해설 가정학 연구직에 종사하기 위해 갖추어야 할 자격
- 연구직에 취업하기 위해 기본적으로 석사 학위가 필요하며, 박사 학위가 있으면 더욱 좋다. 연구를 직업으로 가지려면 예리한 지적 호기심, 우수한 재능이 필요할 뿐만 아니라 가정학의 가치에 대한 신념과 전공 분야에 깊은 관심이 있어야 한다.
- 가정학 전반에 걸친 폭넓은 지식과 전공 분야에 관한 깊은 지식, 전공 기초에 관한 지식이 필요하고, 수학, 통계학, 컴퓨터프로그래밍, 연구 방법 등 연구 활동에 필요한 기초 지식이 필요하다.

40 가정학 연구 활동이 가지는 단점으로 바르지 못한 것은?

① 작업이 단조로울 수 있다.　　　　　② 가르치는 일 이외의 잡무가 많다.
③ 연구 과제에 따라 장시간을 요할 수도 있다.　④ 기록 · 분석 · 보고서 작성 시 정밀성이 요구된다.

해설 가정학 연구활동의 단점
- 같은 일을 반복하고 정밀한 작업이기 때문에 단조로울 수 있다.
- 연구 과제에 따라 장시간을 요할 수도 있으며, 연구 결과가 만족스럽지 못하여 좌절하거나 실망하는 수도 있다.
- 기록 · 분석 · 보고서 작성과 같은 연구 활동에는 정밀성이 필요하며, 이로 인하여 스트레스를 받을 수도 있다.

41 가정학 전공자의 진출 분야와 그 분야의 장 · 단점이 바르게 연결된 것은?

① 의류와 직물 머천다이징 — 석사 이상의 학력이 필요하나 판매원부터 시작해야 한다.
② 가족 관계 전문가 — 육체적으로 피로하기 쉽다.
③ 가정학 교육 — 불규칙적으로 근무할 일이 많다.
④ 가정학 연구 — 정밀한 작업이기 때문에 단조로울 수 있고 스트레스를 받을 수 있다.

해설 가정학 연구 활동의 장 · 단점

정답 34.③ 35.① 36.② 37.① 38.① 39.① 40.② 41.④

- 가정학 연구 활동의 장점 : 가족생활을 향상시킬 수 있는 새로운 사실·방법·재료를 발견함으로써 만족감을 얻을 수 있으며, 보수도 비교적 높은 편이다.
- 가정학 연구 활동의 단점 : 연구 활동이 같은 일을 반복하고 정밀한 작업이기 때문에 단조로울 수 있으며, 연구 결과가 만족스럽지 못하여 좌절하거나 실망할 수도 있다.

42 공중보건 분야에서의 가정학 전공자의 역할이라 할 수 없는 것은?

① 좋은 영양에 대한 정보
② 클럽이나 지역사회 모임에서의 연설
③ 관리·가족 재무 계획·작업 간소화 방법의 연구
④ 교육 자료·시청각 자료의 제작·평가

해설 공중보건 분야에서 종사하는 가정학 전공자들의 업무 : ①, ②, ④ 이외에도 사람들에게 좋은 영양은 어떠한 것이며, 그것이 왜 중요한 것인가를 알도록 도와주며, 이 분야의 종사자 훈련을 위하여 동료와 협동하며, 라디오·텔레비전의 프로그램을 제공한다. 또한 지역사회 보건을 위하여 다른 단체들과도 협동한다. ③은 사회복지기관에 종사하는 전문가의 역할이다.

43 사회복지 및 공중보건 분야에서 특히 요구되는 직업은?

① 조리사   ② 영양학자   ③ 가정학 교육자   ④ 가정학 연구자

해설 사회복지 및 공중보건 분야에서는 특히 영양학자가 많이 요구된다.

44 사회복지 및 공중보건 분야에서 일하는 경우, 그 단점으로 볼 수 있는 것은?

① 훈련 기간이 길고 보수가 적다.
② 타율적이고 정체되어 반복적인 작업이 행해진다.
③ 이해관계가 복잡하다.
④ 사람들과의 접촉 기회가 제한되어 있다.

해설 사회복지 및 공중보건 전문가들의 단점
- 훈련 기간이 길고, 보수가 적을 수 있다.
- 정서적·육체적으로 상당히 힘들 수 있으며, 훈련받은 사람들의 노동 이동성이 취업 기회에 중요하다.

45 가정학 전공자의 사회 진출과 관련된 외적 문제에 해당하지 않는 것은?

① 여성에 대한 사회의 불평등
② 가정학에 대한 인식 부족
③ 입시제도의 문제
④ 전문교육으로서의 교육과정 미비

해설 가정학 전공자의 내적 문제점 : 전문교육으로서의 교육과정 미비, 적극적인 직업 개발의 부족, 여성의 직업의식 부족

46 가정학 전공자의 사회 진출에 대한 가정학의 외적 문제에 해당하는 것은?

① 여성의 직업의식 부족
② 적극적인 직업 개발의 부족
③ 가정학에 대한 인식 부족
④ 전문교육으로서의 교육과정 미비

해설 가정학 전공자의 사회 진출에 가장 큰 문제점은 무엇보다도 가정학에 대한 인식 부족을 들 수 있다.

47 현재 대학 입시 제도에서 가정학이 그 기능을 충분히 발휘하지 못하는 원인으로 가장 적합한 것은?

① 정부의 정책적인 지원의 미흡으로
② 문과와 이과의 특징을 모두 가지고 있으므로
③ 학문적인 체계화가 수립되지 않아서
④ 가정학을 전공하려는 학생 수의 감소 때문에

해설 가정학을 흔히 응용과학이며, 실천과학이며, 종합 과학이라고 한다. 가정학의 이러한 학문적 특징은 문과와 이과를 근본적으로 분리시키는 현재의 대학 입시 제도 아래서는 그 기능을 충분히 발휘할 수 없다.

48 가정학 전공자의 사회 진출과 관련된 가정학의 내적 문제에 해당하는 것은?

① 적극적인 직업 개발의 부족
② 가정학에 대한 인식 부족
③ 대학 입시 제도
④ 여성에 대한 사회의 불평등

해설 가정학 전공자의 사회 진출과 관련된 문제
- 가정학 전공자의 사회 진출과 관련된 내적 문제 : 적극적인 직업 개발의 부족, 전문교육으로서의 교육과정의 미비, 여성의 직업의식 부족
- 가정학 전공자의 사회 진출과 관련된 외적 문제 : 가정학에 대한 인식 부족, 여성에 대한 사회의 불평등, 대학 입시 제도

49 가정학 전공자의 사회 진출에서의 문제와 관련하여 가정학의 내적 문제에 해당하지 않는 것은?

① 전문교육으로서의 교육과정의 미비
② 여성의 직업의식 부족
③ 적극적인 직업 개발의 부족
④ 이성에 대한 사회적 불평등

해설 문제 48번 해설 참조

50 가정학 전공자의 사회 진출과 관련된 문제점이라 볼 수 있는 것은?

① 가정학 전공자의 직업의식이 부족한 점
② 가정학 교육 내용이 주로 전문 직업교육인 점
③ 가정학 전공자의 수가 적은 점
④ 가정학이 여성만을 대상으로 하는 점

정답 42.③ 43.② 44.① 45.④ 46.③ 47.② 48.① 49.④ 50.①

해설 사회는 가정학 전공자를 필요로 하는데도 불구하고 가정학이 이에 대처하는 적극적인 전문교육의 미비, 직종 개발의 소극성, 직업의식의 부족 등으로 인하여 사회 진출에 어려움을 겪고 있다.

51 가정학에 있어서 직업 교육의 목표로 적합한 것은?
① 현재의 직업에서 방향을 전환시켜 줄 수 있는 기술 개발
② 기술의 폐쇄를 통해 독자적 영역의 확보
③ 가정학 전공자를 특별한 시간대에 특정한 위치로 배치하는 것
④ 기존의 직업을 성취하는 것

해설 가정학에 있어서 직업 교육의 목표 : 기존의 직업을 성취하는 것뿐만 아니라 현재의 직업에서 방향을 변화시켜 줄 수 있는 기술도 개발하는 것이어야 한다.

52 가정학 전문인을 양성하기 위한 구체적 방안이라 볼 수 있는 것은?
① 전통 의식을 고양할 것
② 직업 의식을 고양할 것
③ 여성 교육을 강화할 것
④ 교양 교육을 강화할 것

해설 가정학 전문인 양성을 위한 구체적 방안
- 교육제도의 재정비
- 산학협동에 의한 직업 개발의 필요
- 학문적 통합에서 본 새로운 연구 개발
- 학생들의 인지적 기술 개발과 지도력 양성
- 국공 정책 수립·협조 강화
- 가정학 전공자의 직업의식 고양

53 스트레인(Strain)의 보고서에 나타난 기업이 가정학 전공자를 필요로 하는 이유에 속하지 않는 것은?
① 경쟁에 대응하기 위해
② 고용 증대를 통해 사회적 신뢰를 확보하기 위해
③ 판매량 증가를 위해
④ 이윤을 얻기 위해

해설 스트레인(R.W. Strain)의 보고서에 나타난 기업이 가정학 전공자를 필요로 하는 이유
- 이윤을 얻기 위해
- 경쟁에 대응하기 위해
- 판매량을 증가시키기 위해
- 낮은 비용으로 더 큰 효과를 얻기 위해

54 가정학 교육에서의 문제점으로 적합한 것은?
① 직업교육을 하지 못한다.
② 여학생만 전공한다.
③ 가정생활 향상에 기여하지 못한다.
④ 전공자의 성별 불균형이 심하다.

해설 가정학 교육체계의 문제점 : 가정학 연구의 성별 불균형 현상이 일어나고 있다.

55 대한가정학회의 국제적인 성과가 아닌 것은?

① 아시아가정학회의 회장을 우리나라에서 선출
② 대한가정학회지 발간
③ 한일가정학회가 조직되어 학술 교류가 이루어짐.
④ 세계가정학회에 가입하고 있으며 우리나라 대표가 이사진에 선출됨.

해설 대한가정학회지 발간은 국내적인 성과이다.

56 우리나라의 가정학 발전과 가장 관계 깊은 학회는?

① 대한가정학회　② 한국영양학회　③ 대한교육학회　④ 한국가정관리학회

해설 대한가정학회는 정식가입자가 해마다 늘어나고 있으며, 세계가정학회에 가입하고 있다.

57 미국이나 일본에서는 이미 연구가 많이 진전되었으나 우리나라에서 대한가정학회를 중심으로 추진되어야 할 연구는?

① 소비자 경제학 연구　② 가정학원론 연구　③ 인간생태학　④ 가사학 연구

해설 우리나라에서는 아직 가정학원론 연구가 미흡하다.

58 가정학 발달을 위한 과제로서 가장 중요한 것은?

① 가정학의 독자성에 입각하여 가정학을 체계화한다.
② 가정학원론 연구를 위하여 가정학원론학회를 창설한다.
③ 선진 외국의 예를 따라 가정학의 명칭을 변경한다.
④ 모든 가정대학에서 교육 기능보다 연구 기능을 강화한다.

해설 가정학은 종합 학문, 실천 학문, 응용 학문으로서 학문성 및 독자적인 가정성에 입각해서 체계화가 다시 조정될 필요가 있다.

59 가정학이 발달하기 위한 과제로서 오늘날 특히 중요한 것은?

① 가정과 교사의 전공별 세분화
② 사회적 요청에 따른 교과목의 개발
③ 선진국의 흐름에 따른 연구 주제의 선정
④ 여성에 대한 교양 교육의 강화

정답 51.❶　52.❷　53.❷　54.❹　55.❷　56.❶　57.❷　58.❶　59.❷

해설 가정학이 발달하기 위한 과제
- 가정학, 가정학원론의 체계화를 위해 노력해야 한다.
- 사회적 요청에 따른 교과목의 개발(편성)이 필요하다.
- 가정학의 학술 연구 활동과 국제적 활동이 활발해야 한다.

60 가정학의 명칭에 대한 설명으로 옳지 않은 것은?

① 개칭 후 파생되는 문제를 고려한다.
② 다른 나라의 추세를 따른다.
③ 현실을 배경으로 한 학문 명칭을 연구한다.
④ 가정학의 사명, 기반에서 벗어나지 않아야 한다.

해설 가정학의 명칭 변경 시 학문적 사명과 그 학문의 기반은 무시하고 세계적 추세나 다른 나라가 명칭을 바꾼다고 해서 무조건 추종하는 것은 바람직하지 않다.

61 가정학의 명칭에 대한 설명으로 옳지 않은 것은?

① 다른 나라가 가정학을 개칭하였으니 그에 추종해야 한다.
② 개칭 후 파생되는 여러 가지 문제를 신중하게 검토해야 한다.
③ 가정학 명칭의 논의는 가정학의 사명, 기반에서 논의되어야 한다.
④ 현실을 배경으로 한 학문 명칭이 연구되어야 한다.

해설 문제 60번 해설 참조

62 앞으로의 가정학 과제로서 적당한 것은?

① 가정학의 이론 구축에 힘써야 한다.
② 종합적인 학문의 체계를 세워야 한다.
③ 기능성의 향상에 주안점을 두어야 한다.
④ 가정학의 각 분야를 세분화할 필요가 있다.

해설 앞으로 가정학은 가정학의 응용 분야를 개발하고 종합적인 학문의 체계를 세워야 한다.

63 가정학 발전을 위한 과제로서 적합한 것은?

① 가정학 관련 학과를 기초 학문 영역으로 통합
② 전문화를 위하여 가정학원론 과목 삭제
③ 여학생으로 입학 자격 제한
④ 사회의 요청에 부응하기 위한 교과목 편성

해설 가정학의 발전을 위한 과제 : 가정학원론 연구, 가정학의 체계화, 사회의 요청에 부응하기 위한 교과목 편성

정답 60.❷ 61.❶ 62.❷ 63.❹

부록

최종 모의고사

제1회 모의고사

1. 가정학원론의 의의에 대한 설명으로 가장 옳은 것은?
① 가정학에서 다루는 내용을 개괄적으로 설명한 것이다.
② 가정학 전공자의 진로를 설명한 것이다.
③ 가정학 전공자의 자격을 밝히는 것이다.
④ 가정학이라는 학문의 성립 근거를 밝히는 것이다.

> **해설** 가정학원론 : 가정학의 원점과 성립 근거를 규정하는 조건에 따라 줄거리를 세워 고찰하고 해명하며 가정학이 어떠한 학문인가를 밝히려는 연구 분야이다.

2. 가정학원론의 필요성으로 가장 옳은 것은?
① 가정학의 우수성을 알리기 위하여
② 가정학 연구 방법을 학습하기 위하여
③ 가정학 전공자의 진로 모색을 위하여
④ 가정학의 학문적 성격을 밝히기 위하여

> **해설** 가정학을 학문으로 규정할 때 가정학의 원점과 성립 근거를 해명하고 가정학이 어떤 학문인가를 명확하게 할 필요가 있다.

3. 가정학의 성격이라 볼 수 없는 것은?
① 분석과학이다. ② 실천과학이다. ③ 규범과학이다. ④ 응용과학이다.

> **해설** 가정학의 성격 : 과학성, 응용성, 규범성, 실천성, 통합성

4. 가정학을 실천과학으로 보는 이유로 옳은 것은?
① 가정학의 이론성
② 가정학의 통합성
③ 가정학의 체계성
④ 가정학의 실용성

> **해설** 가정학은 여러 가지 기초과학이 나타내는 원리를 받아들여서 현실의 생활 양상을 꾀하는 구체적이며 실천적인 학문이기 때문에 생활 속으로 실용화한다는 점을 특히 중시하고 현실 생활과 관계가 먼 여러 가지 기초과학 및 이론과학에 대하여 가정학은 실천과학이라고 할 수 있다.

5. 가정학을 종합 학문으로 볼 때의 문제점으로 옳은 것은?
① 가정학은 여성의 과학이다.
② 가정생활은 소비생활뿐만 아니라 생산활동도 포함된다.

③ 인간 생활의 모든 면을 대상으로 하는 학문이 있을 수 없다.
④ 유기적인 관련이 없이 단순히 부분을 구성하는 각 과학을 모으면 하나의 독립된 학문이 될 수 없다.

해설 유기적인 것에는 부분의 종합뿐만 아니라 그 이상의 것을 가지고 있다고 볼 수 있다. 부분을 구성하는 각 과학을 모아 놓기만 한다면 전체로서의 가정학이 될 수 없고 가정학을 종합 과학이라고 말할 수는 없을 것이다.

6 1902년 레이크 플래시드 회의에서 명시된 가정학의 정의와 관련된 내용으로 알맞은 것은?

① 인간과 환경과의 관계를 중시하고 있다.
② 최근 제기되고 있는 생태학적 개념과는 관계가 없다.
③ 물질보다는 인간을 연구 대상으로 한다.
④ 위생학이 기초과학으로서 가장 중요하다.

해설 1902년 제4회 레이크 플래시드 회의에서 명시된 가정학의 정의를 보면, 가정학은 가장 포괄적인 의미에서 한편에서는 인간과 직접 관계가 있는 물적 환경에 관하여 연구하고, 다른 한쪽에서는 사회적 존재로서의 인간 본성에 관하여 그 법칙, 제조건, 원리 및 이상에 대해서 연구한다. 특히 이 둘의 상호 관계에 대해 규명하는 데에 가정학의 사명이 있다.

7 '가정학은 가장 포괄적인 의미에서 한편에서는 인간과 직접 관계가 있는 (㉠)에 관하여 연구하고, 다른 한편에서는 사회적 존재로서의 (㉡)에 관하여 그 법칙의 제조건, 원리 및 이상을 연구한다. 특히 이 둘의 (㉢)에 관하여 규정하는 데에 가정학의 사명이 있다.'에서 ( ) 속에 가장 적합한 용어를 차례대로 나타낸 것은?

① 개인, 가정, 사회
② 식생활, 의생활, 주생활
③ 인간 본성, 물적 환경, 상호작용
④ 물적 환경, 인간 본성, 상호 관계

해설 문제 6번 해설 참조

8 1910년 리처즈는 가정학은 생활환경 개선에 의해 가족의 향상을 촉진하는 과학이라 했다. 이에 대한 명칭은?

① 소비자관계학
② 인간생태학
③ 우경학
④ 인간발달·가족연구

해설 우경학(Euthenics) : 가정학은 생활환경 개선에 의해 가족의 향상을 촉진하는 과학이다. 이를 우경학이라 한다.

9 학문의 기본적 원리에 해당하는 것은?

① 설명의 원리와 조립의 원리
② 확산의 원리와 통합의 원리

정답 1.④ 2.④ 3.① 4.④ 5.④ 6.① 7.④ 8.③ 9.②

③ 확산의 원리와 조립의 원리　　　　　④ 설명의 원리와 통합의 원리

해설 학문의 기본적 원리
　• 확산의 원리 : 학문의 외연성 지향
　• 통합의 원리 : 내부로 과제를 집중시키는 구심적인 주체성 강조

10 가정학의 학문적 특성(성격)이 가장 잘 드러난 것은?
① 사회과학이면서 응용과학이다.　　　② 종합과학이면서 실천과학이다.
③ 사회과학이면서 이론과학이다.　　　④ 자연과학이면서 기술과학이다.

해설 가정학의 학문적 특성(성격) : 가정학은 자연, 사회, 인문의 3과학 분야에 걸친 종합 과학적인 성격을 가지고 있고 어느 한 가지의 과학에만 속하지 않는다. 또한 가정학은 연구 목적을 가족의 행복 증진에 둠으로 과학 분류상 이론과학이 아닌 실천과학의 성격을 갖는다.

11 '가정학은 가정생활을 실현하는 수단이나 기술만이 아니라 가족 관계, 인간의 정신, 신체적 성장 및 발달, 생활 자원의 활용, 생활 환경의 조성, 경제 생활 등을 종합적으로 연구하여 실생활에 적응할 수 있도록 하는 (　)이며 (　)의 성격을 띠고 있다.'에서 (　) 안에 들어갈 말들이 바르게 묶인 것은?
① 행동과학 — 이론과학　　　　　　② 응용과학 — 이론과학
③ 종합과학 — 실천과학　　　　　　④ 이론과학 — 실천과학

해설 가정학은 종합학문, 실천학문, 응용학문으로서 학문성 및 독자적인 가정성(家政性)에 입각해서 체계화를 다시 조정할 필요가 있다.

12 학문의 체계를 논의할 때 고려되어야 할 점은?
① 체계와 교육과정을 구별한다.　　　② 학문의 영역별 분류를 명확히 한다.
③ 대학의 조직이나 교과과정을 고려한다.　④ 가정학의 전공 영역을 분명히 한다.

해설 학문의 체계를 논의할 때 중요한 것 : 체계와 교육과정을 구별하는 일이다. 즉, 가정학의 학문적 체계와 가정대학이나 가정학과의 조직 및 교과과정은 구별되어야 한다. 학문적 체계가 지금까지의 연구의 전통·축적과 무관하게 조직되지 아니하고, 대학의 조직이나 교과과정이 학문적 체계를 고려한 바탕 위에서 짜여져야 한다는 점에서 양자는 상호 관련이 있지만, 양자는 원칙적으로 구별되는 이질의 것이다.

13 가정학의 경계 영역이라 볼 수 없는 것은?
① 식품학　　　　　　　　　　　　② 식량경제학
③ 가족사회학　　　　　　　　　　④ 특수영양론

해설 가정학의 경계 영역 : 어떤 하나의 과학이 다른 과학과 서로 겹쳐지는 부분에서 쌍방의 과학이 연구하는 영역으로, 식품학, 식량경제학, 피복재료학, 아동복지학, 가족사회학 등이 있다.

14 가정학의 영역 중 인적 요소를 주로 다루는 교과목은?

① 주거학 ② 식품학 ③ 육아 ④ 의류학

해설 경영 방법을 연구하는 학문이 '가정경영학'이므로 가정 경영은 가정생활의 주체이고 인적 요소인 가족·아동을 연구하는 가족학, 아동학과 가정생활의 수단인 물적 요소를 연구하는 식품학, 피복학, 주거학을 결부시켜 가정학 중심에 위치하는 것이다.

15 가정학을 체계화할 때 전문 영역별로 분류하지 않고 생태학적인 면에서 가정학의 목적·방법을 고려한 것은?

① 전통적 체계 ② 인간생태학적 체계
③ 환경 중심 체계 ④ 인간 중심 체계

해설 인간생태학적 관점에서의 가정학 체계는 종래의 의·식·주·아동 등을 대상(전문) 영역별로 분류하지 않고 생태학적인 면에서 가정학의 목적·방법을 고려한 체계이다.

16 비판 과학의 이론적 형태에 해당하는 것은?

① 규범적 ② 실험적 ③ 분석적 ④ 경험적

해설 과학에 관한 관점의 이론적 형태
- 표준 과학의 이론적 형태 : 경험적(설명적 일반화의 연역적 설명)
- 해석 과학의 이론적 형태 : 분석적·경험적(주관의 해석)
- 비판 과학의 이론적 형태 : 규범적

17 연구의 유형 중 우선 관찰을 통해 자료를 수집하고, 이를 정리·분석하여 일반적인 유형을 찾아내고 이것으로부터 잠정적인 결론에 도달하는 방법은 무엇인가?

① 실험 ② 귀납적 방법 ③ 연역적 방법 ④ 문헌연구법

해설 귀납적 방법 : 관찰을 통해 자료를 수집하고, 이를 정리·분석하여 일반적인 유형을 찾아내고 이것으로부터 잠정적인 결론에 도달하는 방법이다.

정답 10.❷ 11.❸ 12.❶ 13.❹ 14.❸ 15.❷ 16.❶ 17.❷

18 문헌 연구의 장점이라 할 수 없는 것은?

① 제보의 자발성이 보장된다. ② 다른 방법보다 자료의 보존이 완전하다.
③ 고백의 가능성이 크다. ④ 비용이 덜 든다.

> **해설** 문헌 연구의 장점
> - 장기간의 종단 연구가 가능하다.
> - 무반응성(nonreactivity)이다.
> - 표본 크기에 있어서 실험이나 현지 연구에 비하여, 조사 연구처럼 대규모의 표본을 상대로 연구가 가능하다.
> - 제보의 자발성이 보장된다.
> - 연구 대상자를 직접 만나 면접이나 관찰을 할 수 없을 때는 관련 문서 자료가 필수적 중요 정보 자료가 된다.
> - 고백의 가능성이 크다.
> - 비용이 덜 든다.
> - 다른 방법으로 얻은 자료에 비하여 비교적 양질의 자료를 얻을 수 있다.

19 실험에 대한 설명으로 옳지 않은 것은?

① 실험에서 사용되는 자극이 독립변수가 된다.
② 자극에 대한 반응이나 결과가 종속변수가 된다.
③ 실험 집단은 실험의 대상이 되는 집단이다.
④ 다른 조건들을 통제하지 않고 변수 간의 영향을 알아보는 것이다.

> **해설** 실험은 다른 조건들을 일단 통제한 후 하나의 변수가 다른 변수에 어떠한 영향을 미치는가를 알아보고자 하는 방법이다.

20 현실적인 사회 상황 속에서 주의 깊게 실험 조건을 통제하여 하나 이상의 독립변수를 조직함으로써 그 효과를 보고자 하는 방법은?

① 현지 실험   ② 실험실 실험   ③ 조사 연구   ④ 현지 조사

> **해설** 현지 실험의 특징
> - 실재적·자연적 상황에 변수를 조작하여 그 결과에 대한 인과관계를 규명하려는 것이기 때문에 인위적으로 조작된 실험실에서의 실험이나, 단순한 자료의 수집을 통해 사실의 발견 또는 변수 간의 상관관계를 보려는 현지 조사와 다르다.
> - 실생활의 상황을 연구의 대상으로 삼기 때문에 그 상황은 복잡하고 서로 엉켜 있는 때가 많은데, 이것을 잘 분석해 줄 수 있다.

21 조사 연구 과정이 바르게 나열된 것은?

① 질문지 작성 — 자료 조사 및 수집 — 표집 — 자료 분석 — 연구 계획 — 연구 보고서 작성
② 연구 보고서 작성 — 질문지 작성 — 자료 조사 및 수집 — 표집 — 자료 분석 — 연구 계획

③ 표집 — 질문지 작성 — 자료 분석 — 연구 계획 — 자료 조사 및 수집 — 연구 보고서 작성
④ 연구 계획 — 표집 — 질문지 작성 — 자료 조사 및 수집 — 자료 분석 — 연구 보고서 작성

해설 조사 연구의 수행 과정 : 목적에 따른 연구 계획 및 연구 설계 → 표집 → 질문지 작성 → 실제 자료 조사 및 자료 수집 → 회수된 자료 분석 → 연구 보고서 작성의 순서이다.

22 표본추출의 기준끼리 나열된 것은?

① 표본의 일반성, 표본의 경제성
② 표본의 대표성, 표본의 적절성
③ 표본의 일반성, 표본의 대표성
④ 표본의 적절성, 표본의 경제성

해설 표본추출의 기준
- 표본의 적절성 : 이는 표본의 크기 문제이다.
- 표본의 대표성 : 이질적 요소들로 구성되어 있는 모집단에서 어떻게 하면 이들 특성을 고루 대표하는 적절한 모집단의 단면을 표본으로 얻을 수 있느냐 하는 문제이다.

23 가정학의 연구 대상을 '가정(家政)'이라고 할 때의 장점으로 옳은 것은?

① 가정학의 독자성이 분명해진다.
② 여성에 대한 교육을 강화할 수 있다.
③ 전공을 다양하게 발전시킬 수 있다.
④ 가정학 전공자의 직업을 다양하게 개발할 수 있다.

해설 가정학의 연구 대상을 '가정'으로 할 때의 장단점
- 장점 : 가정학의 독자성이 분명해진다.
- 단점 : 가정학의 범위가 축소된다.

24 가정생활의 본질적 기능을 자녀의 사회화 기능과 성인의 정서 안정 기능으로 본 사람은?

① 퇴니스(F. Tönnies)
② 베버(M. Weber)
③ 하버마스(J. Habermas)
④ 파슨스(T. Parsons)

해설 파슨스(T. Parsons)가 말한 가정생활의 본질적 기능 : 자녀의 사회화 기능과 성인의 정서 안정 기능을 이야기했는데, 이 정서적·심리적 욕구 충족과 장(場)으로서의 가정생활의 기능은 오늘날 그 중요성이 더욱 증대되고 있다.

25 생활 시스템의 구성 요소가 바르게 된 것은?

① 가정, 가정환경
② 가정, 가정환경·가정생활에 필요한 자원, 환경
③ 가정, 환경
④ 가정, 가정생활

정답 18.❷ 19.❹ 20.❶ 21.❹ 22.❷ 23.❶ 24.❹ 25.❷

해설 생활 시스템의 구성 요소로는 가정, 가정환경·가정생활에 필요한 자원, 환경 등이 있다.

26 가족의 사회집단으로서의 특성으로 옳은 것은?

① 가족은 공동 사회 집단이다.
② 가족은 개방적 집단이다.
③ 가족은 2차적 집단이다.
④ 가족은 내면적으로 형식적인 집단이다.

해설 가족의 사회집단으로서의 특성
• 가족은 공동 사회 집단이다.
• 가족은 일차적 집단이다.
• 가족은 폐쇄적 집단이다.
• 가족은 형식적 집단이나 내면적으로는 비형식적인 집단이다.

27 모건의 가족 발달 단계설에 따를 때 〈보기〉의 ( ) 속에 적합한 것은?

보기 난혼 상태 → 혈족혼 가족 → 반혈족혼 가족 → ( ) → 일부일처제 가족

① 단혼 가족
② 대우혼 가족
③ 집단혼 가족
④ 프나루아혼 가족

해설 모건의 가족 발전 단계설 : 난혼 상태 → 혈족혼 가족 → 반혈족혼 가족(프나루아혼 가족) → 대우혼 가족(일시적 일부일처제) → 일부일처제 가족(가부장제 → 근대가족)

28 가정생활의 본질을 노동력의 재생산으로 보는 견해의 학문적 배경은?

① 경제학
② 정치학
③ 사회학
④ 역사학

해설 가정생활의 본질이 노동력의 재생산에 있다는 것은 단지 인간을 노동력으로 환원한 것으로 경제학적으로는 타당할지 몰라도 가정학적으로는 적합하지 않다.

29 생활 구조의 요소에 해당하지 않는 것은?

① 생활 수단 구조
② 생활 문화 구조
③ 생활 정치 구조
④ 생활 시간 구조

해설 생활 구조의 요소
• 생활 시간 구조 : 노동, 여가 및 소비의 시간적 배분
• 생활 공간 구조 : 직장, 여가의 장, 가정의 주거 공간
• 생활 수단 구조 : 의·식·주 등 소비재의 소유와 배치
• 경영·가계 구조 : 경영, 소득의 규모, 가계의 배분 상황
• 생활 관계 구조 : 가족 내의 역할 분담과 권력 구조
• 생활 문화 구조 : 가풍, 관습, 문화의 전달

30 가정의 기능 중 가정생활이 가진 가장 근원적인 기능에 해당하는 것은?

① 성적 안정의 기능　　　　　　　　　② 자녀의 출산 기능
③ 생활을 구축·보호하는 기능　　　　 ④ 사회에의 공헌 기능

해설 자녀의 출산은 새로운 생명, 새로운 노동력, 새로운 인간상의 재생산이며, 가족에 있어서 중요한 인생의 전기가 된다. 이것은 가정생활이 가진 가장 근원적인 기능이다.

31 환경 체계 중 일상적으로 겪게 되는 상황이면서 동시에 개인이 직접 접촉하는 물리적 환경은?

① 미시 체계　　　② 중간 체계　　　③ 외체계　　　④ 거시 체계

해설 환경 체계
- 미시 체계 : 일상적으로 겪게 되는 상황이면서 동시에 개인이 직접 접촉하는 물리적 환경 예 가족과 놀이터, 학교, 동아리, 또래 친구, 교회 친구, 형제자매, 학교 선생님 등
- 중간 체계 : 상호작용하고 있는 여러 개의 미시 체계 예 가정과 학교의 관계, 학교와 직장의 관계 등
- 외체계 : 개인이 직접 참여하고 있지는 않지만 그 개인의 발달에 일정한 영향을 주는 환경 체계
- 거시 체계 : 일반적으로 문화, 정치, 사회, 종교, 경제 정책과 같이 광범위한 사회적 맥락 포함

32 문화인류학 영역의 집단주의적 교환이론과 관계가 깊은 사람은?

① 호만스(Homans)　　　　　　　② 레비스트로스(Lévi-Strauss)
③ 쿨리(Cooley)　　　　　　　　　④ 미드(Mead)

해설 교환이론의 구분
- 레비스트로스(C. Lévi-Strauss)를 중심으로 한 문화인류학 영역으로 집단주의적 교환이론
- 호만스(G. Homans)를 중심으로 한 개인주의적 교환이론

33 다음 〈보기〉의 「건강가정 기본법」 규정에서 (　) 안에 들어갈 것은?

> **보기** 국가와 지방자치단체는 개인과 가족의 생활 실태를 파악하고 건강 가정 구현 및 가정 문제 예방 등을 위한 서비스의 욕구와 수요를 파악하기 위해 (　)마다 가족 실태 조사를 실시하고 그 결과를 발표하게 되어 있다.

① 1년　　　② 3년　　　③ 5년　　　④ 7년

해설 가족 실태 조사 : 국가와 지방자치단체는 개인과 가족의 생활 실태를 파악하고 건강 가정 구현 및 가정 문제 예방 등을 위한 서비스의 욕구와 수요를 파악하기 위해 5년마다 가족 실태 조사를 실시하고 그 결과를 발표하게 되어 있다.

정답 26.① 27.② 28.① 29.③ 30.② 31.① 32.② 33.③

34 가족 중심 서비스의 기본적인 가치라고 볼 수 없는 것은?

① 가족은 체계의 부분이다.
② 클라이언트는 동료이다.
③ 약점이 보완되어야 한다.
④ 가족이 가장 중요한 환경이다.

해설 가족 중심 서비스의 기본적인 가치
• 가족의 욕구에 기초한 서비스를 제공한다.
• 강점이 강조되어야 한다.
• 가족은 체계의 부분이다.
• 가족이 가장 중요한 환경이다.
• 클라이언트는 동료이다.
• 가족은 아동 발달에 있어 기본적인 역할을 담당한다.

35 세계가정학회는 비정부기구로서 여러 국제기구에 자문 역할을 하고 있는데, 다음 중 세계가정학회가 자문을 하는 국제기관은?

① ARAHE ② AHEA ③ ABED ④ UNICEF

해설 세계가정학회(IFHE)는 UN 및 UNICEF, UNESCO, FAO 등의 기관에 자문 역할을 하고 있다.

36 1980년대 이후 미국 가정학의 동향에 대한 설명으로 옳은 것은?

① 전문 교과목 이수자가 감소하고 있다.
② 비전통형 및 신인류형 학생 비율이 증가하고 있다.
③ 전문가로서의 학위 취득이 감소하고 있다.
④ 일반 교과목 이수자가 증가하고 있다.

해설 1980년대 이후 미국 가정학의 동향
• 전문직 교과목 이수자 증대
• 일반적인 교과목 이수자 격감
• 전문가로서 학위 취득자 증대
• 비전통형 및 신인류형 학생 비율 증가

37 조선 시대의 여성 교훈서에 대한 설명으로 바르게 연결된 것은?

① 『규중요람』 — 송시열이 지은 책으로 출가하는 맏딸을 위하여 적어준 교훈서이다.
② 『계녀서』 — 이퇴계의 저술로서 사대부가의 부녀자들을 위한 교훈서이다.
③ 『여사서』 — 일반 부녀자들을 위한 교훈서이다.
④ 『내훈』 — 소혜왕후가 엮은 책으로 여성 행실의 실제와 규범을 가르치는 내용을 실었다.

해설 『내훈』: 소혜왕후가 부녀자들의 무지를 깨우치기 위해서 한서로 전해 오는 『열녀전』, 『소학』, 『여교』, 『명감』의 사서 중에서 부녀자의 행실에 알맞은 중요한 부분만을 뽑되 천자의 윤리·도덕관을 바탕으로 1475년(성종 6년)에 지은 것이다.

38 가정학의 발달과정에서 중요한 교육기관의 설립을 순서대로 연결한 것은?

① 정동여학당 — 이화학당 — 이화여전 가사과 — 서울대학교 사범대학 가정교육과 — 이화여자대학교 가정대학
② 경성여자 기예학교 — 이화여전 가사과 — 서울대학교 사범대학 가정과 — 이화여자대학교 가정대학
③ 경성여자 기예학교 — 이화학당 — 이화여전 가사과 — 대한가정학회 창립 — 서울대학교 사범대학 가정과
④ 이화학당 — 정동여학당 — 이화여전 가사과 — 서울대학교 사범대학 가정과 — 이화여자대학교 가정대학

해설 가정학 교육기관의 설립
- 1886년 이화학당 설립
- 1908년 한성 고등여학교 설립
- 1929년 이화여전 가사과 신설
- 1946년 국립서울대 발족, 사범대학에 가사과 설치
- 1963년 서울대학교 사범대학 가정과 신설
- 1968년 세계가정학회에 가입
- 1887년 정동여학당 설립
- 1910년 경성여자 기예학교 설립
- 1936년 성신여학교 설립
- 1947년 대한가정학회 창립
- 1965년 이화여대 가정대학으로 인가

39 가족 상담자가 갖추어야 할 구비 요건으로 볼 수 없는 것은?

① 자신의 개인 생활에 잘 적응하는 사람이어야 한다.
② 자신 스스로가 많은 문제를 가진 사람이어야 한다.
③ 인간에 대한 성실한 관심과 이해심·동정심이 필요하다.
④ 개방적이고 친밀한 성격의 소유자이어야 한다.

해설 가족 관계 전문가의 자격 : 가족 상담을 하려는 사람은 우선 자신의 개인 생활에 잘 적응하는 사람이어야 한다. 인간에 대한 성실한 관심과 이해심·동정심이 필요하고, 개방적이고 친밀한 성격과 상황을 객관적으로 볼 수 있는 능력이 필요하다.

40 가정학 전문인을 양성하기 위한 구체적 방안이라 볼 수 있는 것은?

① 전통 의식을 고양할 것
② 직업 의식을 고양할 것
③ 여성 교육을 강화할 것
④ 교양 교육을 강화할 것

해설 가정학 전문인 양성을 위한 구체적 방안
- 교육제도의 재정비
- 산학협동에 의한 직업 개발의 필요
- 학문적 통합에서 본 새로운 연구 개발
- 학생들의 인지적 기술 개발과 지도력 양성
- 국공 정책 수립·협조 강화
- 가정학 전공자의 직업의식 고양

정답 34.③ 35.④ 36.② 37.④ 38.④ 39.② 40.②

제2회 모의고사

1 가정학원론에 대한 설명으로 옳지 않은 것은?
① 가정학의 연구 대상·방법·목적·체계 등을 통해 의의를 추구하고자 한다.
② 가정학의 원점과 성립 근거를 규정하는 조건에 따라 줄거리를 세워 고찰, 해명하고자 한다.
③ 가정학의 이념을 확립하고 주변 학문과의 연계를 공고히 하는 것을 목적으로 한다.
④ 가정학을 더욱 깊이 이해하고자 하는 것으로서 일반 사회의 한 분과이다.

해설 가정학원론은 가정학의 독자성과 과학적 위치를 해명하는 연구 분야이며, 가정학의 한 분과로서 자리 잡고 있다.

2 가정학원론이 특히 필요한 이유로 가장 옳은 것은?
① 가정학이 다른 학문보다 우수하다는 것을 나타내기 위하여
② 실천 학문으로서 학문의 정체성을 밝히기 위하여
③ 이론 학문으로서 학문의 대상·연구 방법·내용 등이 뚜렷하므로
④ 모든 학문은 원론이 필요하므로

해설 가정학의 유일성과 독자성을 재조명하고 급변하는 사회 환경에 대응하여 생활의 가치를 지키는 사회적인 사명에 적극적으로 임하기 위해 가정학을 학문적인 방법론으로 다루는 가정학원론이 절대적으로 필요하다. 특히 실천 학문으로서 학문의 정체성을 밝히기 위해 가정학원론이 필요하다.

3 가정학의 특성에 대한 설명으로 옳은 것은?
① 여성을 위한 학문이다.
② 연구 대상은 가정생활을 하는 데 필요한 물질적 요소이다.
③ 관련 학문에서 가정생활에 관한 이론을 모은 것이다.
④ 이론과 함께 실천을 중시한다.

해설 가정학의 성격으로는 ⅰ) 과학성, ⅱ) 응용성, ⅲ) 규범성, ⅳ) 실천성, ⅴ) 통합성을 들 수 있다.

4 가정학의 특성인 통합성의 원리를 연구 방법 면에서 설명한 것으로 옳은 것은?
① 인간 생태학적 관점에서 가정을 둘러싼 환경을 연구한다.
② 가정을 핵심으로 한 생활 시스템을 연구한다.
③ 사실 인식에서 가치 인식을 거쳐 가정에 의한 통일화를 지향한다.
④ 가정생활을 연구 대상으로 한다.

해설 가정학 연구 방법에 있어서는 사실 인식에서 가치 인식을 거쳐 가정에 의한 통일로 가도록 일관된 연구 방법이 중요하다.

5 가정학에 대한 다양한 견해 중 〈보기〉와 같이 비판 받고 있는 견해는?

> 보기 유기적인 관련이 없이 단순히 부분을 구성하는 각 영역 과학을 모으면 하나의 독립된 학문이 될 수 없다.

① 가정학을 생활 과학으로 보는 견해
② 가정학을 종합 학문으로 보는 견해
③ 가정학을 가정경영학으로 보는 견해
④ 가정학을 학문 체계로 보는 견해

해설 가정학에 대한 다양한 견해 중 유기적인 관련이 없이 단순히 부분을 구성하는 각 영역 과학을 모으면 하나의 독립된 학문이 될 수 없다는 점에서 비판 받고 있는 견해는 가정학을 종합 학문으로 보는 견해이다.

6 가정학에 대한 견해와 그에 대한 비판이 바르게 연결된 것은?

① 가정학은 생활 과학이다 — 인간 생활의 모든 면을 대상으로 하는 하나의 체계는 곤란하다.
② 가정학은 가정경영학이다 — 가정생활은 소비생활뿐만 아니라 정신생활과 생산생활이 포함된다.
③ 가정학은 소비 과학이다 — 부분을 구성하는 각 과학을 모아놓기만 한다면 전체로서의 가정학이 될 수 없다.
④ 가정학은 종합 학문이다 — 가정학에 내포된 각 영역과학을 가정경영학을 중심으로 묶은 학문 체계는 불가능하다.

해설 가정학을 생활 과학으로 보는 견해 : 인간 생활의 모든 면을 대상으로 하기 때문에 학문적 체계화에 있어서 많은 문제에 직면하고 있다.

7 다음의 〈보기〉와 가장 관계가 깊은 학문은?

> 보기 가장 포괄적인 의미에서 한편에서는 인간과 직접 관계가 있는 물적 환경에 관하여 연구하고, 다른 한편에서는 사회적 존재로서의 인간 본성에 관하여 그 법칙의 제조건, 원리 및 이상을 연구하고, 특히 이 둘의 상호 관계에 관하여 규명하는 데에 그 사명을 둔다.

① 인간학
② 가정학
③ 생활학
④ 철학

해설 〈보기〉는 미국 가정학의 선구자 리처즈(E.H. Richards)의 가정학에 대한 정의이다.

정답 1.④ 2.② 3.④ 4.③ 5.② 6.① 7.②

8 가정학의 구체적인 목표로 가장 옳은 것은?

① 사회의 민주화　　② 인류의 행복 증진　　③ 가정생활의 향상　　④ 자녀의 양육

해설 가정학의 연구 목적
- 일반목적 : 가족의 행복 증진과 인류의 복지 증진
- 구체적인 목표 : 가정생활의 향상과 인간 개발

9 가정성의 개념으로 옳은 것은?

① 가정학자들이 가족생활을 보는 견해
② 가정 외부에서 가정에 작용하는 힘
③ 가족원이 자기 가족의 주요한 특성이라고 보는 견해
④ 일상의 가정생활을 보다 좋게 유지·발전시키기 위한 생명력

해설 가정성의 개념
- 가사 종사자가 가정생활의 독자적 기능에 관해 깊숙한 내부나 넓은 외부에 대한 사람다운 생활을 유지·발전시키기 위해 노력하는 가정의 주축이 되는 것이다.
- 일상의 가정생활을 보다 잘 유지·발전시키는 생명력이며 생활력이다.

10 과학과 관련된 용어의 정의가 바르게 연결되지 않은 것은?

① 행동과학 — 인간의 행동을 연구하는 과학으로, 심리학을 다르게 부르는 용어
② 이론과학 — 원인과 결과를 그대로 파악하고 법칙을 정립하는 과학
③ 자연과학 — 자연현상을 대상으로 그 법칙을 탐구하는 과학
④ 과학 — 경험을 통하여 특수 대상에 대응한 방법으로, 이 특수 영역에 있어서의 객관적이고 보편적인 것을 발견하여 객체적 대상에 관한 인식을 체계화한 것

해설 행동과학 : 행동을 전체적으로 다루어 논리 실증적으로 연구하는 과학의 총칭

11 앞으로의 가정학의 과제에 대한 설명으로 옳은 것은?

① 가정생활이 인간과 환경과의 상호작용에서 이루어진다는 시각에서 인간생태학적으로 연구할 필요가 있다.
② 가정학은 발생 초기부터 이론보다 기능이 중시되었으므로 그 특성을 계속 강화하여 기능 향상을 주된 임무로 삼아야 한다.
③ 가정학에서 응용 분야는 이미 많이 발달했으므로 앞으로는 이론 구축에만 전력해야 한다.
④ 가정학의 학문적 발달을 위해서는 각 전문 분야를 종합하는 시각보다 더욱 세분하여 분석하는 시각만이 필요하다.

해설 앞으로의 가정학의 과제 : 가정생활이 인간과 환경과의 상호작용에서 이루어진다는 시각에서 인간생태학적으로 연구할 필요가 있다.

12 학문의 체계에서 갖추어야 할 요건에 해당하는 것은?

① 학문의 구성 요소와 교과과정과의 관계를 밝혀야 한다.
② 학문의 분석 기법을 밝혀야 한다.
③ 학문의 발달 과정을 밝혀야 한다.
④ 학문의 구성 요소와 그 학문과의 관계를 밝혀야 한다.

해설 학문의 체계로서 갖추어야 할 요건
- 그 학문이 가장 잘 연구될 수 있는 것이어야 한다.
- 학문의 일반적인 정의나 생각하는 방법에 모순이 없어야 한다.
- 학문의 구성 요소와 전체와의 관계가 명확하게 표현되어야 한다.
- 다른 학문과 어떻게 관련되어 있는지가 명시되어야 한다.

13 가정학의 고유 영역에 속하는 것만으로 나열된 것은?

① 조리, 피복 재료, 영양, 가정교육
② 집단 보육, 단체 급식, 영양, 가족 상담론
③ 집단 보육, 피복 재료, 영양, 가족 관계
④ 조리, 의복 구성, 육아, 가족 관계

해설 하라다(原田一)의 가정학 체계
- 고유 영역 : 가정 경영, 조리, 의복 구성, 주거 관리, 육아, 가족관계 등
- 경계 영역 : 영양, 피복 재료, 가정 교육 등
- 연장 영역 : 가족 상담론, 집단 보육, 대량 봉재론, 공동주거론, 단체 급식 등

14 인적 요소와 물적 요소의 관계를 주로 다루는 가정학의 영역은?

① 육아 ② 가정경영학 ③ 가족관계학 ④ 단체급식론

해설 인간은 가족을 형성하여 가정생활을 영위하고 있으므로 가정생활의 인간적 요소, 즉 가정생활의 주체는 가족이다. 가족은 음식물, 피복, 주거와 같은 물적 요소를 수단으로 하여 가정생활을 영위하고 있다. 여기에서 이 인적 요소와 물적 요소를 결부시켜 가정생활을 영위하는 것이 '가정 경영'이며, 이 경영 방법을 연구하는 학문이 '가정경영학(가정관리학)'이다.

15 가정학의 체계에서 가정학의 구성 요소를 실천적 가정학, 영역 과학, 보조 과학으로 나눌 때 영역 과학에서 일반적으로 적용되는 연구 방법은?

정답 8.❸ 9.❹ 10.❶ 11.❶ 12.❹ 13.❹ 14.❷ 15.❸

① 가정(家政)에 의한 체계화　　　　② 실천 인식
③ 사실 인식　　　　　　　　　　　④ 가치 인식

해설 영역 과학은 각 영역의 여러 요소들을 대상으로 하여 사실 인식을 추구하는 과학이다. 영역 과학은 실천적 가정학에 사실 인식을 제공한다는 형태로 뒷받침되고 있다. 이 사실 인식이 없는 실천적 가정학은 객관적 과학성을 확보하지 못하므로, 가정학으로서 영역 과학이 필요하다.

16 모든 과학은 그 대상이 자연현상이든 사회현상이든 상관없이 자연과학의 바탕인 자연관에 입각해서 실증적 접근을 취하는 하나의 방법임을 강조하는 입장은?

① 표준 과학적 관점　　② 비판 과학적 관점　　③ 해석 과학적 관점　　④ 현상학적 방법론

해설 표준 과학적 관점(분석적·경험적 관점) : 기본적으로 모든 과학은 그 대상이 자연과학이든 사회현상이든 상관없이 자연과학의 바탕이 되는 자연관에 입각해서 실증적인 접근을 취하는 하나의 방법임을 강조하는 입장이다.

17 해석 과학적 관점의 가정학이 지니는 장점으로 옳지 않은 것은?

① 일상생활은 추상적이거나 이론적이지 않다는 사실을 알게 해준다.
② 가족이나 문화의 상호 작용 체계를 형성하거나 변화시키는 데 도움이 된다.
③ 실제의 문제 해결에 있어 변화의 원인 및 실패의 원인을 탐구·이해할 수 있다.
④ 전문가가 실제 문제 해결에 임하는 데 있어서 도움을 준다.

해설 해석학적 관점에서 일상생활은 추상적이거나 이론적이지 않다는 것을 알게 되는 데 도움이 되지 않을 수 있다. 즉, 구체적인 생활에서 부딪치는 문제는 '세계를 변화시키는 데 어떤 행동을 취할 것인가'라든가 또는 '어떤 수정된 행동을 취해야 하는가'라는 질문에 관한 실천적 문제이다.

18 다음 중 과학적 연구의 목적으로 가장 적합한 것끼리 묶인 것은?

① 기술, 이해, 계획, 실천　　　　② 설명, 예측, 계획, 통제
③ 기술, 설명, 예측, 통제　　　　④ 이해, 계획, 실천, 통제

해설 일반적인 과학적 연구의 목적
- 현상의 정확한 기술과 이해
- 발생한 현상의 이유 설명
- 앞 일의 예측
- 어떻게 통제할 것인가

19 과학적 연구의 과정이 바르게 나열된 것은?

① 경험적 일반화 → 관찰 → 작업가설 설정 → 이론　② 경험적 일반화 → 이론 → 작업가설 설정 → 관찰
③ 관찰 → 경험적 일반화 → 이론 → 작업가설 설정　④ 작업가설 설정 → 관찰 → 경험적 일반화 → 이론

해설 과학적 연구의 과정 : 작업가설 설정 → 관찰 → 경험적 일반화 → 이론

20 문헌 연구에 대한 설명으로 틀린 것은?

① 문헌 고찰(review of literature)이라고도 한다.
② 역사적 연구 또는 역사적 방법이라고도 한다.
③ 2차적 분석이라고도 한다.
④ 연구자가 탐구해 보고 싶은 현상에 대한 정보를 담고 있는 문서 자료의 수집과 분석의 방법이다.

해설 문헌 연구란 문헌 고찰이라는 절차와는 구별되는 자료 수집과 분석의 한 방법으로서, 연구자가 탐구해 보고 있는 현상에 대한 정보를 담고 있는 문서 자료의 수집과 분석의 방법을 말한다.

21 실험실 실험의 단점으로 옳은 것은?

① 연구자가 반작용을 일으킬 수 있다.
② 실험 상황을 엄격히 통제하기 때문에 연구가 정밀하지 못하다.
③ 연구 자체의 정확도가 낮으며 연구자의 편견이 개입될 가능성이 높다.
④ 실재성을 지니고 있기 때문에 연구의 외적 타당성이 높다.

해설 실험실 실험의 단점
- 항상 일정한 실험만을 위해 조작된 상황이기 때문에 독립변수에 대한 실험적 조작의 영향력이 일반적으로 약하며, 연구자가 반작용을 일으킬 수 있다.
- 지나친 인위성 때문에 자연적이고 실재적인 현실에 일반화시키는 데에는 한계가 있다.
- 내적 타당성은 있으나 외적 타당성을 결하기 쉽다.

22 모집단의 개별 구성 요소가 표본에 포함될 확률이 동일하다는 논리의 표집 방법은?

① 단순 무작위 표집   ② 유의 표집   ③ 할당 표집   ④ 편의 표집

해설 확률 표집의 종류
- 단순 무작위 표집 : 확률 표집법 가운데서 가장 기본적인 유형이다. 여기에서는 각 요소가 표본으로 뽑힐 확률이 동등하다는 원칙이 중요하다. 그리고 각 요소는 직접 개별적으로 추출되는 절차를 밟는다.
- 계통 표집 : 표집률을 결정한 후, 최초의 표본만 무작위로 선택하고 그 다음부터는 일정한 표집 간격으로 추출하는 방법이다.
- 층화 표집 : 전체의 모집단에서 표본을 추출하는 것이 아니라, 모집단을 일련의 하위 집단들로 층화시킨 다음 각 하위 집단에서 적절한 수의 표본을 뽑아내는 방법이다.
- 집락 표집 : 층화 표집과는 달리 되도록이면 집락(집단)을 이질적인 요소로 구성시키고자 한다.

정답 16.① 17.① 18.③ 19.④ 20.① 21.① 22.①

• 가중 표집 : 확률 표집의 논리를 따르면서도 필요에 따라 표집률을 달리하여 표본을 추출하는 방법이다.

23 가족이란 사회에서 고립해서 존재하는 것이 아니고 여러 시설이나 기관과 유기적인 관련을 갖고 있다는 발상과 더불어 가정학 전공자의 직장 개발이라는 교육상의 배려에서 가정학의 연구 대상을 규정한 견해는?

① 가정(家政) ② 가족
③ 가정생활 ④ 가정생활 및 이에 유사한 생활

해설 가정생활 및 이에 유사한 생활 : 가족에 유사한 집단의 생활을 가정학의 응용으로 다루기보다 가정학의 대상으로 통합한 것은 가족이란 사회에 고립해서 존재하는 것이 아니고 여러 시설이나 기관과 유기적인 관련을 갖고 있다는 발상과 더불어 가정학 전공자의 직장 개발이라는 교육상의 배려에 연유한 것이다.

24 가정생활을 수평 관계로 넓게 파악하는 견해에서 생활 매체에 해당되는 것은?

① 가정생활에 필요한 물자 ② 과학적 지식, 노동력, 금전
③ 유아, 아동, 노인, 환자 등의 가족원 ④ 가정 담당자 및 주부

해설 가정생활의 구성 요소(수평 관계로 보는 견해)

구성 요소	가정생활을 넓게 보는 견해	가정생활을 좁게 보는 견해
생활 주체	가정생활을 구성하는 사람들 = 가족	가정 담당자(가정생활을 운영·관리하는 가족원)
생활 객체	가정생활에 필요한 물자·시설·환경 등	가정 담당자로부터 보호를 받는 사람(유아·아동·노인·환자 등의 가족원)
생활 매체	가정생활에 공헌하는 과학적 지식·능력·기술·노동력·금전·생활시간 등	가정생활에 필요한 물자·시설·환경 등

25 현대 가정생활의 기능으로 볼 수 없는 것은?

① 자녀의 출산·양육·교육의 기능 ② 복지사업과 의료 보험화 기능
③ 생활을 구축하고 지켜 나가는 기능 ④ 정신적·신체적인 피로 회복의 기능

해설 현대 가정생활의 기능으로는 ①, ③, ④ 외에 성적(性的) 안정의 기능, 물질적 안정과 사회에의 공헌 기능 등이 있다.

26 현대 가족의 전형으로서 가장 적합한 것은?

① 대가족 ② 직계가족 ③ 핵가족 ④ 확대가족

해설 현대 가족은 부부와 그들 간의 미혼의 자녀로 구성되어 있는 핵가족이 대부분이다.

27 생활 구조론에 대한 설명으로 옳지 않은 것은?

① 물질적·사회적·문화적 제 조건을 제외한 시간적·공간적 범주 및 구체적인 생활 행동 양식이 체계화된 복합체이다.
② 인간 생활과 관련된 여러 측면을 종합적·통일적으로 인식하고자 한다.
③ 생활을 기능 면에서 노동과 소비·휴양의 순환으로 본다.
④ 생활의 기능 분화의 동적 측면과 확대하는 생활 제 측면의 상호 관련성을 파악하려는 개념이다.

해설 생활 구조란 생활 시스템의 구조적 측면으로서 개인 또는 가족의 생활의 전 분야와 이에 관련된 물질적·사회적·문화적 제 조건, 그리고 시간적·공간적 범주 및 구체적인 생활 행동 양식이 체계화된 복합체를 의미한다. 또한 생활의 기능 분화의 동적 측면과 확대하는 생활 제 측면의 상호 관련성을 파악하려는 개념이다.

28 가족의 기능에 대한 설명으로 옳지 않은 것은?

① 결혼에 의하여 성립한다.
② 성적 통제를 한다.
③ 문화를 전승한다.
④ 생식의 욕구를 충족시킨다.

해설 가족 기능의 유형

차원 \ 방향성	대내적 기능 (가족원 개인에 대한 기능)	대외적 기능 (사회 전체에 대한 기능)
고유 기능	성·애정	성적 통제
	생식·양육	종족 보전(종의 재생산)
기초적 기능	생산(영업·고용)	노동력 제공
	소비	생활 보장
파생 기능	교육	문화 전달
	보호, 휴식, 오락, 종교	심리적·신체적·문화적·정신적 사회의 안정화

29 우리나라 가정의 형태 변화와 현상에 대한 설명으로 옳은 것은?

① 단독 가구의 증가
② 노인 가족의 감소
③ 남성은 시장 노동에 참여하고 여성은 가사 노동에 참여하는 성 역할 고정화
④ 가족원 수의 증가와 가구 수의 감소

해설 우리나라 가정의 형태 변화와 현상

정답 23.④ 24.② 25.② 26.③ 27.① 28.① 29.①

- 가구 수의 급증과 가족원 수의 감소
- 독신 가구의 증가
- 노동자 계층의 증대와 맞벌이 부부 가정의 출현 및 증가
- 출생률의 저하와 핵가족화
- 노인 가족의 출현 및 증가

30 최근 우리나라의 국민 식생활의 변화 모습이라 할 수 없는 것은?

① 식생활의 전문화
② 식생활의 가공식품화
③ 식생활의 레저화
④ 식생활의 국제화

해설 최근 우리나라의 국민 식생활의 변화 모습 : 그동안 고도의 경제 성장과 산업화에 따른 여러 가지 사회적·경제적 요인이 국민의 식생활에 대한 가치관을 변화시켜 식생활의 국제화, 가공식품화, 식생활의 레저화 등 식생활 양상에 있어서 혁신적인 변화를 야기시켰다. 이러한 혁신은 생활수준의 향상, 여성의 사회 참여, 사회의 레저 지향화와 궤를 같이 하며 동시에 생활의 간소화를 지향하고자 하는 경향을 반영한다.

31 가족의 하위 체계 중 자녀에 초점을 두고 전체 가족을 이끌어 가는 책임과 리더십을 갖는 것은?

① 부부 하위 체계
② 부모 하위 체계
③ 형제자매 하위 체계
④ 부모-자녀 하위 체계

해설 가족의 하위 체계
- 부부 하위 체계 : 가족의 중심 체계로서 사랑과 친밀성을 전제로 상호 지지와 협동이 있어야 하고, 동시에 서로 독립적으로 행동할 수 있는 능력이 있어야 한다.
- 부모 하위 체계 : 자녀에 초점을 두고 전체 가족을 이끌어 가는 책임과 리더십을 갖는다.
- 형제자매 하위 체계 : 대부분 같은 세대로 이루어지므로 동년배 정신과 우정을 발달시킨다.
- 부모-자녀 하위 체계 : 세대가 다른 가족원들로 구성되므로 부모는 자녀에게 엄격함과 허용의 수준을 적절히 조화시켜야 한다.

32 가족 발달 이론(family development theory)에 대한 설명으로 옳지 않은 것은?

① 가족이란 보다 거시적인 차원에서 가족이 처한 시간과 공간의 차원, 그리고 사회적, 역사적인 맥락의 차원에서 존재한다는 것을 강조한다.
② 한 인간의 발달과 마찬가지로 같은 시대의 대부분의 가족들은 일정한 단계를 거치면서 발달해 간다는 점을 전제로 한다.
③ 가족의 생애 과정의 단계가 이동할 때 경험하는 체계적이고 유형화된 변동과정에 초점을 둔다.
④ 내부적으로는 가족원의 요구, 외부적으로는 사회의 요구에 의해서 정해진 일련의 단계로 가족의 변화과정을 설명한다.

해설 생애주기적 관점(life course perspective) : 가족이란 보다 거시적인 차원에서 가족이 처한 시간과 공간의 차원, 그리고 사회적, 역사적인 맥락의 차원에서 존재한다는 것을 강조한다.

33 교환이론의 기본 전제에 대한 설명으로 옳지 않은 것은?

① 인간은 보상을 추구하고 처벌은 회피한다.
② 타인과의 상호작용에서 인간은 이익의 극대화-비용의 최소화를 추구한다.
③ 인간이 보상과 비용을 평가하는 기준은 항상 일정하다.
④ 보상의 가치는 개인의 기대가 클수록 크고, 그 이후에 이러한 보상의 가치는 낮아진다.

해설 교환이론의 기본 전제
- 인간은 보상을 추구하고 처벌은 회피한다.
- 타인과의 상호작용에서 인간은 이익의 극대화-비용의 최소화를 추구한다.
- 인간은 합리적 행위자로서 행동하기 전에 그들이 소유한 제한된 정보의 범위 내에서 보상과 비용을 계산하고 대안을 고려한다.
- 인간이 보상과 비용을 평가하는 기준은 사람마다 그리고 시간의 흐름에 따라 변화한다.
- 보상의 가치는 개인의 기대가 클수록 크고, 그 이후에 이러한 보상의 가치는 낮아진다.

34 우리나라 건강 가정 정책 중 건강 가정 기본 계획에 포함될 사항이 아닌 것은?

① 위기 가족에 대한 긴급 지원책
② 가족 해체 예방을 위한 사회 비용 증가
③ 가정 친화적인 사회 환경의 조성
④ 사회 통합과 문화 계승을 위한 가족 공동체 문화 조성

해설 우리나라 건강 가정 정책 중 건강 가정 기본 계획에 포함될 사항
- 가족 지원 정책의 추진과 관련한 재정 조달 방안
- 위기 가족에 대한 긴급 지원책
- 민주적인 가족 관계와 양성평등적인 역할 분담
- 1인 가구의 복지 증진을 위한 대책
- 가족 기능 강화 및 가정의 잠재력 개발을 통한 가정의 자립 증진 대책
- 가족의 양육·부양 등의 부담 완화와 가족 해체 예방을 통한 사회 비용 절감
- 가족의 건강 증진을 위한 건강 사회 구현
- 가정 친화적인 사회 환경의 조성
- 다양한 가정의 욕구 충족을 통한 건강 가정 구현
- 사회 통합과 문화 계승을 위한 가족 공동체 문화 조성

35 조선 시대 여성 교훈서의 내용으로 적절하지 않은 것은?

① 사행에 힘쓰라.
② 봉제사에 정성을 기우려라.
③ 건강에 유의하라.
④ 덕성을 함양하라.

해설 조선 시대 여성 교훈서의 내용 : 부덕 교육의 내용과 생활 교육의 내용으로 되어 있으며 부덕 교육으로 사행(부덕, 부신, 부용, 부공)에 힘쓰고, 덕성을 함양함을 강조했고, 생활 교육으로 봉제사의 예법을 중시하고 검소함과 자녀 교육의 교훈을 주 내용으로 하고 있다.

36 가정학의 발달과정에 대한 설명으로 바르게 연결된 것은?

① 조선 시대 — 선교사 중심의 전문직 양성
② 일제강점기 — 기능적인 면을 중시
③ 해방 후 — 일본 가정학의 영향을 크게 받음.
④ 현대 — 내훈 등을 교재로 한 덕성 교육 중시

해설 가정학의 발달 과정
- 조선 시대 : 『내훈(內訓)』 등의 교훈서를 통해 부덕 교육과 생활 교육을 중시했으며 초창기에는 선교사를 중심으로 생활 개선에 중점을 두어 가정학 교육을 실시하였다.
- 일제강점기 : 재봉, 수예, 요리 등의 기능적 측면을 중시하였다.
- 해방 이후 : 주로 미국 가정학의 영향을 많이 받았다.
- 현대 : 가정학이 전문직으로 보급되고 있다.

37 우리나라 최초의 여성 교육기관, 즉 가정학 교육기관으로 옳은 것은?

① 숙명여전　② 서울대학교　③ 이화학당　④ 성균관

해설 우리나라의 여성 교육은 구전과 가사의 실기로서만 전수되어 오다가, 1886년 5월 31일 미국 감리교 선교사인 스크랜튼(Scranton) 부인이 자택에서 한 사람의 학생으로 시작하여 1887년에 '이화학당'으로 학교교육이 시작되었다.

38 대한가정학회의 발달과정에 대한 설명으로 옳은 것은?

① 1970년대 이후 국제 학술 교류가 활발해졌다.
② 1960년대의 주요 활동은 일본 식민지의 영향을 불식시키는 것이었다.
③ 한국전쟁 중에 활동이 재개되었다.
④ 일제시대 캐나다에서 교육을 받은 선각자들이 창립하였다.

해설 1970년대는 연구 활동에 비중을 높여 학술 단체로서의 성격을 더욱 강화하였다. 또한 1970년대부터는 장학 사업 및 국제 학술 교류도 활발해졌으며, 종전 소수의 회원만이 참여해 온 해외 학회에 많은 회원들이 참가하고 있다.

39 가정 관리직의 장점으로 볼 수 없는 것은?

① 자신이 속한 가정의 가정 관리자라는 전문직과 시간제 직업과의 연결이 용이하다.
② 전문적인 교육을 받음으로써만이 정당한 임금을 받을 수 있다.
③ 개인적으로 만족스럽고 행복한 생활을 달성하는 기반이 된다.
④ 성공적인 가정생활에서 사회적, 경제적, 미적 가치를 성취할 수 있다.

해설 가정 관리직의 장점 : 가정관리를 위하여 교육을 받은 가정학 전공자는 개인적으로 만족스럽고 행복한 생활을 달성하고, 성공적인 가족생활에서 사회적·경제적·미적·과학적 가치를 성취하기 위하여 창의적인 방법으로 자신의 지식을 활용할 수 있으며, 임금노동보다 더 큰 보상을 받을 수도 있다.

40 가정학이 전문직이기 위해 갖추어야 할 요건이라 할 수 없는 것은?

① 가정학은 가치중립적인 이론학문이라는 데 기초한다.
② 가정학은 이론과 실천을 상호 관련시켜야 한다.
③ 범위를 충분히 제한하여 잘 규정된 사회적 목적을 가져야 한다.
④ 직업 분화를 위한 하위 분야에서의 다양한 강조점들은 규정된 사명이나 목표에 기여해야 한다.

해설 전문직의 특성이 가정학에 주는 시사
- 범위를 충분히 제한하여 잘 규정된 사회적 목적을 가져야 한다.
- 직업 분화를 위한 하위 분야 또는 전문 영역과 습득된 지식 분야에서의 다양한 강조점들은 규정된 사명이나 목표에 기여해야 한다.
- 가정학은 '가치중립적'인 이론 학문이 아니라 특정 가치를 가진 사회적 목적이나 목표를 달성하기 위해 여러 학문들이 만나는 접합점이다.
- 가정학의 지식은 이론과 실천을 상호 관련시켜야 하며, 실천적 문제에 따라 어떤 지식이 그 전문직의 수행에 적합한 것인가를 결정해야 한다.
- 가정학에 적합한 지식은 여러 학문으로부터 실천적 용도에 맞도록 독자적으로 선택되고 조직되며 또한 변형된다.

정답 36.② 37.③ 38.① 39.② 40.①

MEMO